rororo sport
Herausgegeben von Bernd Gottwald

Jürgen Schröder/Christian Bauer

BASKETBALL
trainieren und spielen

**Programme für Verein, Schule, Freizeit
Empfohlen vom Deutschen Basketball Bund**

Mit Fotos von Horst Lichte

Rowohlt

Originalausgabe
Redaktion Katrin Helmstedt

2. Auflage Februar 2001

Veröffentlicht im Rowohlt Taschenbuch Verlag GmbH,
Reinbek bei Hamburg, Februar 1996
Copyright © 1996 by Rowohlt Taschenbuch Verlag GmbH,
Reinbek bei Hamburg
Umschlaggestaltung Peter Wippermann / Jürgen Kaffer
(Foto: Bongarts / A. Hassenstein)
Satz Minion und Syntax auf Apple Macintosh,
QuarkXPress 3.31
Gesamtherstellung Clausen & Bosse, Leck
Printed in Germany
ISBN 3 499 18641 1

INHALT

1 EINLEITUNG

Basketball wird in Sportvereinen wie auch im schulischen und universitären Bereich vor allem unter der Sinnperspektive «Wettkampf» und den damit verbundenen Rahmenbedingungen vermittelt und betrieben. Für die weitaus größere Anzahl von Basketballern und Basketballinteressenten ist Basketball als Wettkampfspiel genau das richtige Sportangebot – die zunehmenden Mitgliederzahlen in den Vereinen des DBB beweisen dies. Aber die Zahl derer, die sich nicht mehr eine ganze Spielsaison an eine Mannschaft binden, regelmäßig zwei- bis dreimal in der Woche trainieren und am Wochenende an einem Punktspiel teilnehmen wollen, steigt ebenfalls. Basketball *spielen* und nicht schwerpunktmäßig *trainieren* wird zunehmend beliebter, wie die jedes Jahr größer werdende Zahl von begeisterten Streetballspielern deutlich macht.

Dieses Buch ist gedacht für Übungsleiter in Vereinen, die an einer Ausbildung teilnehmen und eine Lizenz als Trainer / Fachübungsleiter für das Sportspiel Basketball erwerben wollen. Seit ca. 10 Jahren gibt es das «offizielle Lehrbuch des Deutschen Basketball Bundes» für die Trainerausbildung (vgl. Hagedorn / Niedlich / Schmidt 1985), und es wird Zeit, daß auch für die Ausbildung von Übungsleiter / innen auf der untersten Lizenzstufe ein vergleichbares Handbuch zur Verfügung steht. Somit wäre eine Lücke geschlossen, denn das Ausbildungssystem des Deutschen Sportbundes ist hierarchisch aufgebaut.

Im Unterschied zum «Basketball-Handbuch» von Hagedorn / Niedlich / Schmidt, das sich dem Basketballspiel als Wettkampfsport auf «höherer» Ebene und der Ausbildung von B- und A-Trainern widmet, soll mit dem vorliegenden Handbuch der Gesamtumfang der Aufgaben berücksichtigt werden, die Übungsleiter / Trainer auf der 1. Lizenzstufe in Basketballvereinen und -abteilungen zu erfüllen haben. Training, Betreuung und Führung einer Wettkampfmannschaft sind dabei zentrale Teilbereiche, jedoch stellen ebenso das Erlernen des Sportspiels Basketball, Aufbau und Betreuung einer Freizeitsportgruppe, Veranstaltung alternativer Wettkämpfe und Turniere, Veränderung von Spielregeln, Anregungen für Spiele mit dem Basketball, Mitgliedergewinnung usw. wichtige Anforderungen dar. Aber auch die Sportlehrer in Schulen sollen mit diesem Buch angesprochen werden: Basketball und vor allem Streetball wird auch für Schüler, die keinem Basketballverein angehören, immer attraktiver. Die Förderung von Basketball als Schulsport soll unterstützt werden durch:

❏ die Darstellung unterschiedlicher Modelle, das Basketballspiel zu erlernen,
❏ die didaktische Aufarbeitung der grundlegenden technischen Fertigkeiten und taktischen Fähigkeiten,

❑ das Vorstellen von vielfältigen Möglichkeiten, mit dem Basketball zu spielen und sich spielerisch zu verbessern – unter Veränderung der gültigen Spielregeln,

❑ die Anregungen, Basketball ohne Orientierung am Wettkampfsport zu spielen, und

❑ die ausführliche Beschreibung von Streetball.

Sowohl für den Vereinssport als auch für den Schulsport liegen seit vielen Jahren erprobte und bewährte Ausbildungskonzepte und vielfältige Erfahrungen mit dem Basketballspiel als Wettkampfsport vor. Dagegen gibt es zum gegenwärtigen Zeitpunkt nur vereinzelt Erfahrungen mit der Betreuung von Sportgruppen in Basketballvereinen und Schulen unter breiten- und freizeitsportlichen Zielsetzungen.

In diesem Handbuch sollen für den Vereinsbereich, den Schulbereich und das Spielen auf Freiplätzen Vorschläge für das Basketballspielen unter verschiedenen Bedingungen gemacht werden. Deshalb bestehen die folgenden Ausführungen aus zwei Teilen:

1. Basketball als Wettkampfspiel mit Teilnahme am regulären Wettkampfbetrieb und

2. Basketball als Breiten- und Freizeitsport mit der Möglichkeit von Regeländerungen durch die Teilnehmer und ohne Aufsicht durch den Fachverband.

Für die Ausbildung wie auch für die konkrete Tätigkeit von Übungsleitern ist die Orientierung dieses Basketballbuches an der Vereinspraxis von entscheidender Bedeutung. Aber auch für Sportlehrer muß die Orientierung an der Praxis im Mittelpunkt stehen. «Praxis» bedeutet in diesem Sinn u. a.:

❑ Training bzw. gezieltes Üben anzubieten, mit dem Ziel, wettkampfgerechtes Spielen einschließlich basketballspezifischer technischer Fertigkeiten und taktischer Fähigkeiten zu vermitteln,

❑ breitensportlich und vor allem spielerisch orientierte Angebote zu unterbreiten,

❑ möglichst konkrete Vorschläge bei der Lösung von Problemen und bei der Bewältigung von Aufgaben, die in jedem Basketballverein und in jeder Spielgruppe auftreten können, zu machen und

❑ Hilfen und Hinweise für Aktivitäten zu geben, die über die spielerische Betätigung hinausgehen.

Praktisches Handeln sollte immer reflektiert und begründet werden können. Das trifft auch für die Tätigkeiten der Trainer / Fachübungsleiter und Sportlehrer zu. Damit nicht zufälliges, willkürliches Tun oder reiner Aktionismus den Trainings-, Spiel- oder Übungsbetrieb bestimmt, ist kontinuierliches, systematisches und planerisches Handeln notwendig. Auch das ist «Theorie», aber eine solche, die sich an den Erfordernissen der Praxis orientiert und helfen will, diese zu erklären, verständlicher zu machen und zu verbessern.

Genau in diesem Zusammenhang steht die ausführliche Begründung und Erläuterung des Basketballspiels als Breiten- und Freizeitsport. Der Wettkampfsport mit seinen dazugehörigen Rahmenbedingungen ist für Mitglieder und Trainer in den Basketballvereinen, aber auch für Sportlehrer und Schüler selbstverständlich und bedarf keiner weiteren Begründung. Die Einführung von Breitensportangeboten, die Betreuung von Breitensportgruppen in Schulen und Vereinen – möglicherweise zusätzlich zum Wettkampfbetrieb – sind dann keineswegs selbstverständlich. Hier ist es wichtig, sowohl theoretische Erläuterungen zu geben als auch praktische Vorschläge für den Spielbetrieb zu machen.

Damit der Text leichter zu lesen ist, wird auf die gleichzeitige Verwendung der männlichen und weiblichen Sprachform verzichtet, wie z. B. im Fall «ÜbungsleiterInnen» oder «Übungsleiterinnen und Übungsleiter». Immer dann, wenn die männliche Sprachform verwendet wird, sind auch Frauen und Mädchen gemeint.

1.1 Die Rahmenrichtlinien für die Ausbildung im Bereich des Deutschen Sportbundes und des Deutschen Basketball Bundes

Seit Inkrafttreten der neuen Rahmenrichtlinien des Deutschen Sportbundes (DSB) im Jahr 1990 hat sich die Ausbildung auf der untersten Lizenzstufe erheblich verändert: Neben dem «Trainer C (sportartbezogen)» gibt es nun den «Fachübungsleiter Breitensport (sportartspezifisch)» und den «Übungsleiter Breitensport (sportartübergreifend)» (vgl. DSB 1990, 13 ff). Damit hat erstmals ganz offiziell der Breiten- und Freizeitsport im Ausbildungssystem des DSB und damit auch im Deutschen Basketball Bund (DBB) und seinen Landesverbänden einen festen Platz gefunden.

Für den Lizenzerwerb unterscheiden die Rahmenrichtlinien einerseits zwischen Wettkampfsport und Breiten- und Freizeitsport und andererseits zwischen den Altersstufen Kinder / Jugendliche und Erwachsene / Ältere. Das bedeutet, daß auch im DBB und seinen Untergliederungen in Zukunft differenzierte Lizenzen erteilt werden und Ausbildungsgänge mit den entsprechenden Profilen anzubieten sind:

❑ Trainer / in C für Kinder / Jugendliche,
❑ Trainer / in C für Erwachsene / Ältere,
❑ Fachübungsleiter / in Breitensport (sportartspezifisch) für Kinder / Jugendliche und
❑ Fachübungsleiter / in Breitensport (sportartspezifisch) für Erwachsene / Ältere.

Folgende Aufgaben werden für den Trainer und den Fachübungsleiter beschrieben:

❑ «Die Tätigkeit des / der Trainers / in umfaßt die Hinführung zur leistungs- und wettkampforientierten Betätigung in der jeweiligen Sportart sowie die Gestaltung des Grundlagentrainings» (DSB 1990, 13).
❑ «Die Tätigkeit des / der Fachübungsleiters / in umfaßt die Anregung zur Betätigung im sportartspezifischen Breitensport sowie die Gestaltung eines allgemeinen Bewegungsangebots in der jeweiligen Sportart» (DSB 1990, 13).

Während also die Gestaltung des Grundlagentrainings im Mittelpunkt der C-Trainer-

Ausbildung steht (vgl. vor allem Kapitel 2–6), sollen im Breitensport sportartspezifische, allgemeine Spiel- und Bewegungsangebote gemacht werden (vgl. Kapitel 7–10).

1.2   Ziele und Funktionen des Wettkampfsports

Wettkämpfen heißt, seine eigene Leistung mit der anderer Sportler zu vergleichen. Dem Wettkampfsport immanent ist also das *Konkurrenzprinzip* (vgl. Landau 1983, 11) ebenso wie die Motivation, eine sportliche *Leistung* zu erbringen, also die Orientierung an einem *Gütestandard* – sei es an einem absoluten (z. B. Weltrekord), sei es an einem individuellen (z. B. Verbesserung der eigenen Sprintzeit über 100 m oder der Sieg gegen das Team des Nachbarortes). Leistungs- und Wettkampfsport ist also auch «ein Feld individueller Selbstverwirklichung durch persönliche Leistung; die so erbrachte Leistung ist ein sozialer und kultureller Wert» (Preising 1989, 68).

Das Wettkämpfen mit dem Ziel, die Wettkampfleistungen mit den Ergebnissen anderer Sportler oder Mannschaften zu vergleichen, macht es nötig, daß alle Wettkämpfer unter gleichen Bedingungen und mit gleichen Erfolgschancen den Wettkampf aufnehmen können. Diese Identität der Startbedingungen und der somit grundsätzlich ungewisse Ausgang eines sportlichen Wettkampfes begründen neben dem Streben nach dem jeweiligen Leistungsstandard den Reiz des sportlichen Leistungsvergleichs. Durch die Standardisierung des Regelwerks und die Überwachung der Einhaltung der zumeist international verbindlichen Wettkampfregeln wird die prinzipielle *Chancengleichheit* aller Wettkampfteilnehmer gewährleistet. Außerdem organisieren die nationalen und internationalen Sportverbände ihre Wettkämpfe getrennt nach Frauen (Mädchen) und Männern (Jungen) in unterschiedlichen Leistungsklassen (im DBB 7–9 Ligen von der 1. Bundesliga bis zur Kreisklasse) und berücksichtigen dabei auch das Alter der Sportler (DBB: A-, B-, C-, D-Jugend; Senioren I, II, III, IV). Die Durchführung des Spiel- und Wettkampfbetriebes in diesen Verbandsstrukturen ist nur mit einer straffen Organisation möglich, die Einhaltung der entsprechenden Bestimmungen wird durch die Androhung teils massiver Strafen eingefordert (z. B. Verzicht auf die Teilnahme an der Spielrunde der 1. Bundesliga – Herren nach dem 1. Juni: 10 000,– DM). Dieser bewährte Organisationsrahmen konstituiert auf allen Leistungsebenen die Möglichkeit zum Wettkampf- und zum Leistungssport. Das bedeutet, daß auch in Spielklassen, deren Leistungsniveau deutlich von einem absoluten Leistungsstandard (z. B. NBA, aber auch 1. Bundesliga) entfernt ist, dem Wettkampf ähnliche Organisationsstrukturen zugrunde liegen. «Man kann davon ausgehen, daß dieser wettkampforientierte Breitensport den größten Teil der heute aktiven Sportler umfaßt» (Dietrich/Landau 1990, 104). Änderungen der organisatorischen Gegebenheiten oder des verbindlichen Regelwerks bzw. ihre Anpassung an individuelle Erfordernisse sind für die einzelnen Sportler nicht oder nur mit sehr großem Aufwand möglich (der Weg führt über Kreis-, Bezirks-, Verbandstage zum DBB-Bundestag; von dort evtl. an die entsprechenden Gremien des Internationalen Basketballverbandes).

Basketball als Wettkampf- und Leistungssport erfordert im Gegensatz zu Individual-sportarten zusätzlich zur Unter- und Einordnung in die Verbandsstrukturen die Un-terordnung unter die Interessen und den organisatorischen Rahmen der Mannschaft. Wettkampfsport schließt viele Sportler von der Teilnahme aus, z. B. weil sie den Lei-stungsanforderungen der jeweiligen Sportgruppe nicht genügen oder weil sie aus per-sönlichen, schulischen, beruflichen Gründen der regelmäßigen Trainings- und Spiel-verpflichtung nicht nachkommen können oder wollen oder durch den Sport nicht so diszipliniert werden möchten, daß sie ihren Lebensstil am Sport ausrichten. Gerade das Erwerbsleben als soziokulturelles Spiegelbild des Leistungssports ist für viele Sportler unvereinbar mit der (weiteren) Zugehörigkeit zu einer Wettkampfmann-schaft, besonders auf höherem Niveau. Ein übriges tun Strömungen des Zeitgeistes wie Individualität, Unverbindlichkeit, Ablehnung des Leistungsgedankens und der Leistungsgesellschaft, Spontaneität u. a.

Gerade aber weil der Leistungssport allen Zeittendenzen zum Trotz ein Spiegelbild der Leistungsgesellschaft und der Leistungskultur ist, bietet er für Kinder und Jugend-liche, aber auch für Erwachsene ein exzellentes Lern- und Übungsfeld. Im folgenden sei eine Auswahl möglicher und wünschenswerter Erfahrungen genannt, die durch oder mit Hilfe des Wettkampfsportes Basketball realisiert werden können:

❑ Leisten heißt, sich Ziele zu setzen und diese Ziele über einen längeren Zeitraum konsequent zu verfolgen.

❑ Auch große, scheinbar unerreichbare Ziele lassen sich durch kontinuierliches Trai-ning und festen Willen erreichen.

❑ Gerade die Überwindung innerer Widerstände und das Erreichen langfristiger Ziele ist oft befriedigender als die Orientierung an einem kurzfristigen Lust-Un-lust-Prinzip.

❑ Kooperationsfähigkeit ist eine Grundvoraussetzung des Mannschaftssports und muß erlernt werden, da sich nur so gemeinsame Aufgaben lösen lassen.

❑ Im Leistungssport kann man Höhen (Sieg) und Tiefen (Niederlage) des Lebens er-leben und lernen, damit angemessen umzugehen.

❑ Leistungssport macht den Sportler mit Stärken und Schwächen seines Körpers, sei-ner Persönlichkeit bekannt; er erzieht zu verantwortungsbewußtem Umgang mit dem Körper (z. B. Ernährung, Schlaf).

❑ Mannschafts-Leistungssport fordert und fördert positive soziale Verhaltensweisen wie Engagement, Mitverantwortung, Zuverlässigkeit, Pünktlichkeit, Selbstbeherr-schung, Rücksichtnahme.

❑ Leistungssport und Wettkampfziele bieten dem Sportler immer einen «Sinn». Sie ermöglichen also eine Orientierung des Sportlers bei der Gestaltung des Lebens-abschnittes.

1.3 Der Ausbildungsgang «Trainer C»

C-Trainer des Deutschen Basketball Bundes (DBB) werden nach den Rahmenricht-linien des Deutschen Sportbundes (DSB) und den Ausbildungs- und Prüfungsbestim-mungen des DBB ausgebildet. Der DBB hat die C-Trainer-Ausbildung, die mindestens 120 Stunden umfaßt, an die Landesverbände delegiert; deren Lehrwarte bzw. Lehr-kommissionen organisieren Ausbildung und Prüfung. Die bundesweite Vergleichbar-keit der C-Trainer-Qualifikation wird durch die jährlich stattfindende Landesverbands-Lehrwarte-Tagung sichergestellt.

Ziel der Ausbildung zum C-Trainer ist die Befähigung, Freizeit- und Jugendmann-schaften sowie Seniorenmannschaften unterhalb der Regionalliga zu trainieren und zu betreuen. Bis zur Prüfung, die meist an einem Prüfungswochenende stattfindet, muß der Bewerber an einem Grundlehrgang («D-Trainer-Lehrgang») und einem Aufbaulehrgang von je 60 Stunden teilnehmen und sowohl eine Schiedsrichterlizenz als auch einen Erste-Hilfe-Schein vorlegen.

Prüfungen finden zum Abschluß des Grundlehrgangs und des Aufbaulehrgangs statt. Außer einer Kurzlehrprobe (ca. 20 Minuten) und einer Theorieprüfung muß der Teil-nehmer sein eigenes Spielkönnen in einer Demonstrationsprüfung unter Beweis stel-len. Die Lizenz wird erteilt, wenn alle Prüfungsteile bestanden sind; eine Wiederho-lung nicht bestandener Prüfungsteile ist innerhalb eines Jahres zulässig.

Nach bestandener Prüfung wird dem Teilnehmer die vom Lehrwart des Landesver-bands unterschriebene C-Trainer-Lizenz des DBB ausgehändigt. Die Lizenz ist drei Jahre gültig und wird durch den Besuch einer anerkannten Fortbildungsveranstaltung von 15 Stunden um weitere drei Jahre verlängert. Der mindestens zweijährige Besitz der gültigen C-Trainer-Lizenz ist neben dem Nachweis einer Trainertätigkeit im Lei-stungssport Voraussetzung für die Zulassung zur B-Trainer-Ausbildung des DBB.

Übersicht (aus DBB 1994 b, 1):

Trainer-lizenz	Theorie	Praxis Methodik	Hospita-tionen	Wahl-pflicht	Stunden	Prüfungsart
A	20	30	10	30	90	LP / Theorie / HA
B	35	35	05	15	90	LP / Theorie
C	20	40	XX	XX	60	LP / Theorie / Demo
«D»	25	35	XX	XX	60	LP / Theorie / Demo
Stunden	**100**	**140**	**15**	**45**	**300**	**XXXXX**

Übungs-leiter	Theorie	Praxis Methodik	Hospita-tionen	Wahl-pflicht	Stunden	Prüfungsart
ÜL	20	40	XX	XX	60	LP / Theorie / Demo
«D»	25	35	XX	XX	60	LP / Theorie / Demo
Stunden	**45**	**75**	**XX**	**XX**	**120**	**XXXXX**

Aufbau der Theorieausbildung für Trainer im DBB (aus DBB 1994 b, 2)

Themenbereiche Theorie	F-Übungsleiter			Trainer				
	F-ÜL		Total	C	B	A		Total
Trainings- und Bewegungslehre	**09**	**06**	**15**	**09**	**08**	**16**	**02**	**035**
Einführung in die Trainingslehre	03			03				
Einführung in die Bewegungslehre	03			03				
Biologische Grundlagen des Trainings		02				02		
Sport für Kinder und Jugendliche		02						
Sport für Ältere und Erwachsene		02						
Periodisierung des Trainings					02	02		
Krafttraining						02		
Ausdauertraining						02		
Schnelligkeitstraining						02		
Flexibilitätstraining						02		
Technik- und Koordinationstraining	03			03	02			
Taktiktraining					02	02		
Leistungssteuerung					02	02	02	
Sportbiologie und Sportmedizin	**02**	**06**	**08**	**02**	**04**	**04**		**010**
Anatomisch-physiologische Grundlagen		02			02	02		
Sportverletzungen und Erste Hilfe	02			02				
Physiotherapie, Prophylaxe und Rehabilitation		02			02	02		
Gesundheitliche Aspekte des Sports		02						
Sportpsychologie		**04**	**04**	**02**	**06**	**12**		**020**
Grundsätze des Coachings		02		02	02	02		
Soziale und gesellschaftliche Aspekte des Sports		02						
Konfliktbewältigung						02		
Eindrucksmanagement					02	04		
Psychologische Trainingsformen					02	04		
Spannungsfelder im Trainingsberuf						02		
Pädagogik, Methodik und Didaktik	**10**		**10**	**10**	**02**	**04**	**04**	**020**
Pädagogische Grundsätze des Lernens und Lehrens	02			02				
Trainingsplanung	04			04	02		02	
Methodische Grundsätze des Trainings	02			02		02	02	
Prinzipien der Spielschulung	02			02	02			
Sportorganisation	**04**	**04**	**08**	**04**	**04**	**05**	**02**	**015**
Struktur des Sports in Deutschland	02			02				
Satzung/Ordnungen des DBB und der LV	02			02				
Rechts- und Versicherungsfragen		02			02			
Organisation von Sport- und Spielfesten		02						
Talentförderung und Talentsichtung					02	01		
Leistungssportkonzeption des DBB						01	02	
Aktuelle Themen						03		
Theorieinhalte gesamt:	**25**	**20**	**45**	**25**	**25**	**35**	**20**	**100**

Aufbau der Praxisausbildung für Trainer im DBB (aus DBB 1994 b, 3)

Themenbereiche Praxis	F-Übungsleiter		Trainer			
	F-ÜL	Total	C	B	A	Total
Individualtechnik und -taktik	26	15 41	26	15	04 00	045
In der Verteidigung:						
Verteidigungsbeinarbeit	02		02			
Verteidigen von Grundsituationen (incl. Rebound)	02	05	02	05		
Positionsspezifische Verteidigung		02		02		
Im Angriff:						
Ballhandling, Dribbling, Stoppen, Pivotieren	06		06			
Passen, Fangen und Fintieren	06		06			
Werfen und Fintieren	08		08			
Positionsspezifische Technik und Taktik		06		06	02	
Beinarbeit und Befreiungsbewegungen	02	02	02	02		
Gruppentaktik	04	05 09	04	10	14 07	035
In der Verteidigung:						
Blockbekämpfung		02	02	02	02	
Helfen und Doppeln			02	02	02	
Transitionsverteidigung				02		
Im Angriff:						
Two-man-game		01	01			
Direkte und indirekte Blocks		02	02	02		
2-2- und 3-3-Optionen			01	04	03	
Transitionsangriff	04		04	02	02	
Mannschaftstaktik	08	08	10	12	18	040
In der Verteidigung:						
Prinzipien der Mann-Mann-Verteidigung	02		02	02		
Prinzipien der Ball-Raum-Verteidigung	02		02	02		
Prinzipien der Pressverteidigung			01	02		
Spezielle Situationen in der Verteidigung					02	
Ausgewählte Verteidigungskonzeptionen					05	
Variationen der Verteidigungskonzeption					02	
Im Angriff:						
Prinzipien gegen Mann-Mann-Verteidigung	02		02	02		
Prinzipien gegen Ball-Raum-Verteidigung	02		02	02		
Prinzipien gegen Pressverteidigung			01	02		
Spezielle Situationen im Angriff					02	
Ausgewählte Angriffskonzeptionen					05	
Variationen der Angriffskonzeption					02	

Themenbereiche Praxis	F-Übungsleiter			Trainer				
	F-ÜL		Total	C	B	A		Total
Spezielle Themen	05	12	17	05	05	05	05	020
Aufwämen, Stretching	02			02				
Lauf- und Körperschule	01	01		01				
Konditions- und Koordinationsschulung					02			
Kleine Spiele		02						
Pädagogische Wettkampfformen		04						
Aktuelle Themen des Sports	02	05		02	03	05	05	
Praxisinhalte gesamt:	35	40	75	35	40	35	30	140

Ausbildungsinhalte der C-Trainer-Ausbildung (aus DBB 1994 b, 11)

1 Theorie (45 UE)

Trainings- und Bewegungslehre　　　　　　　　　　　　　　　　12 UE
Einführung in die Trainingslehre; Einführung in die Bewegungslehre;
biologische Grundlagen des Trainings; Periodisierung des Trainings;
Techniktraining; Taktiktraining; Leistungssteuerung

Sportbiologie und Sportmedizin　　　　　　　　　　　　　　　06 UE
Anatomisch-physiologische Grundlagen; Sportverletzungen und
Erste Hilfe; Physiotherapie, Prophylaxe und Rehabilitation

Sportpsychologie　　　　　　　　　　　　　　　　　　　　　02 UE
Grundsätze des Coaching

Pädagogik, Methodik und Didaktik　　　　　　　　　　　　　17 UE
Pädagogische Grundsätze des Lernens und Lehrens; Trainingsplanung;
methodische Grundsätze des Trainings; Prinzipien der Spielschulung

Sportorganisation　　　　　　　　　　　　　　　　　　　　08 UE
Struktur des Sports in Deutschland; Satzung und Ordnungen des DBB und
der LV; Rechts- und Versicherungsfragen; Talentförderung und Talentsichtung

2 Sportpraxis und Fachmethodik (75 UE)

Individualtechnik und -taktik　　　　　　　　　　　　　　　41 UE
In der Verteidigung:
Verteidigungsbeinarbeit; Verteidigung von Grundsituationen (incl. Rebound)
Im Angriff:
Ballhandling, Dribbling, Stoppen, Pivotieren; Passen, Fangen und Fintieren;
Werfen und Fintieren; positionsspezifische Technik und Taktik; Beinarbeit und
Befreiungsbewegungen

| **Gruppentaktik** | **14 UE** |

Gruppentaktik 14 UE

In der Verteidigung:
Blockbekämpfung; Helfen und Doppeln
Im Angriff:
Two-man-game; direkte und indirekte Blocks; 2-2- und 3-3-Optionen;
Transitionsangriff

Mannschaftstaktik 10 UE

In der Verteidigung:
Prinzipien der Mann-Mann-Verteidigung, Ball-Raum-Verteidigung und
Pressverteidigung
Im Angriff:
Prinzipien gegen Mann-Mann-Verteidigung, Ball-Raum-Verteidigung und
Pressverteidigung

Spezielle Themen 10 UE

Aufwärmen, Stretching; Lauf- und Körperschule; Konditions- und
Koordinationsschulung; aktuelle Themen des Sports

3 Prüfungen

Informationen zur Prüfung (Lehrprobe, Theorie, Demonstration)
Demonstration (Eigenrealisation)
Lehrproben (incl. Besprechung)
Theorieprüfungen (incl. Besprechung)

Gesamt: **120 UE**

1.4   Ziele und Funktionen des Breitensports

Breitensport versteht sich vor allem als «Liberalisierung», Vereinfachung und «Entdisziplinierung» des regulären Wettkampfsports einschließlich der Rahmenbedingungen. Ziel des Basketballspiels mit breitensportlicher Perspektive ist das Spielen selbst – unter Zugrundelegung und Anerkennung selbstgewählter Regeln. Ziel ist nicht das durch den Verband festgelegte und durch diesen kontrollierte regelgerechte Spielen. Im Unterschied zu anderen Sportspielen eignet sich das Basketballspiel hervorragend für Veränderungen der bestehenden Normen und Vorschriften, wie z. B.:

❏ das Spielen auf einen einzigen Korb, wenn nicht genügend Mitspieler zur Verfügung stehen, nur wenig Platz vorhanden ist oder aus einer Laune der Beteiligten heraus,

❏ das Spiel 3 : 3 unter einem Korb nach vereinfachtem Regelwerk (Streetball),

❏ das Spielen mit geringerer Spielerzahl, im Extremfall das Spiel 1 : 1.

Neben diesen und auch anderen basketballspezifischen Vorteilen spielt die Auflockerung und «Entdisziplinierung» der allgemeinen Rahmenbedingungen für das Betreiben des Basketballspiels als Breitensport eine wichtige Rolle: Gruppen im Breitensport sind im allgemeinen so organisiert, daß die Abwesenheit vom «Training» für jeden einzelnen Spieler ohne Konsequenzen ist – im Unterschied zum Wettkampfsport.

Auch die Gestaltung des «Trainings» entspricht im allgemeinen nicht dem Muster des Trainings im Wettkampfsport– nicht der Erwerb und die Anwendung basketballspezifischer Fertigkeiten, Fähigkeiten und konditioneller Voraussetzungen stehen im Mittelpunkt. Ziel ist nicht das regelgerechte Erlernen des Basketballspiels und die Vermittlung optimaler Bewegungsabläufe aus bewegungstheoretischer und methodischer Sicht, sondern das Spielen mit dem Basketball, das Werfen auf den Korb, das Erzielen von Punkten – selbstverständlich auch das Spielen gegeneinander, aber ohne zwangsläufige Übernahme der vom Verband festgelegten Regeln und Vorschriften.

Ziel ist nicht der Aufstieg in die nächsthöhere Klasse oder das Verhindern des Abstiegs, Ziel ist nicht unbedingt der interne Leistungsvergleich unter den einzelnen Spielern einer Mannschaft oder der externe Leistungsvergleich zwischen zwei oder mehreren Mannschaften. Der einzelne und die Gruppe können im Breitensport ihre Ziele selbst festlegen. Zielsetzungen von Basketballspielern im Breiten- und Freizeitsport können z. B. sein: ins Schwitzen kommen, etwas für seinen Körper tun, fit sein oder fit werden, sich bewegen, mit anderen gemeinsam etwas tun wollen, aber auch in der Hobbyrunde siegen oder ein Freundschaftsspiel gewinnen wollen usw.

Brauchen Basketballvereine solche offenen Sport- und Spielangebote? Ist die Verwirklichung der Zielsetzung «Sport für alle» auch Aufgabe eines Fachverbandes, also des Basketball Bundes? Nimmt der Breitensport nicht dem Wettkampfsport die Basketballspieler weg? Werden hier unbedingt ausgebildete Übungsleiter als Betreuer benötigt? Solche oder ähnliche Fragen wird man vereinsintern immer wieder beantworten müssen, da Breitensportangebote in Basketballvereinen und auch in der Mehrzahl der anderen Sportvereine die Ausnahme sind und häufig als direkte Konkurrenz für den Wettkampfsport angesehen werden.

Im folgenden sollen weitere wichtige Begründungen und Argumente für die Notwendigkeit von Freizeit- und Breitensportangeboten vorgestellt werden:

❑ Ältere jugendliche Sportvereinsmitglieder in der Altersstufe von 12 – 18 Jahren, und unter ihnen insbesondere Mädchen, wünschen freizeitorientierte Sportangebote oder «Sport nur so aus Spaß»; für sie zählt in erster Linie das Zusammensein mit anderen Jugendlichen, also die Verwirklichung ihrer sozialen Bedürfnisse, und diese lassen sich offensichtlich im Freizeitsport besser umsetzen als im Wettkampfsport (vgl. Schröder 1991, 90 ff).

❑ Die gegenwärtig äußerst erfolgreiche Streetballbewegung ist eine Breitensportbewegung, die u. a. deshalb so erfolgreich ist, weil eine Vielzahl von Zwängen fehlt, z. B. gezieltes und regelmäßiges Training, längerfristige Bindung an eine Mannschaft, kompliziertes Regelwerk usw.

❑ Immer mehr Menschen verbinden mit ihrem Sporttreiben den Wunsch nach dem Erwerb allgemeiner Fitneß und umfassenden Wohlbefindens; körperbetonte Auseinandersetzungen mit einem Gegner und die Demonstration körperlicher und sportlicher Überlegenheit spielen eine immer geringere Rolle.

❑ Vor allem ältere Menschen suchen im Sport und im Sportverein nicht zwangsläufig den Leistungsvergleich mit anderen, sondern – ähnlich wie ein großer Teil der Jugendlichen – ein Gemeinschaftserlebnis, die sinnvolle Gestaltung der Freizeit usw.

Sportvereine und Sportverbände erfüllen für ihre Mitglieder in den verschiedenen Altersbereichen neben den sportlichen auch wichtige soziale Funktionen und stellen vor allem die räumlichen und zeitlichen Voraussetzungen für regelmäßiges und kontinuierliches Zusammensein ihrer Mitglieder her.

Basketball als Breiten- und Freizeitsport in den Vereinen kann einen wichtigen Beitrag leisten, die vorhandenen Mitglieder zu halten und neue hinzuzugewinnen. Breitensportangebote können und sollen die existierenden wettkampfsportlichen Aktivitäten lediglich ergänzen und sollen diese keinesfalls ersetzen, weil auch der Wettkampfsport für viele Mitglieder in den Basketballvereinen wichtige Funktionen erfüllt. Aber es sollte auch klar sein, daß sich der Sport, das Sportverständnis und die Freizeitinteressen in unserer Bevölkerung entwickeln und verändern, eben in «Bewegung» sind. Sportvereine und Sportverbände müssen sich auf diese vielfältigen Veränderungen durch Änderungen und Erweiterungen ihrer Organisationsstrukturen, ihrer sportlichen und über den Sport hinausgehenden Angebote und die Qualifizierung ihres Betreuungspersonals einstellen.

1.5 Der Ausbildungsgang «Fachübungsleiter Breitensport»

Für die Wahrnehmung von Aufgaben im Breitensport differenzieren die Rahmenrichtlinien des DSB nach folgenden Ausbildungsinhalten:

❑ «personen- und vereinsbezogener Bereich,

❑ bewegungs- und sportartbezogener Bereich,

❑ lebensaltersbezogener Bereich» (DSB 1990, 14).

Für den Fachübungsleiter Breitensport werden beispielhaft folgende Ausbildungsinhalte genannt:

❑ «Struktur, Funktion und Bedeutung der Sportart als Breitensport kennen, erproben und verändern.

❑ Regeln, Sportgeräte und Sportstätten / Sporträume kennen, nutzen, zielgruppengerecht verändern und Sicherheitsbestimmungen beachten.

❑ Sportartspezifische Breitensportangebote planen und durchführen.

❑ Breitensportgruppen aufbauen und betreuen.

- ❑ Über vielfältige Erfahrungen in der Sportart verfügen.
- ❑ Sportliche und sonstige Veranstaltungen organisieren» (DSB 1990, 14).

Damit liegt eine akzeptable Aufgabenbeschreibung für die Tätigkeit der Fachübungsleiter Breitensport vor. Darüber hinaus können die Gruppenmitglieder und Interessenten folgendermaßen charakterisiert werden. Es handelt sich um eher heterogene Spielgruppen,
- ❑ die über umfangreiche Erfahrungen im Sportspiel Basketball verfügen und auf eine häufig langjährige Wettkampftätigkeit zurückblicken können, als auch um Adressaten,
- ❑ die nach längerer Abstinenz wieder mit dem Basketballspielen beginnen wollen oder
- ❑ für die die Sportart Basketball völlig neu ist.

Aus der Zusammenschau dieser Voraussetzungen ergeben sich folgende Ausbildungsinhalte und Aspekte für die Betreuung von Breitensportgruppen:
- ❑ Betreuung der Gruppe
- ❑ Planung und Durchführung fachspezifischer Angebote
- ❑ Veränderungen der Spielregeln
- ❑ Durchführung alternativer Wettkampfsysteme
- ❑ Basketballspezifische oder -ähnliche Spielangebote.

Zusätzlich sind geschlechts- und altersspezifische Interessen zu berücksichtigen.
Die hier genannten Themen sind wichtige Teile des vorliegenden Basketball-Handbuches und werden ausführlich behandelt.
Nach den Rahmenrichtlinien des DBB (1994 b, 2 und 7) umfaßt die Ausbildung zum «Fachübungsleiter Basketball (Breitensport)» abweichend von den Inhalten der C-Trainer-Ausbildung folgende Themenbereiche (siehe auch S. 16 / 17):
- ❑ Sport für Kinder und Jugendliche
- ❑ Sport für Ältere und Erwachsene
- ❑ Gesundheitliche Aspekte des Sports
- ❑ Soziale und gesellschaftliche Aspekte des Sports
- ❑ Organisation von Sport- und Spielfesten
- ❑ Kleine Spiele
- ❑ Pädagogische Wettkampfformen.

1.6   Zur Person des Trainers bzw. Fachübungsleiters

Die Charakterisierung von Trainern / Übungsleitern als «qualifizierte Laien» (vgl. Jütting 1992) hat zu einer Fülle von Mißverständnissen geführt. Mit der Bezeichnung sollten zwei wichtige Voraussetzungen für die Ausbildung angesprochen werden:

1. Trainer und Übungsleiter nehmen ihre Tätigkeit in aller Regel nebenberuflich wahr, das heißt, daß sie eine andere berufliche Ausbildung haben und einer anderen hauptamtlichen Betätigung nachgehen, die nicht in Zusammenhang mit ihrer Tätigkeit als Gruppenbetreuer im Sportverein steht; sie haben entweder keine Ausbildung – und das trifft auf etwa 40% zu (vgl. Mrazek/Rittner 1991, 277) –, oder aber sie sind durch das Qualifizierungssystem des DSB auf ihre Tätigkeiten im Sportverein vorbereitet worden; insofern handelt es sich um «Laien».

2. Trainer und Übungsleiter können zu beinahe 75% auf eine äußerst umfangreiche praktische sportliche Betätigung zurückblicken, die sehr stark durch eigene wettkampfsportliche Erfahrungen gekennzeichnet ist (vgl. a. a. O., 184); nicht selten sind sie in ihrer Sportart hervorragende Spezialisten gewesen, aber nicht als Trainer, sondern als Wettkämpfer. In dieser Beziehung sind sie als «qualifiziert» einzustufen, weil sie nämlich in ihrer Sportart kompetent (gewesen) sind.

Der (unglücklich gewählte) Begriff «qualifizierte Laien» führt diese beiden Erfahrungsaspekte zusammen und wirkt dadurch auf den ersten Blick widersprüchlich.

Durch die Ausbildung, die mindestens 120 Stunden beträgt, sollen Trainer/Fachübungsleiter so qualifiziert werden, daß sie die verschiedenen im Sportverein anfallenden Aufgaben bewältigen können. Zu Recht zweifeln Mrazek/Rittner (1991, 84) an, daß mit der wettkampfsportlichen Qualifikation «eine hinreichende fachliche Qualifikation für die Tätigkeit als Gruppenleiter gewährleistet werden kann – ob im pädagogisch-didaktischen oder im sozialpsychologischen Bereich». Die beschriebenen Vorerfahrungen der Gruppenleiter für ihre Tätigkeit im Sportverein scheint dabei nicht ganz unproblematisch: «Allerdings besteht eine gewisse Wahrscheinlichkeit, daß die Betreffenden die traditionellen Werte und Normen des Vereins und des traditionellen Sports internalisiert haben und an ihre Gruppen weitergeben» (a. a. O., 84).

Gruppenleiter können im allgemeinen die Bedürfnisse des wettkampforientierten Sports und der wettkampfinteressierten Sportvereinsmitglieder gut abdecken. Allerdings können sich aufgrund der Identifizierung mit dem Wettkampf- und Leistungssport bei der Betreuung von Freizeitsportgruppen auch Schwierigkeiten ergeben. Deshalb ist es wichtig, auf

❑ Ziele und Funktionen des Breitensports,
❑ Veränderungen in der Sportentwicklung,
❑ Veränderungen des Sportverständnisses,
❑ Veränderungen der Interessen und Bedürfnisse von Sportaktiven und Sportinteressenten hinzuweisen, für die nicht das Modell Wettkampfsport im Mittelpunkt des Interesses steht,
❑ Einsichten in die Notwendigkeit breiten- und freizeitsportlicher Sportangebote zu verweisen.

Dazu gehört auch, die Bedeutung und die möglichen Auswirkungen der Rahmenbedingungen, unter denen das Sporttreiben stattfindet, bewußtzumachen.

Die Untersuchungen von Mrazek/Rittner (1991, 282) räumen mit einem weit verbreiteten Vorurteil in der Öffentlichkeit gegenüber Trainern/Übungsleitern auf. Sie stellen nämlich fest, «daß die Befragten mit ihrer Berufstätigkeit und ihrer Tätigkeit als Gruppenleiter gleich zufrieden sind. (…) Damit ist die Annahme widerlegt, daß die Gruppenleiter im Sport ihre Tätigkeit als Kompensation für berufliche und private Unzufriedenheit sehen.» Dieses Untersuchungsergebnis ist sowohl für das Selbstverständnis der Gruppenbetreuer als auch für die Akzeptanz ehrenamtlicher Sportvereinsarbeit in der Öffentlichkeit von Bedeutung.

Trainer/Übungsleiter erfahren eine insgesamt positive Einschätzung durch die Vereinsmitglieder: «Übungsleiter wie Trainer sind also extrem positive Sozialfiguren im Sport. Beide gelten als gesellig, erfahren und gut ausgebildet, als leistungsorientiert und fit. Doch ist bei direktem Vergleich der Übungsleiter eindeutig der Spezialist für Spaß und Geselligkeit, der Trainer dagegen Spezialist für gute Ausbildung und leistungsorientiertes Sporttreiben» (a. a. O., 162). In den Freizeitsportgruppen werden folgende Anforderungen an sie gestellt: «Die Gruppenteilnehmer erwarten dagegen vom Gruppenleiter, auch wenn sie spaß- und geselligkeitsorientierten Freizeitsport betreiben wollen, zunächst fachliche Kompetenz und, wie die Daten zeigen, wohl auch Leistungsorientierung» (a. a. O., 162).

Das Idealbild des Gruppenbetreuers hängt demnach vor allem von den Zielsetzungen ab, die die betreuten Gruppenmitglieder mit ihrem Sporttreiben in Verbindung bringen. Dabei ist interessant, daß die Beliebtheit des Fachübungsleiters auch von seiner fachlichen Kompetenz abhängt. Diese Ergebnisse zeigen deutlich den Anspruch an den Breitensport, der nämlich darin besteht, daß «ernsthaft» Sport getrieben wird – und nicht zuletzt auch unter Leistungsaspekten. Allerdings ist darauf hinzuweisen, daß im Breitensport der Vergleichsmaßstab der Leistung und der Leistungssteigerung – im Unterschied zum Wettkampfsport – eher das Individuum selbst ist und im allgemeinen nicht der Gegner oder die gegnerische Mannschaft.

Sportgruppen im Verein wünschen also Betreuer, die fachkompetent, gesellig sowie körperlich fit sind und sie zu sportlichen Leistungen führen. Mögliche Ansprüche an die Gruppenbetreuer werden aber nicht nur durch die Gruppenmitglieder gestellt, sondern auch durch den Vereinsvorstand, die Abteilungsleitung, den Fachverband, im Falle der Jugendlichen durch den Jugendverband, die Eltern, im Leistungs- und Wettkampfsport durch die Öffentlichkeit usw.

Zusammenfassend läßt sich für Gruppenleiter im Breitensport sagen:
«Die Vereine brauchen Übungsleiter/innen

❏ mit starkem persönlichem Engagement,
❏ mit starkem sozialem Engagement,
❏ mit Erfahrungen und Sachwissen,
❏ mit Flexibilität und Offenheit für Neues.

Vor dem Hintergrund dieser Überlegungen stellen sich (…) drei Hauptaufgaben für Übungsleiter/innen:

1. qualifiziertes Breitensportangebot,
2. Aufbau von attraktiven und sachgerechten Übungs- und Spielstunden,
3. Befähigung der Gruppe zu eigenverantwortlichem und selbständigem Handeln» (Kusch 1992, 19).

Damit sind nochmals die Aufgabenbereiche umrissen, die in diesem Handbuch zu behandeln sind.

In den letzten Jahren sind von Sportvereinsmitgliedern und Interessenten die Ansprüche an Übungsleiter im Vereinssport immer weiter gestiegen: mehr und mehr wird ein Bild des Übungsleiters als hauptberuflich Tätiger zugrunde gelegt, der seine gesamte Arbeitskraft dem Sportverein und den Betreuten zur Verfügung stellen soll. Es ist selbstverständlich, daß solche überhöhten Erwartungen, die für den kommerziellen und professionellen Sport zu Recht bestehen, im Vereinssport, der auf ehrenamtlicher Basis funktioniert, nicht erfüllt werden können. Hier existiert im übrigen eine erhebliche Diskrepanz zwischen den geringen Beitragszahlungen und den hohen Leistungserwartungen der Mitglieder.

1.7 Adressaten und Benutzung des Handbuches

Eine der Aufgaben dieses Handbuches besteht darin, Hilfen für den Wettkampfsport und auch für den Breiten- und Freizeitsport im Rahmen und nach Beendigung der jeweiligen Ausbildung zu geben. Darüber hinaus sollen auch diejenigen Vereinsmitglieder, die eine Gruppenleitertätigkeit wahrnehmen, ohne eine entsprechende Ausbildung anzustreben, Anregungen und Vorschläge erhalten.

Da natürlich nicht nur in Vereinen Basketball gespielt wird, sondern auch in Schulen und möglicherweise in Zukunft auch mehr auf Freiplätzen und Pausenhöfen, ist dieses Buch außerdem für Sportlehrer, aber auch für Interessenten bestimmt, die außerhalb des Vereinssports Basketball spielen und ihr Spiel verbessern wollen.

Das Handbuch kann unterschiedlich benutzt werden:

❏ während der Lizenzausbildung und bei der Vorbereitung auf die Prüfung am Ende der Ausbildung kann es systematisch durchgearbeitet werden,

❏ es ist aber auch möglich, mit Hilfe des Schlagwortverzeichnisses gezielt Anregungen und Informationen zu suchen, die im Wettkampfsport oder im Breiten- und Freizeitsport nützlich sind,

❏ bei der Vorbereitung auf eine Unterrichtsstunde im Schulsport kann es ebenfalls hilfreich sein, und

❏ selbstverständlich kann man es auch aus Interesse oder Neugierde durchblättern und unsystematisch lesen.

2 TRAINING UND WETTKAMPF

2.1 Struktur und Anforderungen des Basketballspiels

2.1.1 Konditionelle Voraussetzungen

Basketball besticht durch seine Athletik, die in dieser Form zusammen mit Kampfkraft und Eleganz bei kaum einer zweiten Sportart zu finden ist. Der Leistungsstand und die Ausprägung der motorischen Fähigkeiten sind bei Spitzenbasketballern auf sehr hohem Niveau, was besonders bei den sehr großen Spielern bemerkenswert ist, die z. T. deutlich über 2 Meter groß sind.

Unverzichtbare Voraussetzung für spätere Spitzenleistungen ist die frühzeitige forcierte Entwicklung der konditionellen Grundlagen. Wer sich als Kind oder Jugendlicher in diesem Bereich nicht gezielt entwickelt, hat später kaum die Möglichkeit, auf höchster Ebene Basketball zu spielen. Daher ist es eine besondere Aufgabe der Jugendtrainer, rechtzeitig mit dem Athletiktraining zu beginnen.

In der Praxis hat sich die Übersicht von Ehlenz / Grosser / Zimmermann (1983, 12) bewährt, in der die Faktoren Kraft, Schnelligkeit, Ausdauer und Flexibilität den konditionellen Teilbereich der sportlichen Leistung bilden.

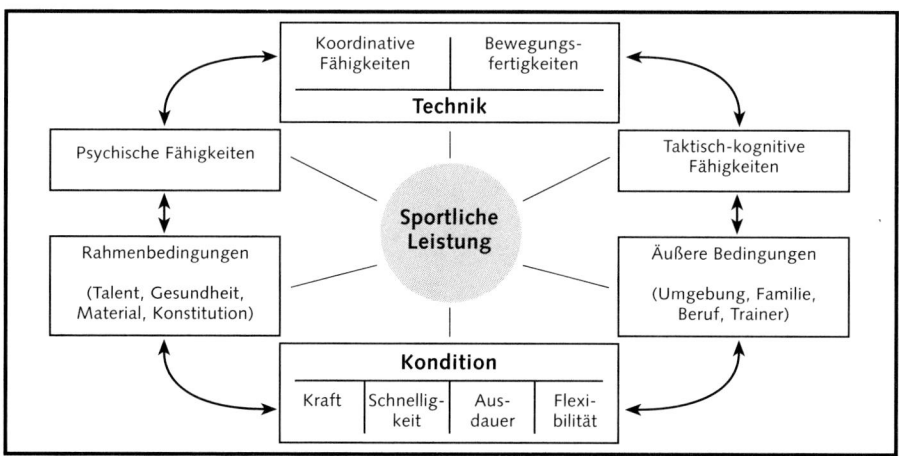

Abb. 1: nach Ehlenz / Grosser / Zimmermann (1983, 12)

Kraft ist die wichtigste motorische Fähigkeit eines Basketballspielers. Sie äußert sich als Explosivkraft und Reaktivkraft bei allen Sprüngen und Antritten, als statische Kraft zur Stabilisierung des Rumpfes und Oberkörpers bei allen Spielaktionen, primär im Sprung, bei Korbwürfen, Wurfblocks und Rebounds. Auf das Sprungkrafttraining muß im Jugendbasketball besonderes Augenmerk gerichtet werden. Entsprechende Methoden des Krafttrainings (auf die hier nicht detaillierter eingegangen werden soll) zielen entweder auf die Vergrößerung der Muskelmasse durch *Muskelaufbautraining* oder die Verbesserung der neuronalen Steuerung der Muskulatur in einer oder zwischen mehreren Muskelgruppen (*intramuskuläres Koordinationstraining* und *Reaktivkrafttraining*).

Basketball gilt als das zweitschnellste Sportspiel nach Eishockey. Die motorische *Schnelligkeit* spielt eine sehr große Rolle bei Antritten, Richtungsänderungen, Kurzsprints und Sprüngen. Da das Basketballfeld nur 28 m lang ist, ist die maximale Bewegungsfrequenz von sekundärer Bedeutung; im Vordergrund stehen das Beschleunigungsvermögen (also eine von der Maximalkraft beeinflußte Fähigkeit) und die Fähigkeit, technische Anforderungen (z. B. Bewegungskombinationen mit dem Ball) schnell realisieren zu können. Ein wichtiger Faktor für die Schnelligkeit bei Sportspielen ist die Antizipation, also die Fähigkeit, aufgrund der Spielerfahrung und der Situationswahrnehmung und -interpretation Bewegungen früher einleiten zu können. Motorische Schnelligkeit ist zum einen abhängig von der Stärke und Frequenz der Muskelkontraktion und somit von der angeborenen Faserstruktur des Muskels (Anteil schnellzuckender Fasern) und der Maximalkraft der betroffenen Muskulatur, zum anderen von der Qualität der Bewegungssteuerung durch das Zentralnervensystem (z. B. Anspannung und Entspannung der Antagonisten und Synergisten), also der Koordination.

Beim Training der Schnelligkeit müssen die folgenden grundlegenden Regeln beachtet werden:

❑ Maximale Schnelligkeitsbelastungen nur aufgewärmt und nach dem Stretching durchführen.
❑ Immer mit maximaler Geschwindigkeit trainieren; lieber kürzer und hochintensiv als mit submaximalem Tempo.
❑ Schnelligkeit kann nur im ausgeruhten Zustand trainiert werden, am besten in der ersten Trainingshälfte.
❑ Das Beschleunigungsvermögen durch Maximalkrafttraining für die Beine verbessern.
❑ Möglichst viel spielnah trainieren, d. h. in basketballspezifischen Trainingsformen (z. B. Schnellangriffe).

Basketball fordert von den Spielern eine Vielzahl explosiver Bewegungsabläufe, sei es bei Sprüngen, bei Sprints oder in der Verteidigung. Eine gut entwickelte *Grundlagenausdauer* bildet die Basis für die Wiederholung der schnellkräftigen Spielaktionen.

Sehr schnelle Erholungsfähigkeit bei den spieltypischen Unterbrechungen (Einwurf, Freiwürfe, Auszeit) resultiert ebenfalls aus einem hohen Niveau der Grundlagenausdauer. Die basketballtypischen Bewegungsmuster und Spielaktionen dauern bei höchster Intensität selten länger als 30 Sekunden. Das bedeutet, daß ein wesentlicher Anteil der Energiegewinnung über die Nutzung von Energieträgern erfolgt, die in der Muskelzelle gespeichert sind. Zintl (1988, 86) definiert die *azyklische Grundlagenausdauer* als «die Ausdauerfähigkeit, die in Spielsport und Kampfsportarten erforderlich ist». Charakteristisch dafür ist der situationsbezogene Wechsel zwischen Energiegewinnung mit Einbeziehung des Sauerstoffs und solcher ohne Sauerstoff sowie die sportartspezifischen Mischformen.

Trainingsmethoden des Ausdauertrainings sind:

- ❏ die *Dauermethode*,
- ❏ die *Intervallmethode*,
- ❏ die *Wiederholungsmethode* und
- ❏ die *Wettkampfmethode*.

Die Wettkampfmethode sollte nach dem Training der Grundlagenausdauer den größten Raum in der Ausdauerschulung einnehmen. Ziel dieser Methode ist eine möglichst umfassende Ausschöpfung der Leistungsfaktoren. Bezogen auf das Sportspiel Basketball kann man feststellen, daß keine Trainingsform das sportartspezifische Mischverhältnis der Energiegewinnung (mit / ohne Sauerstoff) so exakt schult wie das Spiel selbst. Durch Veränderung der Spielgegebenheiten lassen sich spezifische Belastungsreize setzen, z. B.:

- ❏ Spiel 4-4 (statt 5-5) mit Manndeckung über das ganze Feld,
- ❏ Spiel über 4×12 oder 3×20 Minuten,
- ❏ 3-3-Kontinuum-Spiele,
- ❏ Turniere mit 2–3 Spielen pro Tag,
- ❏ Trainingsformen für den Schnellangriff nach dem Überzahlprinzip (3-2-1; 3-2-Kontinuum).

Die *Flexibilität* steht beim Basketball im Vergleich zu Sportarten wie Kunstturnen nicht im Vordergrund. Gleichwohl benötigen Basketballer ein hohes Niveau der Flexibilität, da leistungsbestimmende Merkmale wie die Schnelligkeit und die Schnellkraft eine ausgeprägte Dehnfähigkeit der Muskulatur voraussetzen. Die Koordination komplexer Bewegungsabläufe bei hoher Dynamik und unter ständiger Behinderung durch den Gegner profitiert ebenfalls von hoher Flexibilität.

Flexibilitätstraining zielt besonders auf die Dehn- und Entspannungsfähigkeit der Muskulatur, da hier die größten Fortschritte erzielt werden können. Die Dehnfähigkeit der Muskulatur wird durch die verschiedenen Formen des *Stretchings* trainiert. Die Dehnungs- und Haltephasen beim Stretching betragen zwischen 10 und 30 Sekunden bei 3–5 Serien. Durch *Anspannungs-Entspannungs-Dehnen* (die zu dehnende Muskulatur wird zunächst ca. 10 Sekunden isometrisch kontrahiert, dann entspannt und gedehnt) lassen sich besonders bei verkürzten Muskelgruppen größere Trainingsfortschritte erzielen. Nachteil des Stretchings ist das Fehlen koordinativer Elemente innerhalb eines Bewegungsablaufes. Daher muß die Flexibilität auch über Trainingsformen der *Schwunggymnastik* geschult werden. Da die Flexibilität als einzige motorische Fähigkeit bereits vor der Pubertät ihren Höhepunkt erreicht, sollte sie am besten täglich trainiert werden, um ein ausreichendes Niveau zu erreichen und aufrechtzuerhalten. In Kap. 6.5.1 wird ein Standardstretching-Programm vorgestellt. Zusammenfassend kann man die Bedeutung der leistungsbestimmenden Merkmale beim Basketball folgendermaßen darstellen (nach Bauer 1987, 86):

1. Sprungkraft   (Würfe, Verteidigung, Rebound)
2. Balltechnik   (Wurf, Dribbling, Paß)
3. Schnelligkeit   (Antritt, Reaktion, Bewegung)
4. Grundlagenausdauer   (Erholungsfähigkeit)
    Konstitution   (Körpergröße bis über 2,20 m)
    Koordination   (Gleichgewicht, Orientierung)
    Taktik

2.1.2 Handlungselemente des Basketballspiels

Basketball konfrontiert den Sportler mit einer Fülle von Situationen, die er mit Hilfe verschiedener Spielaktionen erfolgreich bewältigen können sollte. Alle Handlungsmöglichkeiten lassen sich einteilen in individuelle, Gruppen- und Mannschaftsaktionen. Voraussetzung für basketballspezifisches Spielhandeln sind *elementare Bewegungsfertigkeiten* wie Starten, Laufen, Stoppen, Springen. Entsprechend der Spielidee des Basketballspiels («Körbe erzielen – Körbe verhindern») erfolgt eine weitere Unterscheidung in Angriffs- und Verteidigungshandlungen. Um Basketball zu spielen, muß der Sportler über ein minimales Handlungsrepertoire für die folgenden Spielelemente verfügen:

❏ Verteidigen,
❏ Werfen,
❏ Passen,
❏ Dribbeln,
❏ Befreien,
❏ Zusammenspielen,
❏ Planen.

Je höher das Spielniveau des Sportlers oder einer Mannschaft ist, desto mehr Handlungsmöglichkeiten stehen für die entsprechende Spielanforderung zur Verfügung. Die folgende Übersicht auf Seite 30/31 zeigt die wesentlichen Handlungselemente des Basketballspiels.

2.2　Zum Erlernen des Basketballspiels

Basketball ist eine komplexe Sportart. Es stellt sehr hohe athletische Anforderungen und verlangt ausgeprägte technische und taktische Fertigkeiten und Fähigkeiten. Neben konditionellen und koordinativen Leistungsfaktoren werden vom Basketballspieler ein ausgeprägtes soziales Verhalten und starke psychische Fähigkeiten erwartet. Im Mittelpunkt der leistungsbestimmenden Faktoren steht jedoch die *Spielfähigkeit*. Daher muß eine Methodik des Basketballtrainings den Faktor Spielfähigkeit ebenfalls in den Mittelpunkt des Trainings stellen.

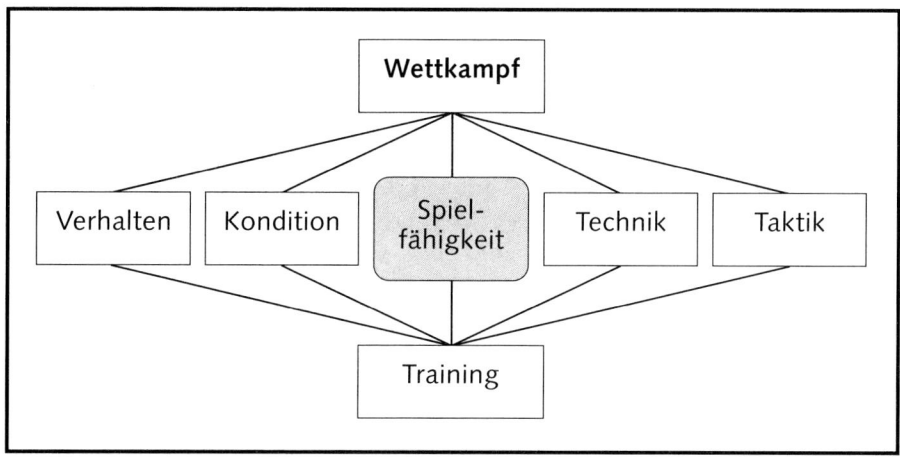

Abb. 2: Fähigkeitsbereiche (nach Hagedorn 1987, 253)

Beim Lehren des Basketballspiels können die folgenden Methoden entweder kombiniert oder isoliert angewendet werden:

Übungsmethode	↔	Spielmethode
Ganzheitsmethode	↔	Teillernmethode
Konzentrikmethode	↔	Schwerpunktmethode
Technikspiel	↔	Drill

2.2.1 Übungs- und Spielmethode

Die Übungsmethode reduziert Elemente des Basketballspiels auf ihre technischen Komponenten und trainiert Teil- oder Gesamtbewegungen unter koordinativem und technischem Aspekt. Daher erleichtert diese Methode den Lernprozeß von Bewegungsfertigkeiten und ermöglicht exakte Bewegungskorrekturen. Das Aneinanderrei-

Handlungselemente des Basketballspiels

Individuelle Technik und Taktik				
Defensiv	**Offensiv**			
Verteidigen	Werfen	Passen	Dribbeln	Befreien
Verteidigungsbeinarbeit: □ Grundstellung □ Grundbewegung (Gran-Technik) **gegen Ballbesitzer:** (Paßgeber, Dribbler): □ Abdrängen □ Durchbruch verhindern □ Stoppen **gegen Paßempfänger:** □ Deny □ Overplay □ Intercept □ gegen Cuts: Ballside-Cut Weakside-Cut Flash-Cut **gegen Werfer:** □ behindern **gegen Rebounder:** □ Check-Position: gegen Werfer Ballseite ballferne Seite □ Ausblocken: Front-Pivot Reverse-Pivot □ Ballsicherung	**Korbleger:** (links/rechts) □ Druckwurf □ Unterhandwurf □ Ein-Kontakt □ Zwei-Kontakt **Powershot:** □ Innenhand □ Außenhand □ Jump-hook **Positionswurf** **Sprungwurf** **Fintieren**	**Fangen** **Druckpaß:** □ direkt □ indirekt (Bodenpaß) □ ein-/beidhändig **Überkopfpaß** **Fintieren**	**Grundstellung mit Ball (Tuck)** **Dribbling:** □ im Stand □ im Laufen □ rhythmisch □ arhythmisch □ hoch □ tief **Handwechsel und Richtungsänderungen:** □ vor dem Körper (Cross-over) □ hinter dem Körper (Behind-the-back) □ zwischen den Beinen (Between-the-legs) □ mit Drehung (Roll) □ Kombinationen **Stoppen:** □ Sprungstopp □ Zwei-Kontakt-Stopp **Pivotieren**	**Tempo- und Richtungsänderungen:** □ In-and-out □ I-cut □ Back-door-cut □ V-cut □ Triangle-cut **Cuts:** □ Ballside-cut □ Back-door-cut □ Weak-side-cut □ Flash-cut **Posting-up** **Blocks** (Screen)

Handlungselemente des Basketballspiels

Gruppentaktik		Mannschaftstaktik	
Defensiv	Offensiv	Defensiv	Offensiv
	Zusammenspielen		Planen

Gruppentaktik – Defensiv:

Kommunikation:
□ Information
□ Signale
Aushelfen:
□ Help-and-recover
□ Rotation
Blocks bekämpfen:
□ Help-and-recover
□ Durchgleiten
□ Switch
□ Fake-switch
□ Jump-switch
Doppeln:
□ Sandwich
□ Cover-down
□ Double-team
□ Rotation

Gruppentaktik – Offensiv (Zusammenspielen):

Befreien:
□ Give-and-go
□ Back-door
□ Penetration
□ Blocken:
  direkt (den Ballbesitzer)
  indirekt (Weak-side-screen)
  nach unten (Down-screen)
  doppelt (Double-screen)
  versetzt (Staggered-screen)
  den Blocker (Screen-the-Screener)
Überzahlspiel:
□ Transition
□ 2-1
□ 3-2
□ 4-3
□ Trailerspiel

Mannschaftstaktik – Defensiv:

Manndeckung:
□ eng
□ sinkend
□ Presse
Zonendeckung:
□ 2-1-2
□ 1-2-2
□ 3-2
□ 1-3-1
□ Presse
Pressdeckung:
□ 1/1-, 3/4-, 1/2-Feld
□ Mannpresse
□ Zonenpresse:
  1-2-1-1
  2-2-1
  1-3-1
Kombinierte Verteidigung:
□ wechselnde Verteidigung
□ Box-and-one
□ Diamond-and-one
□ Triangle-and-two

Mannschaftstaktik – Offensiv (Planen):

Schnellangriff (Fast-break):
□ Primary-break
□ Secondary-break
□ Early-offense
□ System
Angriff gegen Manndeckung:
□ Formation
□ Motion
□ Passing-game
□ Plays
□ System
Angriff gegen Zonendeckung:
□ Formation
□ Überlagerung
□ Penetration
□ System
Angriff gegen Pressdeckung:
□ Formation
□ Press-break
Angriff gegen kombinierte Verteidigung:
□ Formation
□ System

Laufen – Springen – Starten – Stoppen

Koordinativ-konditionelle Grundfertigkeiten

hen immer komplexer und schwieriger werdender Übungen zu einer Bewegungsfertigkeit oder Bewegungskombination ist in Form der *methodischen Übungsreihe (MÜR)* ein bewährtes Vorgehen beim sportlichen Training. Andererseits führt die Reduktion eines Spielelements auf seine Bewegungsanteile und somit das Fehlen von Spielsituationen und Entscheidungsmöglichkeiten relativ schnell zu Eintönigkeit des Trainings. Vor allem aber wird der Leistungsfaktor «Spielfähigkeit» nicht trainiert.

Im Rahmen der Spielmethode wird von Anfang an die situationsgerechte und taktisch angemessene Anwendung der Technik geschult. Technische Anforderungen werden so für den Lernenden einsichtiger, da gute Technik zumeist größeren Spielerfolg mit sich bringt. Wegen des Spiel- und Wettkampfreizes und der Möglichkeit, Gelerntes unmittelbar zu nutzen, macht Training nach der Spielmethode mehr Spaß, Motivationslöcher treten seltener auf. Komplexere Trainingsziele können durch das Aneinanderreihen aufeinander aufbauender Spielformen geschult werden (*methodische Spielreihe [MSR]*).

Andererseits läßt eine Spiel- oder Wettkampfsituation exaktes Bewegungslernen nicht zu, da die Störgrößen (Gegner, Situation, Siegeswille) zu groß sind. Deshalb kann die Spielmethode im Anfängertraining nicht isoliert angewendet werden. Je höher der Anspruch an die Qualität der Bewegungstechniken ist und je mehr leistungssportliche Exaktheit beim Bewegungslernen angestrebt wird, desto intensiver müssen Bewegungsabläufe und Techniken isoliert nach der Übungsmethode trainiert werden. Je nach Ausprägungsgrad der einen oder der anderen Zielsetzung des Trainings muß der

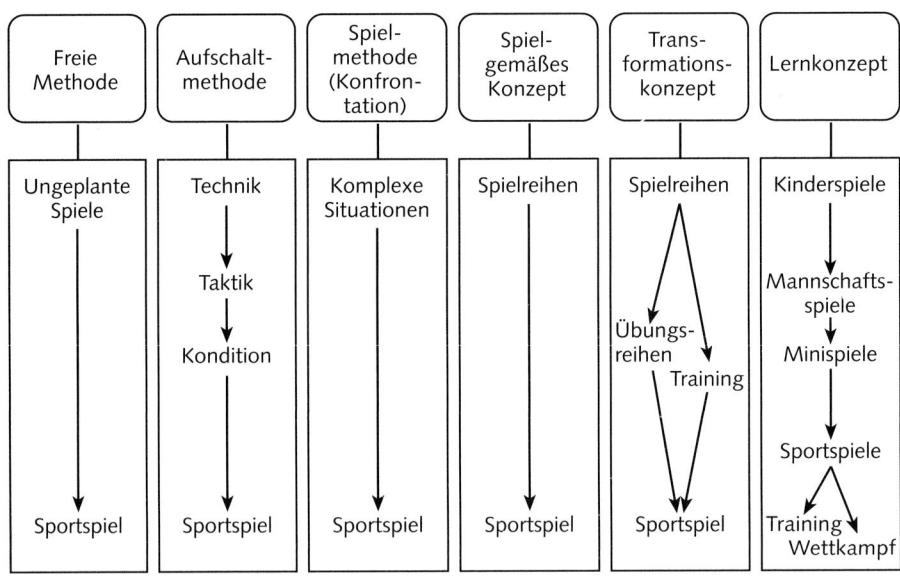

Abb. 3: Spielmethoden (nach Hagedorn 1987, 209)

Trainer ein für seine Gruppe optimales Mischverhältnis der Trainingsmethoden finden, wobei immer ein möglichst hoher spielerischer Anteil angestrebt werden soll. Als Grundsatz gilt: *Spielen kann man nur durch Spielen lernen!*

Die Sportwissenschaft und die Methodik der Spiele haben verschiedene Modelle und Methoden zum *Spiellernen* entwickelt. Hagedorn (1987, 209) unterscheidet sechs spielmethodische Wege (Abb. 3).

Im Anfängertraining, im Jugendtraining und als Teilmaßnahme im Leistungstraining haben sich das *spielgemäße Konzept* und das *Transformationskonzept* bzw. verwandte Methoden besonders bewährt.

Spielreihen nach diesen Konzepten arbeiten nach dem Prinzip der *Elementarisierung*, d. h. der Reduktion komplexer Spielsituationen auf Grundsituationen und Verhaltensweisen, bei denen die Idee des Spiels («Körbe erzielen – Körbe verhindern») gewahrt bleibt. Dadurch werden die Kernsituationen des Sportspiels von Anfang an in überschaubarem Rahmen trainiert (Hagedorn 1987, 248). Ein weiteres Konstruktionselement dieser Form von Spielreihen ist das *Überzahlprinzip*, d. h. das Prinzip einer numerischen Überlegenheit der Angreifer. Dies schafft einen Vorteil für den Angreifer, es kommt eher und häufiger zur erwünschten Zielhandlung des Angreifers (z. B. Wurf, Paß), die dann auch öfter erfolgreich ist. Diese positive Verstärkung der Spieler (Lernen am Erfolg) führt wiederum zu einer Motivationssteigerung beim Lernenden und weckt die Bereitschaft, bestimmte Techniken in weniger attraktiven Trainingsformen (z. B. Übungsreihen) zu optimieren. Beim Überzahlspiel haben auch schwächere Spieler die Möglichkeit, als wertvolle Mitspieler in das Spiel einzugreifen. Neben entsprechenden Erfolgserlebnissen für diese Spieler werden dadurch Kooperation und Teamgeist in der Mannschaft gefördert (Getrost/Wichmann 1985, 317). Technik, Taktik und Regelwerk können parallel zur Spielreihe in beliebigem Umfang eingeführt werden und sind jederzeit aus den aktuellen Spielerfahrungen einsichtig.

2.2.2 Ganzheits- und Teillernmethode

Beim Trainieren nach der Ganzheitsmethode wird der Spieler sofort mit allen Elementen des Trainingsziels konfrontiert (z. B. Spiel 5-5, Korbleger aus einem Dribbling). Demgegenüber versucht die Teillernmethode, den Lernprozeß zu optimieren, indem das komplexe Ganze in leichter zu bewältigenden «Lernportionen» dargeboten wird.

Beim ganzheitlichen Lernen ist dem Trainierenden der Zweck seines Übens leichter einsichtig als beim Trainieren isolierter Elemente. Dieses größere Verständnis für bestimmte Trainingsformen führt zu höherer Trainingsmotivation. Gleichzeitig ist ganzheitliches Training im allgemeinen spielnäher, macht daher mehr Spaß und fördert bei gruppen- und mannschaftstaktischen Trainingsformen das Spielverständnis. Im Bereich der Mannschaftstaktik kombiniert die *Ganzes-Teil-Ganzes-Methode* die Vorteile des ganzheitlichen und des Teillernens:

❑ Zuerst wird das mannschaftstaktische Trainingsziel (z. B. Angriff gegen Manndeckung) komplex vorgestellt und erläutert. Notwendige gruppentaktische Elemente werden den Spielern in ihrer Bedeutung für das Gesamtsystem deutlich gemacht.

❑ Anschließend werden die gruppentaktischen Elemente (z. B. Blocks, *Two-man-game*) in Kleingruppen isoliert trainiert. Dabei wissen die Spieler bereits, welchen Sinn ihr Üben für die spätere Mannschaftstaktik hat.

❑ Zuletzt werden die mittlerweile im Kleingruppentraining verbesserten Elemente wieder zusammengefügt und das System im ganzen trainiert.

Viele Bewegungstechniken und -abläufe sind allerdings koordinativ so schwierig, daß sie vom durchschnittlichen Lerner auf Anhieb nicht oder nicht richtig bewältigt werden können. In diesem Falle würde ganzheitliches Vorgehen entweder überhaupt nicht zum Ziel führen oder zum Einschleifen einer falschen Bewegungstechnik oder fehlerhafter Verhaltensweisen. Um dies zu vermeiden, ist es nötig, den komplexen Bewegungsablauf (z. B. Korbleger aus dem Dribbling) in leicht erlern- und trainierbare Teile zu gliedern. Das Training der Teile beginnt aus Motivationsgründen immer beim Zielelement (also beim Korbleger mit dem Abwurf des Balles). Das weitere Bewegungslernen erfolgt nach dem Prinzip des *progressiven Teillernens*, d. h., die neuen Teile werden im Trainingsprozeß immer sofort mit den vorhergehenden verknüpft.

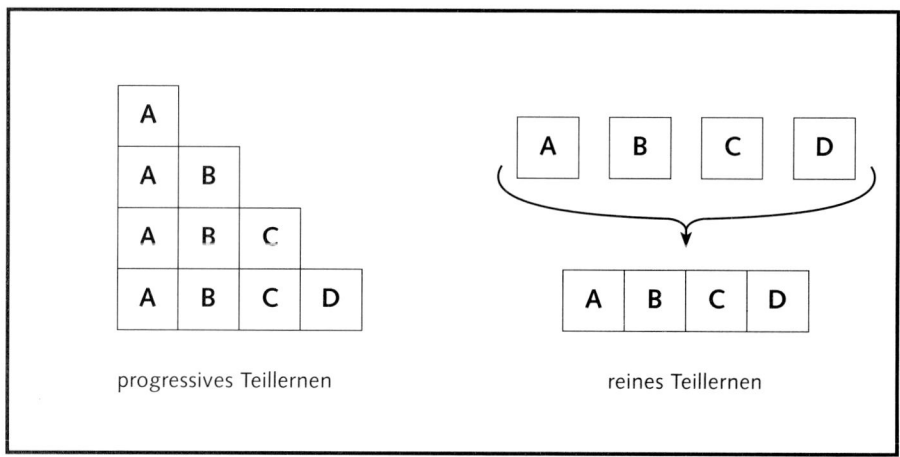

Abb. 4: Progressives Teillernen und reines Teillernen

Für die Grundtechniken des Basketballspiels existieren vielfach erprobte methodische Übungsreihen zum Erlernen und Verbessern der jeweiligen Technik. Leistungssportliche Exaktheit der Bewegungsausführung erfordert im Training immer wieder den Rückgriff auf Trainingsformen der Teillernmethode.

2.2.3 Konzentrikmethode und Schwerpunktarbeit

Ziel der konzentrischen Methode ist es, vielseitige Lernprozesse parallel anzustreben. Vom aktuellen Niveau (dem «Zentrum») des Schülers/Spielers ausgehend werden in einer Trainingseinheit und in einem Trainingszyklus verschiedene Trainingsziele parallel angesteuert. Dadurch wird das Training abwechslungsreicher, und wegen der unterschiedlichen Lernsituationen steigt die Zahl der Erfolgserlebnisse. Anfänger erfahren so eher das Gefühl, dazugelernt zu haben. Demotivierende Lernplateaus auf einem Gebiet können durch Fortschritte in einem anderen kompensiert werden. Im Anfängertraining steht die konzentrische Methode im Vordergrund, da zur elementaren Bewältigung des Basketballspiels mindestens die Basisqualifikationen Werfen, Passen, Dribbeln, Verteidigen nötig sind. Je spezialisierter die Trainingsziele werden und je mehr das Trainingsniveau steigt, desto weniger lassen sich mit der Konzentrikmethode Fortschritte erzielen.

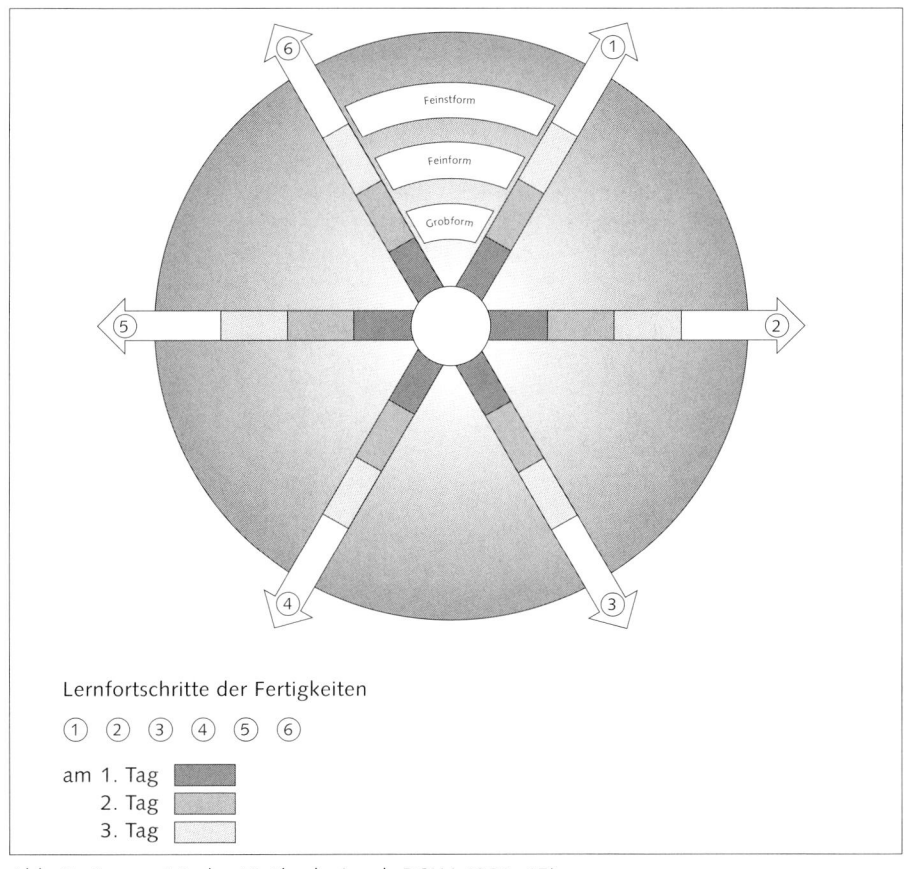

Abb. 5: Konzentrische Methode (nach DSLV 1981, 15)

Bei Fortgeschrittenen und im Leistungstraining wird das Training in der Regel nach der Schwerpunktmethode geplant. Sowohl in der längerfristigen Trainingsplanung als auch bei der Konzeption einer einzelnen Trainingseinheit werden Trainingsschwerpunkte thematisiert und gezielt trainiert (siehe Kap. 6). Je höher das technische oder athletische Niveau eines Sportlers ist, desto zwingender ist das verstärkte Vorgehen nach der Schwerpunktmethode. Im Extremfall wird dann die ganze Trainingseinheit einem Trainingsziel gewidmet (z. B. Wurftraining mit 1000 Würfen).

2.2.4 Technikspiel und Drill

Das Technikspiel ermöglicht dem Spieler einen zweckfreien, nicht an Wettkampfsituationen und -aufgaben gebundenen Umgang mit der Balltechnik (Werfen, Passen, Dribbeln). Bewegungsaufgaben schulen das Bewegungs- und Ballgefühl sowie das Timing. Neben dem Koordinationsvermögen werden die Variabilität und die Fähigkeit zum Bewegungstransfer in extremen Spielsituationen geschult. Zudem macht der spielerische Umgang mit der Basketballtechnik Spaß und kann die Spieler zu intensivem Techniktraining motivieren. Manche zunächst im Technikspiel trainierte Bewegungen können später zur Wettkampftechnik ausgebaut werden (z. B. *Double-pump-Wurf*).

Beispiele für Bewegungsaufgaben im Rahmen des Technikspiels:

Wurf:
- ❏ Korbleger: den Ball vorher einmal um den Körper kreisen lassen (Variante: zweimal um den Körper).
- ❏ Korbleger: Absprung nach dem ersten Kontakt (Ein-Kontakt-Korbleger).
- ❏ *Powershot*: nach dem Wurf mit beiden Händen das Brett berühren.
- ❏ *Powershot*: erst mit dem Ball ans Brett tippen, dann werfen.
- ❏ *Powershot*: Absprung – 360°-Drehung – Wurf.
- ❏ *Powershot*: Absprung – *Double-pump* («Ball zeigen – Ball verstecken») – Wurf (Abb. 6).
- ❏ *Powershot*: Absprung – Wurf antäuschen – unter dem Korb durchtauchen – Wurf von der Gegenseite (Variante: mit der linken Hand links ans Brett greifen – mit der rechten Hand von rechts werfen; Abb. 7).
- ❏ Sprungwurf: Absprung – *Double-pump* – Wurf.
- ❏ Sprungwurf: Absprung nach hinten – Wurf (*Fade-away-shot*).
- ❏ Sprungwurf: Absprung mit dem Rücken zum Korb – 180°-Drehung – Wurf (*Turn-around-shot*).

Abb. 6: *Powershot* mit *Double-pump*

Abb. 7: *Powershot* mit Durchtauchen

Passen:

❑ Passen mit zwei Bällen (einer links, einer rechts).

❑ Achterlauf: nur hinter dem Rücken passen.

❑ «Wickelpaß»: mit der rechten Hand um die linke Körperseite nach rechts passen (Abb. 8).

❑ *Give-and-go* mit Bodenpaß zwischen den Beinen; mit *No-look-pass* rückwärts neben dem Kopf.

Abb. 8: «Wickelpaß»

Dribbling:

❑ Dribbeln mit zwei Bällen (gleichzeitig – abwechselnd).

❑ Achterdribbling um die Beine mit zwei Bällen.

❑ Mehrfach-Handwechsel: z. B. zwischen den Beinen – sofort hinter dem Rücken zurück – anschließend Drehdribbling.

Charakteristisch für den Drill ist das «Einschleifen» bestimmter Bewegungs- oder Verhaltensmuster unter physischer und psychischer Belastung. Der Drill ist daher eng mit der Übungsmethode verwandt. Bei Technikdrills ist die auszuführende Bewegung genau festgelegt, es besteht keine oder kaum Möglichkeit zu Variation. Ziel ist die Optimierung der Bewegungsausführung sowie die Maximierung von Dynamik und Geschwindigkeit. Als Ergebnis wird die Stabilisierung der Technik unter erschwerten Bedingungen angestrebt. Im Anfängertraining kann die Drillmethode nur so weit angewendet werden, wie die Bewegungsqualität nicht unter den erschwerenden Komponenten leidet.

Drills bestimmter Verhaltensweisen im gruppentaktischen Bereich greifen auf eine weniger komplexe Spielsituation zurück und schaffen permanent einfache Auswahlentscheidungen (zwei oder drei Möglichkeiten), die unter physischer und psychischer Belastung zu treffen sind (z. B. Schnellangriff-Kontinuum 3-2:2-1). Da in dieser Form des Drills unter Druck Spielsituationen erkannt und richtig gelöst werden müssen, ist diese Methode ein ideales Mittel zur Schulung der Spielfähigkeit. Je komplexer allerdings die zu lösende Situation ist, desto schwieriger ist es, einen geeigneten Drill zu konstruieren. Daher werden Verhaltensdrills hauptsächlich zur Schulung grundlegender Entscheidungen im Spiel 1-1 (*read the defense*), im Schnellangriff (Überzahlspiele) und in der Verteidigung (*Shell-Drill*) verwendet.

2.2.5 Regelveränderungen als methodisches Prinzip

> Nach Artikel 1 der offiziellen Basketballregeln (Definition des Spiels) wird Basketball «… von zwei Mannschaften mit je fünf Spielern gespielt. Es ist das Ziel jeder Mannschaft, den Ball in den Korb des Gegners zu werfen und die andere Mannschaft daran zu hindern, sich in den Besitz des Balles zu bringen oder Korberfolge zu erzielen. (…) Dabei gelten die in den folgenden Regeln niedergelegten Einschränkungen» (DBB 1994 a, 8).

Außer dem Kernelement BASKET-Ball, d. h. Körbe erzielen – Körbe verhindern, kennzeichnen besonders folgende Komponenten das Spiel:
❏ *Voraussehen, Erkennen und Bewältigen* von Spielsituationen unter Einschätzung von Raum, Zeit, Strategie, Gegner, Mitspieler, Schiedsrichter und der eigenen Möglichkeiten,
❏ *Kreativität* bei der Auseinandersetzung mit Spielsituationen (Spielwitz),
❏ *Spaß* am Spiel und am Spielen,
❏ *Wettkampf* und Wettkämpfen bei Respektierung der vereinbarten Regeln.

Regeln konstituieren das Spiel, d. h., die Regeln setzen fest, was Basketball ist und was nicht. Nach Digel (1982, 57) beziehen sich konstitutive Regeln auf:
❏ das *Inventar* (Spielfeld, Ball usw.),
❏ das *Personal* (Mannschaften, Zahl der Spieler),
❏ den *Raum* (Wie groß ist das Spielfeld, und wie ist es beschaffen?),
❏ die *Zeit* (Wie lange wird gespielt?),
❏ *Handlungen* in bezug auf Zeit, Raum, Inventar, Akteure, Motorik (Was ist verboten? Was darf/muß man machen?).

Regeln werden vereinbart, im Falle der Basketballregeln von den entsprechenden Gremien der FIBA. Basketball wird aber auch gespielt, wenn andere Regeln gelten, z. B. in der NBA oder NCAA. Bei gemeinsamen Veranstaltungen wie den *McDonald's Open* muß man sich dann auf ein einheitliches Regelwerk einigen (z. B. Entfernung der Drei-Punkte-Linie vom Korb zwischen FIBA- und NBA-Entfernung).
Wenn Regeln von den Beteiligten vereinbart werden, können sie auch grundsätzlich von den Beteiligten verändert werden (vgl. Kapitel 10.2).
Die Veränderung der offiziellen Basketballregeln führt immer zu veränderten Anforderungen an die Teilnehmer. Beispielsweise ist ein Spiel 4-4 (z. B. wenn nur acht Spieler im Training sind) über das ganze Feld für den einzelnen anstrengender und fordert eine größere Ausdauerleistung. Konsequenzen aus Regeländerungen kann sich der

Trainer gezielt zunutze machen, indem er das Spiel durch Regeländerungen so beein-
flußt, daß die angestrebten Trainingsziele effektiv angesteuert werden, ohne auf das
Spielen verzichten zu müssen. Diese Regeländerungen sollen *methodische Regeländerungen* genannt werden.

Beispiele für methodische Regeländerungen und ihre Trainingsziele:

INVENTARREGELN	
Veränderungen:	**Trainingsziel(e):**
schwererer Ball (*weight-ball*, ca. 1300 g)	Kräftigung der betroffenen Muskulatur Verbesserung des Kraftimpulses beim Passen
	Förderung des Kurzpaßspiels (da lange Pässe zu schwer sind)
	Forcieren des Innenspiels (Weitwürfe sind unmöglich)
größerer Ball (*big-ball*, 40 cm Durchmesser)	exaktere Wurfausführung Verbesserung der motorischen Differenzierungsfähigkeit
größerer Korb	mehr Erfolgserlebnisse, besonders im Anfängersport und im Rehabilitationssport Forcieren des Außenspiels und von Weitwürfen
kleinerer Korb	exaktere Wurfausführung Forcieren des Innenspiels (Nahdistanzwürfe) Schulung des Reboundverhaltens (es wird mehr danebengeworfen)

PERSONALREGELN	
Veränderungen:	**Trainingsziel(e):**
Verringerung der Spielerzahl	Erhöhung aller konditionellen Anforderungen
	Erhöhung der Spielanteile des einzelnen und somit erhöhter Trainingseffekt im technischen und gruppentaktischen Bereich Forcieren des Individualspiels (bis hin zu den Spielen 2-2 oder 1-1) Training des Entscheidungshandelns, da die wahrzunehmende Situation weniger komplex ist und weniger Handlungsmöglichkeiten zur Verfügung stehen
Vergrößerung der Spielerzahl	Möglichkeit, im Kindertraining mehr Spieler zu beschäftigen; bei Gleichzahl wenig sinnvoll
ungleiche Spielerzahl (Überzahl / Unterzahl)	Erleichterung aller Spielhandlungen der Überzahlmannschaft Provokation bestimmter erwünschter Spielhand-lungen (z. B. Korbleger als Abschluß bei 2-1) Erschweren bestimmter Spielhandlungen durch Unterzahl (bei Fortgeschrittenen)

RAUMREGELN	
Veränderungen:	**Trainingsziel(e):**
Spielfeld verengen (z. B. auf Volleyballfeldgröße)	Erleichterung von Verteidigungsaufgaben
Spielfeld teilen ($^1/_2$, $^1/_4$)	größere Auslastung der Halle Reduktion des Spiels auf die gewünschten Trainingsschwerpunkte (z. B. nur 5-5 Angriff / Verteidigung; Flügelspieler Angriff / Verteidigung; Center-Flügelspiel)

ZEITREGELN	
Veränderungen:	**Trainingsziel(e):**
Spielzeit verlängern	höhere konditionelle Belastung Training der Streßtoleranz
Spielzeit verkürzen	Anpassung an organisatorische Gegebenheiten
30-/10-Sekunden-Regel modifizieren	Training schneller Angriffsoptionen Erleichterung von Verteidigungsaufgaben

HANDLUNGSREGELN	
Veränderungen:	**Trainingsziel(e):**
Spiel ohne Dribbling	Schulung des Passens Förderung des Teamworks Erleichterung aggressiver Verteidigung
Spiel ohne Schrittregel und ohne Dribbling	Förderung der Übersicht bei Anfängern Schulung des Durchbruchs und der Verteidigung
Spiel mit eingeschränktem Dribbling (1 – 3 ×)	Beschleunigung der Angriffshandlungen
Spiel mit einer Hand (Passen, Fangen, Werfen)	Schulung der Ballbehandlung
Spiel ohne Foulregel	Aufbau der Grundaggressivität Training der Emotionalbalance Training unter erschwerten Bedingungen
Würfe nur außerhalb der Zone	Schulung des Verteidigungsrebounds
Spiel ohne Ausball	Verbesserung des Reaktionsvermögens, da keine Pause im Spielfluß auftritt

Weitere methodische Möglichkeiten bietet die Veränderung der Punktewertung im Spiel.

Beispiele:

❏ Feldkorb = 1 Punkt, Drei-Punkte-Wurf = 2 Punkte,

❏ Offensivrebound = 1 Punkt,

❏ Punkte nach erfolgreicher Pressverteidigung im Vorfeld zählen doppelt,

❏ Korbleger mit der linken Hand = 3 Punkte,

❏ Treffer nach Ausnutzen eines Blocks zählen doppelt.

Die aufgeführten Beispiele können verdeutlichen, wie viele Trainingsziele angesteuert werden können, ohne auf das Spielen verzichten zu müssen. In den meisten Fällen ermöglicht bereits die Konstruktion eines Überzahlspiels sinnvolle Trainingsformen nach der Spielmethode. Der Phantasie des Trainers beim «Erfinden» weiterer nützlicher Basketballspiele sind dabei keine Grenzen gesetzt.

Wie attraktiv Basketball mit veränderten Regeln sein kann, zeigt die Streetball-Welle der letzten Jahre: hier wird intensives Basketball mit stark vereinfachten Regeln gespielt (ein Korb, drei Spieler pro Mannschaft, keine Drei-Sekunden-Regel usw.). Die so provozierten Spielverläufe, besonders das individuelle Spiel oder das Penetrieren mit anschließendem Assist, sind ein wesentliches Element des großen Sportspiels Basketball. Daher kann unter diesem Gesichtspunkt Streetball als sinnvolle Ergänzung oder Trainingsform des Basketballspiels gesehen werden (vgl. auch Kapitel 10.4).

3 LEHREN UND LERNEN DER INDIVIDUELLEN TECHNIK UND TAKTIK

3.1 Verteidigen

3.1.1 Verteidigungsbeinarbeit

Unter dem Begriff Verteidigungsbeinarbeit faßt man die Verteidigungsgrundstellung und die Verteidigungsgrundbewegung zusammen.

Die *Verteidigungsgrundstellung* soll dem Verteidiger die optimale Beweglichkeit in alle Richtungen sichern, damit er möglichst viele Angriffshandlungen ver- oder behindern kann. Zusätzlich muß die Verteidigungsstellung für den Fall eines Körperkontaktes mit dem Angreifer regelgerecht sein. Nicht zu unterschätzen ist die psychische Wirkung, die eine optimale Verteidigungsstellung auf den Angreifer ausübt: je entschlossener und reaktionsbereiter der Verteidiger wirkt, desto unsicherer wird der Angreifer bei der Planung seiner Aktionen sein.

Die Technik der Verteidigungsgrundstellung erfüllt folgende Funktionen:

- ständiges Gleichgewicht durch tiefen Körperschwerpunkt,
- optimale Vorspannung der Muskulatur der Streckerschlinge (Fußgelenke, Kniegelenke, Hüfte), damit Bewegungen möglichst schnell und kraftvoll erfolgen können,
- Annahme des Körperkontakts mit aufrechter und frontaler Haltung des Oberkörpers, so daß der Angreifer nach den Basketballregeln die größere Verantwortung bei einer Foulsituation trägt,
- Ausstrahlung von Verteidigungsbereitschaft und Raumabdeckung.

Technikbeschreibung der Verteidigungsgrundstellung

- Weite Grätschstellung der Beine (ca. 1,5fache Schulterbreite).
- Parallele Fußstellung; die Fußspitzen zeigen nach vorne.
- Das Körpergewicht ist auf die Fußballen verlagert, die Fersen werden entlastet.
- Die Knie sind stark gebeugt (ca. 60°).
- Die Beugung der Knie wird durch eine leichte Hüftbeugung nach vorne ausgeglichen, wobei ein Hohlkreuz vermieden werden muß (stabile Rumpfmuskulatur!).
- Der Oberkörper wird aufrecht gehalten, die Schulterblätter werden zusammengezogen.
- Die Kopfhaltung ist gerade, um Übersicht zu bewahren.
- Die Arm- und Handhaltung richtet sich nach der Situation (gegen Werfer, Dribbler, Passer).

Abb. 9: Verteidigungsgrundstellung von vorne und von der Seite

Die Technik der *Verteidigungsbewegung* orientiert sich an der Verteidigungsstellung. Ziel ist es, trotz Seitwärts- oder Rückwärtsbewegungen das Gleichgewicht optimal zu halten und schnell in jede Richtung reagieren zu können.

Technikbeschreibung der Verteidigungsbewegung

GRAN-Technik (GRAN = *GR*eifschritt – *A*bstoß – *N*achstellen):

❏ Es beginnt das Bein der Bewegungsrichtung (z. B. mit dem rechten Bein nach rechts), die Fußspitze zeigt in die Bewegungsrichtung (Abb. 10 b).
❏ Der Fußballen setzt nach einem raumgreifenden Schritt auf und «zieht» den Körper mit einem «Greifschritt» in die Bewegungsrichtung (Abb. 10 c).
❏ Gleichzeitig stößt das hintere Bein (Standbein) explosiv ab (Abb. 10 d).
❏ Beide Beine werden unmittelbar anschließend wieder in Grundstellung aufgestellt (Abb. 10 e, f).

Abb. 10 a–f: Verteidigungsbewegung (GRAN-Technik) seitwärts

BESONDERHEITEN:

❑ Bei dynamischer Ausführung kann der GRAN-Schritt einem flachen Sprung ähneln; auf keinen Fall darf das Nachstellbein über den Boden geschliffen («nachgezogen») werden.

❑ Zur Überbrückung längerer Strecken in der Verteidigungsbewegung werden mehrere Greifschritte und Abstöße aneinandergereiht. Erst zum Schluß erfolgt wieder das Nachstellen in die Grundstellung.

❑ Die Beinstellung wechselt von weiter zu kurzzeitig sehr weiter Grätsche. Niemals dürfen die Füße sich berühren.

❑ Bei Verteidigungsbewegungen rückwärts wird der Greifschritt nach schräg-hinten durch Öffnen in der Hüfte begonnen (Abb. 11 a–d). Nach einem oder mehreren GRAN-Schritten schließt der Verteidiger wieder frontal den Laufweg des Angreifers.

Abb. 11 a–d: Verteidigungsbewegung (GRAN-Technik) rückwärts

3.1.2 Verteidigung in elementaren Situationen

Folgende Spielsituationen sind grundlegend für individualtaktische Verteidigungshandlungen:
- ❏ gegen den Ballbesitzer (Dribbler, Paßgeber),
- ❏ gegen einen potentiellen Paßempfänger,
- ❏ gegen den Werfer,
- ❏ gegen den *Rebounder*.

Die einfachste Handlungsanweisung an den Verteidiger lautet:

«Lasse deinen Gegenspieler nie das tun, was er gerade tun will!»

Individuelle Verteidigungsaktionen stehen immer im Kontext zum Verhalten der übrigen Verteidiger. Daher müssen sich die Verteidiger durch Signalworte verständigen. Gute Verteidigung ist kommunizierende Verteidigung!

Verteidigen gegen den Ballbesitzer

Immer wenn der Gegenspieler eines Verteidigers den Ball erhält, informiert er seine Mitspieler durch ein Signalwort (z. B. «Ball»). Für den Verteidiger sind drei Situationen zu unterscheiden:
- ❏ der Angreifer hat noch nicht gedribbelt,
- ❏ der Angreifer dribbelt,
- ❏ der Angreifer hat das Dribbling beendet.

Wenn der Ballbesitzer noch dribbeln darf, besteht für den Verteidiger die Gefahr, daß er durch einen schnellen Antritt des Angreifers überrascht wird. Die Aufgabe des Verteidigers ist es daher, sobald sein Gegner den Ball bekommt, durch einen kurzen Sprung rückwärts in die Verteidigungsstellung Abstand zum Dribbler zu schaffen und so einem Durchbruch vorzubeugen. Die Entfernung zum Ballbesitzer beträgt dann etwa eine Armlänge, gegen sehr schnelle Angreifer entsprechend mehr. Wenn aufgrund der Antrittsschnelligkeit des Angreifers so viel Abstand gehalten werden muß, daß der Ballbesitzer einen freien Wurf ausführen kann (und diesen auch technisch beherrscht), dann besteht in diesem 1-1 (*Match-up*) ein Mißverhältnis (*Miss-match*), das der Coach beseitigen muß.

Normalerweise wird dem Angreifer durch versetzte Fußstellung (ein Bein zurückgesetzt) eine Dribbelseite angeboten und die andere Seite mit dem Körper geschlossen. Welche Seite angeboten wird, hängt von der Taktik der Mannschaft ab. Bei individuellem Spiel wird dem Angreifer entweder immer die Seite der schlechteren Dribbelhand geöffnet oder wie in vielen Verteidigungssystemen der Weg zur Seitenauslinie oder Grundlinie (Abb. 12).

Abb. 12: Grundstellung am Ballbesitzer: Anbieten des Weges zur Grundlinie

Die entscheidende Fähigkeit des Verteidigers besteht darin, den Dribbler am Durchbruch zum Korbleger zu hindern, also das Dribbling in Korbnähe zu stoppen. Die wichtigste Handlungsanweisung an den Verteidiger lautet daher:

«Keinen Korbleger zulassen,
(oder prägnanter:)
No lay up!»

Aus diesem Grund steht im Anfängertraining die Technik der frontalen Verteidigungsarbeit (parallele, nicht versetzte Fußstellung und Beinarbeit) im Vordergrund. Um den Durchbruch des Angreifers zu stoppen, muß der Verteidiger den Körperkontakt zum Angreifer mit aufrechtem Oberkörper in Basketballgrundstellung annehmen (Abb. 13). Dabei darf sich der Verteidiger nach den Basketballregeln rückwärts und seitwärts bewegen, um die Verteidigungsstellung beizubehalten (Verteidigungsbewegung), nicht jedoch vorwärts. Wenn es dem Verteidiger gelingt, auf diese regelgerechte Weise den Kontakt mit dem dribbelnden Angreifer herzustellen, dann trägt der Angreifer die größere Verantwortung für einen von den Schiedsrichtern als Foul interpre-

Abb. 13: Frontales Stoppen des Dribblers

tierten Aufprall (*Charging-Foul*). Da die Beurteilung dieser Situation seitens der Schiedsrichter variiert, sollte der Verteidiger nicht beim geringsten Kontakt umfallen (als Zeichen eines *Chargings*), sondern in korrekter und stabiler Verteidigungsposition den Angreifer «abprallen» lassen.

Wenn ein zum Korb dribbelnder Angreifer das Dribbling beendet, ohne sofort zu werfen, dann ist es die Aufgabe des Verteidigers, so nah wie regelgerecht möglich an den Ballbesitzer heranzugehen, um Pässe und Würfe zu behindern. Gleichzeitig teilt der Verteidiger durch das Rufen eines Signalwortes (z. B. «Zu») seinen Mitspielern mit, daß keine Hilfe mehr nötig ist und daher alle Paßwege überspielt werden können. Der Verteidiger muß besonders vorsichtig sein, nicht auf Finten des Ballbesitzers «hereinzufallen», mit denen der Angreifer einen Wurf herausspielt oder Fouls provozieren kann (z. B. durch Sternschritte). Ein wichtiger kognitiver Grundsatz für den Verteidiger ist es, nicht nach dem Ball des gestoppten Angreifers zu greifen (*Reaching*) und dabei gegen einen cleveren Angreifer ein Foul zu begehen, sondern durch gute Armarbeit einen Fehlpaß oder einen unkontrollierten Wurf zu erzwingen.

Verteidigen gegen einen Paßempfänger

Wie gegen einen potentiellen Paßempfänger verteidigt wird, hängt von der Spielsituation und den taktischen Vorgaben der Mannschaft ab. Außer bei Preßverteidigung und enger Mannverteidigung werden Pässe, die weit vom Korb entfernt (jenseits der Drei-Punkte-Linie) gespielt werden, im allgemeinen zugelassen. Pässe in den korbnahen Bereich hingegen werden immer be- oder verhindert. Dabei können drei Intensitätsstufen unterschieden werden:

- ❑ *Deny-Verteidigung:* Eine Hand des Verteidigers befindet sich im Paßweg (*Deny* ist die technische Grundlage der Verteidigung des Paßempfängers).
- ❑ *Overplay-Verteidigung*: Der Verteidiger bewegt sich zwischen Gegenspieler und Ball. Hierbei ist er jedoch auf die Hilfe weiterer Spieler angewiesen, da ein *Lob*-Paß über den Verteidiger (*backdoor*) zu einem sicheren Korberfolg der Angreifer führen würde.
- ❑ *Intercept-Verteidigung*: Der Verteidiger läßt mehr Abstand zu seinem Gegner und orientiert sich Richtung Ballbesitzer, um bei einem Durchbruch des Dribblers helfen zu können. Der Paß wird entweder durch den ballnäheren Arm behindert (wie bei *Deny*) oder in offener Fußstellung mit dem ballfernen Arm.

Technikbeschreibung der Deny-Verteidigung

- ❑ *Stellung*: Tiefe Verteidigungsgrundstellung, beide Füße sind gleichmäßig belastet, Blick zum Ball.
- ❑ *Fußarbeit*: Der hintere (ballferne) Fuß steht auf der Linie Gegner–Korb, der vordere (ballnahe) Fuß auf der Linie Gegner–Ball.
- ❑ *Armarbeit*: Der ballnähere Arm wird in den möglichen Paßweg gestreckt; dabei zeigt die Handfläche zum Ball, um einen eventuell abgefangenen Ball besser kontrollieren zu können. Der angreifernähere Arm berührt mit der Außenseite des Un-

terarms und dem Handrücken den Körper des Angreifers, um taktil Informationen über Bewegungen des Angreifers zu erhalten.

Abb.14: *Deny*-Verteidigung am Flügelspieler

Besonders gegen starke Centerspieler im *Posting-up* ist es oft nötig, ein Anspiel unbedingt zu unterbinden. In diesem Fall muß der Verteidiger versuchen, vor den Angreifer zu kommen und auf der Linie Ball–Mann zu verteidigen. Da der Angreifer versuchen wird, seinen Verteidiger durch die *Posting-up*-Technik im Rücken zu behalten,

muß der Verteidiger dem Aussperren durch Beine und Arm des Angreifers ausweichen und durch schnelle Fußarbeit aggressiv um den Angreifer herumgehen. Dabei spielt es keine Rolle, ob der Verteidiger mit dem Rücken zum Ball oder mit dem Rücken zum Gegner gegen das *Posting-up* kämpft; entscheidend ist es, immer den Ball zu sehen und das direkte *Posting-up*-Anspiel zu unterbinden (Abb. 15). *Lob*-Pässe müssen von den anderen Verteidigern auf der Helferseite abgefangen werden.

Abb.15: *Overplay*-Verteidigung des *Posting-up*

Besonders gefährlich ist das Anspiel zu den zum Korb schneidenden Spielern. Dabei werden drei Situationen unterschieden:

❏ der Angreifer schneidet auf der Ballseite zum Korb (*Ballside-cut*),

❏ der Angreifer schneidet von der ballfernen Seite zum Korb (*Weakside-cut*), oder

❏ der Angreifer schneidet von der tiefen ballfernen Position zum Ball (*Flash-cut*).

Abb. 16 a–c: *Full-Bump* gegen den *Flash-Cutter*

Abb.16 d–f:
Full-Bump
gegen den
Cutter

Für den Verteidiger gelten folgende Regeln:

❑ «Immer Ball und Mann sehen!»

❑ Auf der Ballseite: Stellung immer zum Ball orientieren, damit der Angreifer nicht vor dem Verteidiger zum Ball oder Korb schneiden kann, besonders bei einem *Give-and-go* (*«Jump with the pass!»*).

❑ Bei *Weakside-* und *Flash-cut*:

– Stellung zwischen Ballbesitzer und Gegner auf der Korb-Korb-Linie bzw. bei tiefer Ballposition einen Schritt auf die Ballseite, so daß bei gerader Kopfhaltung sowohl der Ball als auch der Gegner beobachtet werden können.

– In der Basketballgrundstellung zeigt der eine Arm zum Ball, der andere zum Gegner (*Pistol-Stellung*, Abb. 16 a).

– Sobald der *Cutter* auf den ausgestreckten Arm («Antenne») des Verteidigers läuft, macht der Verteidiger mit dem ballnäheren Bein einen Schritt in den Laufweg seines Gegners und blockiert so den weiteren *Cut* (Signal: «*Bump*»).

– Abhängig von der Aggressivität der Verteidigung kann der Verteidiger den Cutter mit dem ganzen Körper stoppen (*Full-Bump*) – wobei er die Wucht des Aufpralls durch die vor dem Körper verschränkten Arme puffert und sofort wieder den Blick zum Ball richtet (Abb. 16 b–f) – oder nur mit einem Schritt in die *Deny*-Stellung (*Deny-bump*) aus der gefährlichen Zone hinausdrängen (Abb. 17, Seite 54).

Verteidigen gegen den Werfer

Das korrekte und sinnvolle Verteidigen gegen einen Werfer ist schwer zu lehren: allzusehr spukt in den Köpfen der Jugendlichen die Berichterstattung aus NBA-Spielen mit spektakulären Wurfblocks. Dabei machen sich die Spieler nur selten klar, daß die im Fernsehen unter «Top 10» gezeigten Aktionen das Ergebnis einer minutiösen Aufzeichnung von wöchentlich 120 Spielen à 48 Minuten sind. Die NBA-*Scoutings* rücken die Verhältnisse schon eher wieder gerade: die besten *Shotblocker* (Olajuwon, Robinson u. a.) erreichen im Durchschnitt nicht einmal vier geblockte Würfe pro Spiel – und das als NBA-Profis mit meist weit über 2 m Körpergröße! Für den «normalen» Spieler (und dazu gehören auch ca. 90 % der NBA-Spieler) ist ein geglückter Wurfblock ein Ausnahmefall; deshalb vermittelt die Basketball-Schule des Wurfes andere Strategien zur Verteidigung.

❑ *Gute Verteidigung passiert vor dem Wurf!* Ein Spieler, der den Ball nicht bekommt, kann auch nicht werfen.

❑ Wenn aber ein Angreifer den Ball hat, dann darf der Verteidiger keinen Korbleger zulassen.

❑ Sprungwürfe müssen so eng verteidigt werden, daß es für den Angreifer schwer ist, den Ball im Gleichgewicht hochzuführen und zu werfen.

❑ Wenn der Angreifer dennoch wirft, dann muß sein Gesichtsfeld durch den Verteidiger so eingeschränkt sein, daß die Trefferquote reduziert wird.

❑ «Freie» Würfe dürfen nicht akzeptiert werden; immer muß der Abwurfwinkel ver-

schlechtert werden durch einen eng postierten Verteidiger mit hochgestreckten Armen, der ein wenig nach oben springt, sobald der Ball die Hand des Werfers verlassen hat.

❏ «Erlaube deinem Gegner maximal einen Schuß!» Nach dem Wurf muß jeder Spieler durch das korrekte «*Check*-Verhalten» zur Reboundsicherung beitragen.

❏ Nirgends werden im Basketball so viele Finten angewandt wie beim Werfen; daher gilt für jeden Verteidiger der oberste Grundsatz (in zwar einprägsamem, aber unkorrektem Englisch): «*Stay on your feet and you won't get beat!*»

Verteidigen gegen den Rebounder

Der Verteidigungsrebound verläuft in vier Phasen:
1. Wurf (der Ball hat die Hand verlassen),
2. Einnehmen der *Check*-Position,
3. Ausblocken des Angreifers,
4. Sichern des Balles und Einleiten des Schnellangriffs.

Wenn der Ball die Hand des Werfers verlassen hat, haben alle Verteidiger die Aufgabe, ihren Gegner daran zu hindern, zum Rebound zu gehen. Dies geschieht durch das Einnehmen der *Check-Position* und ggf. durch das *Ausblocken* sowie die *Ballsicherung* mit der Vorbereitung des Schnellangriffs. Die Technik zum Einnehmen der *Check*-Position unterscheidet sich nach den folgenden drei Ausgangssituationen:
❑ der Werfer geht zum Rebound,
❑ ein Angreifer auf der Ballseite geht zum Rebound,
❑ ein Angreifer auf der ballfernen Seite geht zum Rebound.

REBOUNDEN GEGEN DEN WERFER
❑ Mitspringen, sobald der Werfer den Boden verlassen hat; der gestreckte innere Arm zeigt zum Ball und versucht, das Gesichtsfeld des Werfers einzuengen; der Verteidi-

Abb. 18 a, b: Rebound gegen den Werfer

Abb. 18 c, d: Rebound gegen den Werfer

ger darf nicht mit voller Kraft springen, da sonst der Angreifer vor ihm wieder am Boden wäre und ungehindert zum Rebound gehen könnte (Abb. 18 a–c).

❏ Landung nach einer Vierteldrehung in der *Check*-Position (Abb. 18 d).

REBOUNDEN GEGEN DEN ANGREIFER AUF DER BALLSEITE (ENGE VERTEIDIGUNG)

Abb. 19 a–d: Rebound gegen den Angreifer auf der Ballseite

❑ Einnehmen
der *Check-*
Position
durch einen
Sternschritt
rückwärts
oder einen
kurzen
Sprung
rückwärts.

Vertei

**REBOUNDEN
GEGEN DEN
ANGREIFER
AUF DER BALL-
FERNEN SEITE
(VERTEIDIGER
WEITER
ENTFERNT)**

❑ Explosiver
Sprung zum
Zonenrand
dem Angreifer
entgegen in
die *Check*-
Position.

Abb. 20 a–c:
Rebound gegen
den Angreifer
auf der ball-
fernen Seite

Technikbeschreibung der Check-Position

❑ Verteidigungsgrundstellung mit versetzter Fußposition (ballferner Fuß vorne) im direkten Weg des Angreifers zum Korb; die Ballseite wird dem Angreifer leicht geöffnet.

❑ Der ballferne Arm wird dem Angreifer entgegengestreckt («Antenne»).

❑ Die Kopfhaltung ermöglicht es, den Ball und den Angreifer gleichzeitig zu beobachten, wobei anfangs die größere Aufmerksamkeit dem Angreifer gilt. Sobald der Angreifer die «Antenne» berührt, also taktil wahrgenommen wird, kann der Verteidiger den größeren Teil der Aufmerksamkeit auf den Ball richten.

Technikbeschreibung des Ausblockens

❑ Das Ausblocken erfolgt durch einen Sternschritt in den Laufweg des Angreifers, wobei der Verteidiger seinen Schritt möglichst spät macht – d. h., wenn der Angreifer bereits beinahe neben ihm ist –, um nicht durch eine Finte getäuscht zu werden.

❑ Der Sternschritt wird um das hintere Bein vorwärts ausgeführt, wenn der Angreifer vor dem Verteidiger zum Korb geht (*Front-pivot*), und um das vordere Bein rückwärts, wenn der Angreifer hinter dem Verteidiger zum Korb geht (*Reverse-pivot*).

❑ Nach dem Sternschritt blockiert der Verteidiger den Angreifer mit dem ganzen Rücken in breiter Grundstellung, die Ellbogen sind seitlich abgespreizt, die Hände zeigen fangbereit zum Korb.

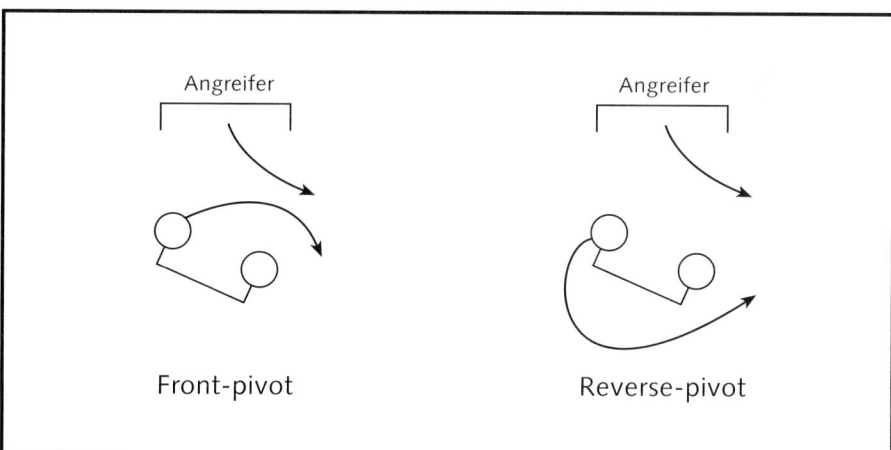

Abb. 21: *Front-pivot* und *Reverse-pivot*

Technikbeschreibung der Ballsicherung

❑ Beidbeiniger Absprung aus dem Beistellschritt.

❑ Ergreifen des Balles am höchsten Punkt des Sprunges (Timing!).

❑ Schnellstmögliches Fassen des Balles mit beiden Händen.

❑ Schon im Sprung Orientierung zur nächstgelegenen Seitenlinie.

❑ Stabile Landung mit Blick in die Angriffsrichtung.

❑ Schützen des Balles durch die Ellbogen.

❑ *Outlet*-Paß zur Einleitung des Schnellangriffs.

Abb. 22 a–f:
Sichern des
Balles beim
Defensiv-
Rebound

Zeichenerklärung

◯	Angreifer
◯•	Angreifer mit Ball
① ② ③ ④ ⑤	Angreifer mit Positionscharakteristik
⊗	Zuspieler
✕	Verteidiger
⊬✕⊦	Verteidiger mit Fußstellung
◯ ⊬✕	Hand des Angreifers oder Verteidigers
∿∿∿➤	Dribbelweg
──────➤	Laufweg
- - - - - -➤	Paßweg
⇒	Korbwurf
➤ ➤ 1 2	zeitliche Reihenfolge der Laufwege
--➤ --➤ 1 2	zeitliche Reihenfolge der Paßwege
➤ ➤ 1 1a	taktische Reihenfolge der Laufwege
➤1a < ➤1c	alternative Paßmöglichkeiten
────────➤(	Block

3.1.3 Trainingsformen zum Erlernen und Verbessern des Verteidigungsverhaltens

1. Einnehmen der Verteidigungsgrundstellung auf Signal aus verschiedenen Ausgangslagen:
   - ❑ aus dem Traben,
   - ❑ aus dem Traben mit halber Drehung,
   - ❑ aus dem Schrittsprung,
   - ❑ aus dem Liegen,
   - ❑ aus dem Stand nach Liegestütz, Rolle vorwärts etc.

2. GRAN-Schritt aus der Grundstellung:
   Simulation des Greifens seitwärts bzw. rückwärts, nach dreimal Simulieren vollständiger GRAN.
   Aneinanderreihung mehrerer GRANs in unterschiedlicher Richtung auf Zeichen des Trainers («Spiegel»).

3. 1-1 (ein Dribbler, ein Verteidiger) in ca. 2 m breitem Längsstreifen der Halle: Der Verteidiger versperrt dem Dribbler den Weg durch Verteidigungsschritte. Steigerung der Angriffsintensität von langsam (als Partner) auf volles Tempo.

4. 1-1 auf der Breite des Volleyballfeldes: Der Angreifer dribbelt zickzack zwischen den Seitenlinien, darf aber die Richtung immer erst an der Seitenlinie ändern. Der Verteidiger bleibt in GRAN-Technik vor dem Dribbler und schließt die Seitenlinie (Signal: «Zu»). Ab der Drei-Punkte-Linie: freies Spiel 1-1.

5. Spiel 1-1 von der Flügelposition: Start in Höhe der Freiwurflinie, der Angreifer steht an der Seitenauslinie, der Verteidiger 1 m Richtung Spielfeldmitte. Start durch Übergabe des Balles vom Verteidiger zum Angreifer, der die Aufgabe hat, einen Grundliniendurchbruch zu versuchen. Der Verteidiger muß den Dribbler regelgerecht (mit dem Oberkörper) stoppen und die Grundlinie schließen.
   Erschwerung: Nach dem Durchbruchversuch an der Grundlinie dreht der Dribbler zur Mitte, der Verteidiger versucht, ihn nicht in die Zone zu lassen. Anschließend Sprungwurf und Ausblocken (Signal: «*Check*»).

6. Spiel 1-1 in einem Spielfeldviertel: Start im Mittelkreis. Aufgabe des Verteidigers ist es, den Dribbler nicht über die Mitte ziehen zu lassen und keinen Korbleger zu erlauben.

7. Spiel 1-1 auf der Flügelposition gegen Angreifer ohne Ball, ein Paßgeber auf der Aufbauposition: Der Verteidiger versucht, durch *Deny* das Anspiel zu verhindern.

8. Spiel 2-2 in einem Spielfeldviertel: Verhindern von Durchbrüchen durch *Intercept*-Verteidigung und *Help-and-recover*.
   Variante: Spiel 2-2 mit direkten Blocks.

9. Spiel 2-2+1: Ein Angreifer auf der Flügelposition darf nur als Paßgeber fungieren, seine Mitspieler spielen indirekte Blocks und *Cuts*.

10. *Shell-Drill* mit unterschiedlichen Aufgaben. Die Angreifer passen immer von Position zu Position und dürfen nur die festgelegten Aktionen durchführen.

❏ *Grundpositionen* auf der Ballseite und der Helfseite sowie *Deny-* und *Intercept-*Positionen einnehmen.

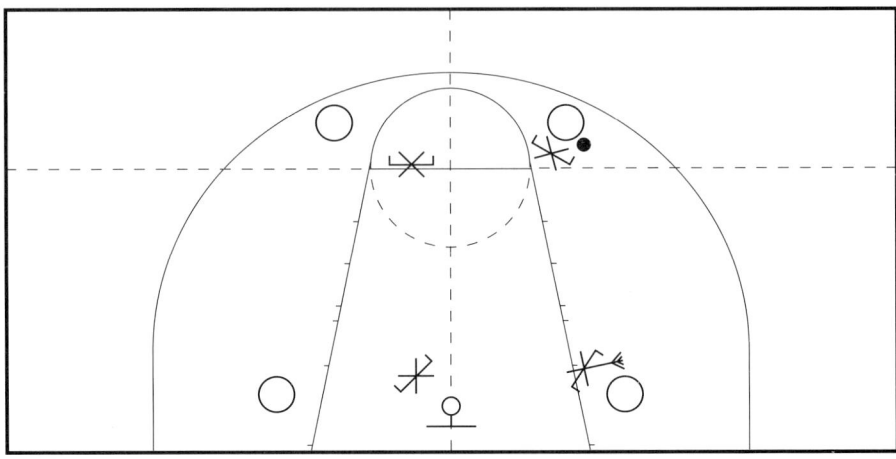

Abb. 23a: *Shell*: Grundpositionen, Ball oben

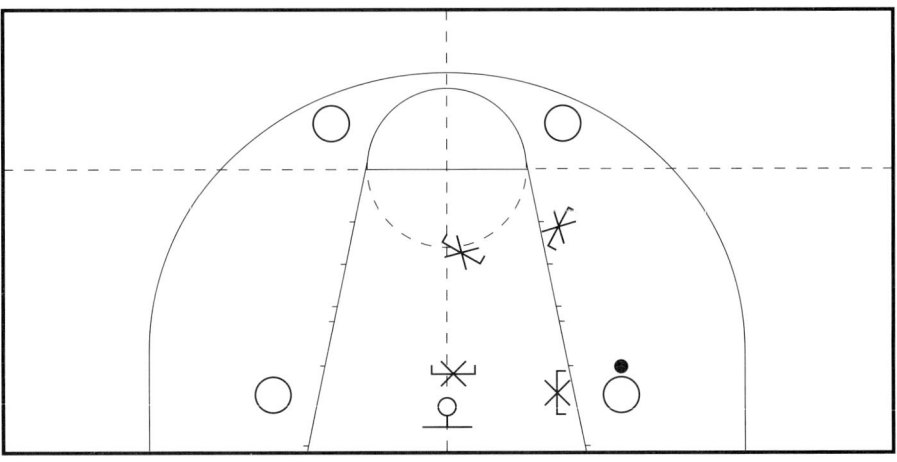

Abb. 23b: *Shell*: Grundpositionen, Ball tief

❏ Immer wenn der Ball in eine tiefe Position gespielt wird, erfolgt ein *Ball-side-cut* bzw. *Weak-side-cut.*

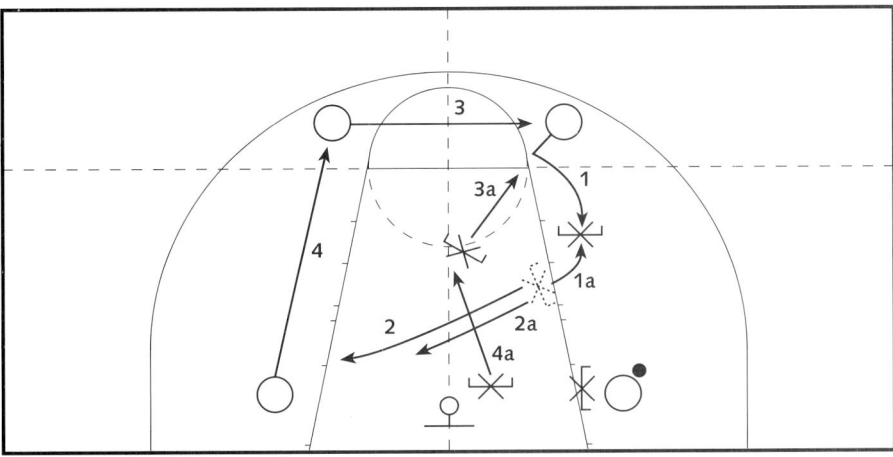

Abb.24a: *Shell* mit *Ball-side-cut*

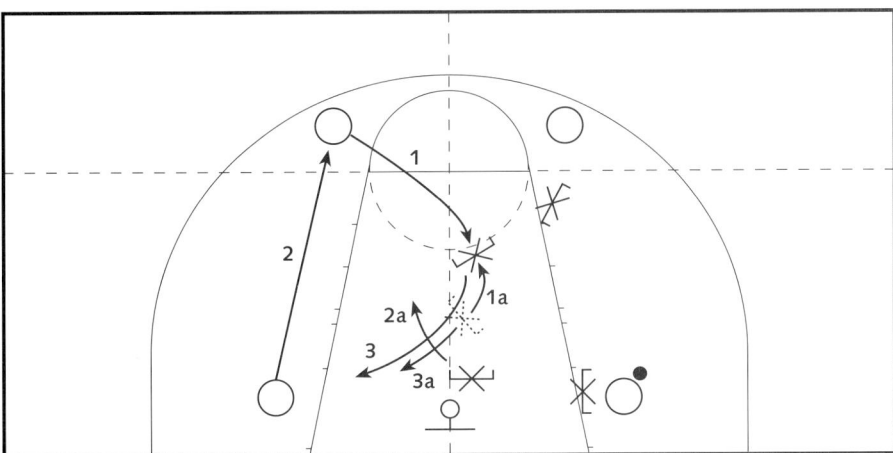

Abb.24b: *Shell* mit *Weak-side-cut*

❑ Indirekter Block, wenn der Ball die Seite wechselt.

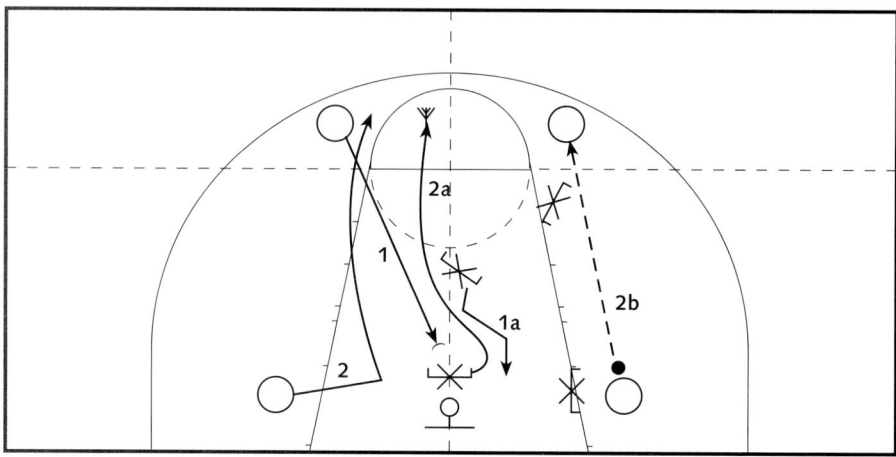

Abb. 25: Indirekter Block

❑ Durchbruchversuch mit *Help-and-recover* und *Help-side-rotation.*

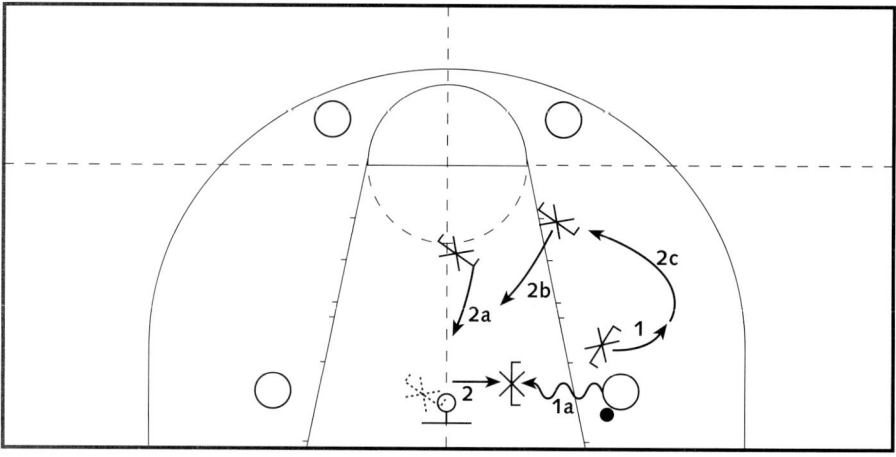

Abb. 26: *Help-side-rotation*

❏ Direkte Blocks mit *Help-and-recover-Verteidigung.*

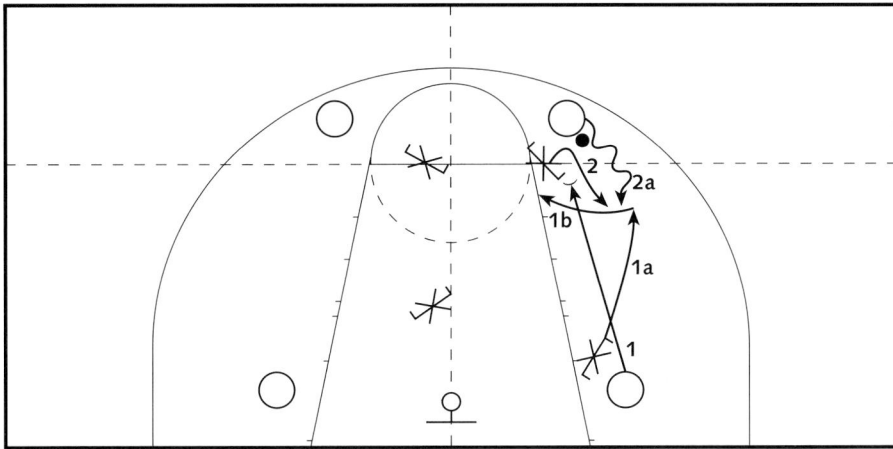

Abb. 27: Direkte Blocks

❏ *Cover-down* mit Rotation.

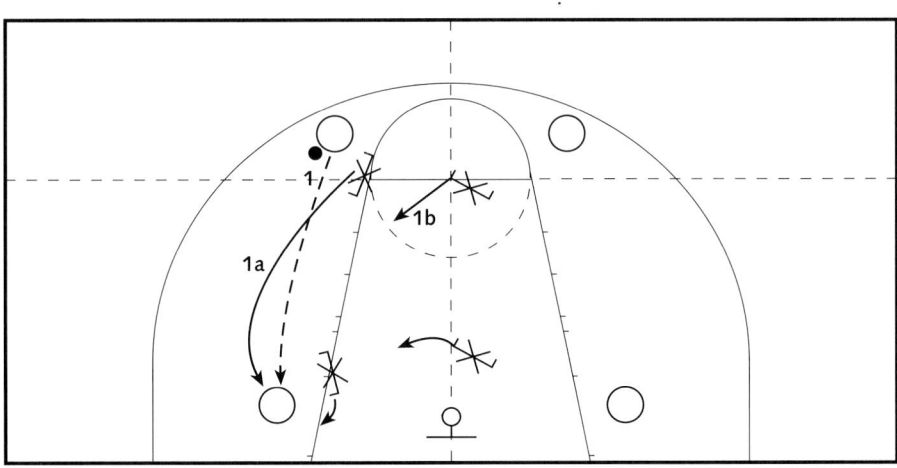

Abb. 28: *Cover-down*

3.2 Werfen

3.2.1 Korbleger

Der Korbleger ist die einfachste Wurftechnik beim Basketball. Er muß mit der linken und der rechten Hand gleichermaßen beherrscht werden. Von Kindern und Anfängern kann der Korbleger leicht erlernt werden, da der Schwung des Laufes in die Wurfbewegung einbezogen wird. Allerdings muß der Trainer von Anfang an auf die biomechanisch korrekte Ausführung und den regelgerechten Schrittrhythmus achten.

Technikbeschreibung
(hier: Druckwurf-Korbleger rechts, also von rechts mit der rechten Hand)
❑ Ballaufnahme im Schrittsprung vom linken Bein (kein Fuß am Boden) (Abb. 29 a).

Abb. 29 a–f: Korbleger rechts

- Langer Schritt (rechter Fuß setzt auf, Körperschwerpunkt wird gesenkt) = erster Schritt des *Zwei-Kontakt-Rhythmus* (Abb. 29 b).
- Kurzer Stemmschritt links und Hochreißen des rechten Knies (Schwungbein) und des Balles (Schwungelement) = zweiter Schritt des *Zwei-Kontakt-Rhythmus* (Abb. 29 c, d).
- Aktives Strecken des Schwungbeines am höchsten Punkt des Sprunges.
- Streckung des Wurfarmes und Wurf aus Fingern und Handgelenk (Abb. 29 e).
- Landung auf beiden Beinen im Gleichgewicht (Abb. 29 f).

VARIATIONEN
- Unterhandkorbleger indirekt (mit Brett) oder direkt (ohne Brett) (Abb. 30 a–d).
- Ein-Kontakt-Korbleger.

Abb. 30 a–d:
Unterhandkorbleger

3.2.2 Methodische Übungsreihe zum Erlernen und Trainingsformen zum Verbessern des Korblegers

Methodische Übungsreihe zum Erlernen des Korblegers (rechts)

1. Vermitteln der Bewegungsvorstellung durch Vormachen und Vorzeigen (Bilder, Video etc.).
2. Standwurf 1 m und 45° vom Brett entfernt. Parallele Fußstellung, die Knie sind gebeugt, Ball vor der Brust. Der Ellbogen des Wurfarmes wird senkrecht unter den Ball geschoben. Streckung der gebeugten Knie mit anschließender Streckung des rechten Armes nach oben. Wurf an die obere Ecke des Zielvierecks. Nachklappen des Handgelenks, Arm gestreckt lassen.
3. Ein-Kontakt-Wurf 2 m und 45° vom Brett entfernt. Stemmschritt mit dem linken Bein zum Korb, Hochziehen des rechten Knies, Wurf wie 2., Landung auf beiden Beinen.
4. 4 m vom Korb entfernt. Schrittsprung vom linken Bein über die Langbank, Ballaufnahme (vom Partner) in der Luft über der Bank, Landung rechts, ein Schritt links mit Absprung und Wurf, Landung auf beiden Beinen (Abb. 31).

Abb. 31: Korbleger über die Langbank

5. Korbleger aus dem Dribbling über die Langbank. Start eine Schrittlänge vor der Langbank. Mit dem Schritt des linken Beines wird einmal rechts gedribbelt. Sprung über die Bank, Zwei-Kontakt (links–rechts), Korbleger.

Trainingsformen zum Verbessern des Korblegers

1. Steigerung der Entfernung des letzten Dribblings vor dem Zwei-Kontakt zum Korb (bis zur Drei-Punkte-Linie).
2. Aufgabe: Der Ball muß beim Korbleger nahtlos, d.h. ohne Ringberührung, geworfen werden.
3. Abwechselnd Korbleger rechts, Korbleger links von der Freiwurflinie. Nach dem Wurf rebounden und wieder zur Freiwurflinie dribbeln. Wer schafft die meisten Treffer in 60 Sekunden?
4. Korbleger mit «Spezialaufgaben»:
   ❏ betonte Streckung des Armes und Nachklappen des Handgelenks,
   ❏ aktives Hochziehen und Strecken des Schwungknies,
   ❏ Optimieren des Schrittrhythmus beim Zwei-Kontakt: Beschleunigen mit dem letzten Schritt (auch mit akustischer Unterstützung).
5. Korbleger mit Variationen:
   ❏ vor dem Wurf den Ball einmal um den Körper kreisen lassen,
   ❏ vor dem Wurf den Ball unter dem Schwungbein durchführen,
   ❏ Ein-Kontakt-Korbleger.
6. Korbleger mit Verfolgung: Der Dribbler hat 1–2 m Vorsprung vor dem Verteidiger, der ihn zu überholen versucht.
7. Korbleger gegen «störenden» Verteidiger und mit leichten Fouls.
8. Korbleger auf niedrigeren Korb: Abschluß mit Dunking.

3.2.3 Powershot

Da die Verteidigung in den letzten Jahren zunehmend härter geworden ist und daher mehr Körperkontakte zwischen Angreifer und Verteidiger vorkommen, sind die *Powermove*- oder *Powershot*-Wurftechniken immer beliebter geworden. Gemeinsames Merkmal dieser Wurftechniken ist der Absprung von beiden Beinen (im Gegensatz zum Korbleger), das ausgeprägte Schützen des Balles durch den Körper und die kraftvolle Bewegung zum Korb. Besonders die hohe Instabilität des Korblegers bei Körperkontakt mit dem Verteidiger macht den *Powershot* mit seiner beidbeinigen Absprungstellung (*Powerposition*) bei Jugendlichen und im Frauenbasketball – also überall, wo (noch) Kraftdefizite vorherrschen – zum sichersten Nahdistanzwurf im 1-1-Spiel, beim Durchbruch und im Schnellangriff.

Technikbeschreibung
(von links mit der rechten Hand)
❏ Ballaufnahme im flachen Schrittsprung (Absprung rechts).
❏ Zwei-Kontakt-Stopp mit zunehmender Drehung des Körpers Richtung Außenseite des Spielfeldes (mit dem Aufsetzen des zweiten Beines zeigt nicht mehr die Brust, sondern die Schulterachse zum Korb) in die *Powerposition* (Abb. 32 a, b).
❏ Beidbeiniger kraftvoller Absprung zum Korb (Abb. 32 c).

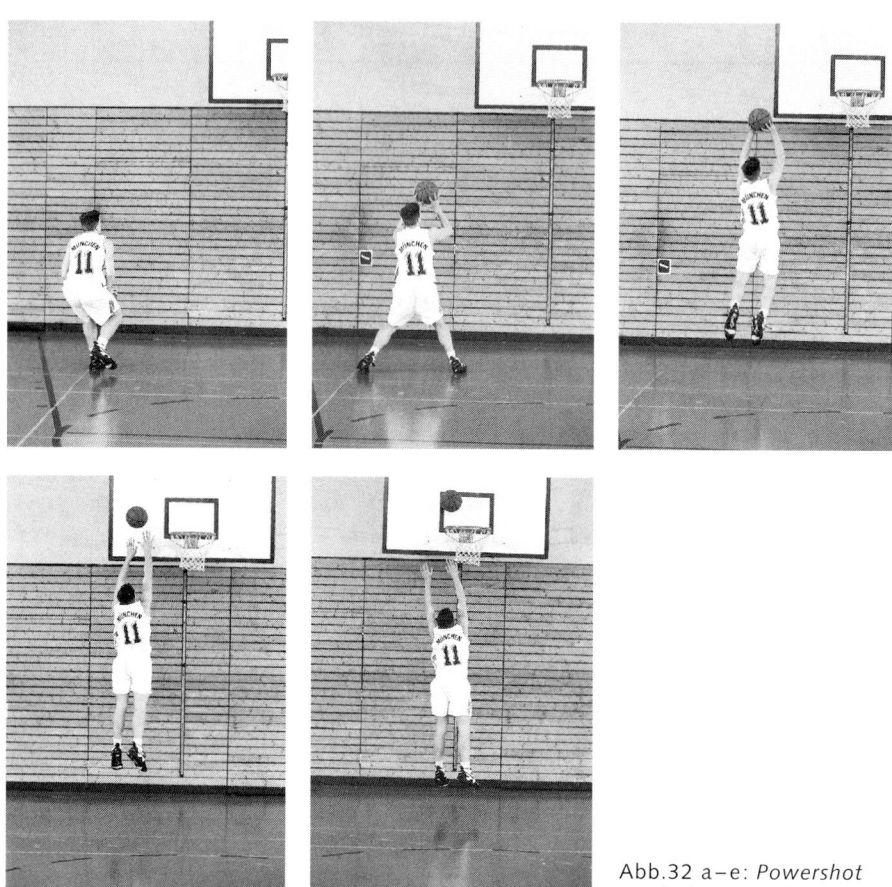

Abb. 32 a–e: *Powershot*
von links (Innenhand)

- ❑ Hochführen des Balles mit beiden Händen.
- ❑ Druckwurf mit der rechten (Innen-)Hand (Abb. 32 d).
- ❑ Landung auf beiden Beinen oder auf dem vorderen Bein (Abb. 32 e).

VARIATIONEN

- ❑ Der Wurf kann mit der inneren, korbnäheren oder mit der Außenhand ausgeführt werden; Anfänger sollten immer die «bessere» Hand benutzen.
  Beim Wurf mit der Außenhand wird über die Schulterachse geworfen. Dabei erfolgt ein starkes Abknicken der Hüfte Richtung Korb (Abb. 33 a–e).
- ❑ Die Auftaktbewegung kann auch mit nur einem Schritt ausgeführt werden (*Dropstep*), besonders bei Centerbewegungen.
- ❑ Der Bewegungsfluß zwischen Abstoppen und Absprung kann zum Fintieren unterbrochen werden.

Abb.33 a–e:
Powershot von rechts mit
der Außenhand

Die Verwendung des *Powershot* hat folgende *Vorteile* gegenüber dem Korbleger:

- ❑ *Ballsicherung* durch das Abwenden des Körpers vom Gegner und Schützen des Balles mit Oberkörper und Ellbogen.
- ❑ *Gleichgewicht* durch stabilen beidbeinigen Stopp und Absprung. Daher ist der *Powershot* für Jugendliche und Frauen sowie bei Ermüdung sicherer.
- ❑ *Täuschungsmöglichkeit* durch Unterbrechen oder Abbrechen der Wurfbewegung unmittelbar vor dem Absprung.
- ❑ *Regelvorteil*, da die Spielregeln dem Spieler, der mit der Schulter an seinem Verteidiger vorbei ist, weniger Verantwortung für einen Körperkontakt zuschreiben.

3.2.4 Trainingsformen zum Erlernen und Verbessern des Powershot

1. Vermitteln der Bewegungsvorstellung durch Vormachen und Vorzeigen (Bilder, Video etc.).
2. Tuck-Stellung (siehe auch S. 86) ca. 1 m und 45° vom Korb entfernt. Die Füße und der Oberkörper zeigen zur Spielfeldecke. Die Schulterachse zeigt zum Korb. Wurf über das Zielviereck mit der korbnäheren (rechten) Hand, deutliche Streckbewegung des Wurfarmes und des Körpers zum Korb.
3. Wie 2., aber mit kräftigem, beidbeinigem Absprung zum Korb.
4. Tuck-Stellung ca. 2 m und 45° vom Korb entfernt, Blick zur Spielfeldmitte. Dynamischer Sternschritt um das korbnähere Bein in die Powerposition (also ca. um 180°), kräftiger, beidbeiniger Absprung und Wurf.
5. Isolierte Wiederholung des Zwei-Kontakt-Stopps (Rhythmus: «Sprung–eins–zwei»). Variation des zweiten Kontakts durch Auswärtsdrehung in die Tuck-Stellung (Blick zu Spielfeldecke, beide Beine gleich belastet). Anschließend *Powershot* aus dem Zwei-Kontakt-Rhythmus mit einem betonten Auftaktdribbling und Hüpfer aus ca. 4–5 m Entfernung und im 45°-Winkel zum Brett.

TRAININGSFORMEN ZUM VERBESSERN DES POWERSHOT

1. *Powershot* aus dem Dribbling mit einem Verfolger, der ca. 1–2 m Rückstand hat.
2. *Powershot* aus dem Zwei-Kontakt: Beide Hände berühren nach dem Wurf das Brett.
3. *Powershot* mit der Innenhand, mit der Außenhand, mit beiden Händen.
4. *Powershot* mit «Durchtauchen» unter dem Korb (vgl. Abb. 7).
5. Von der Mittellinie 1-1: Der erste paßt und läuft los, der zweite paßt zurück und wird Verteidiger. Durchbruch des ersten mit *Powershot*, Wurfblockversuch des zweiten (Abb. 34 a).
6. 2-1 von der Mittellinie: zwei Außenspieler als Angreifer, der mittlere Spieler wird Verteidiger. Jeder startet nach seinem Paß zum nächsten. Nach Paß am Verteidiger vorbei *Powershot* (Abb. 34 b).
7. Spiel 3-2: Es sind nur Würfe innerhalb der Zone erlaubt, *Powershot* zählt doppelt.

3.2.5 Positionswurf

Im modernen Basketball wird der Positionswurf beinahe ausschließlich beim Freiwurf verwendet; gelegentlich sieht man ihn als Variante bei unbedrängten Distanzwürfen. Da der Positionswurf zum einen Voraussetzung des Sprungwurfes ist, zum anderen bei Freiwürfen eine Trefferquote über 75 % erwartet wird, muß der Trainer diese Technik frühzeitig korrekt schulen.

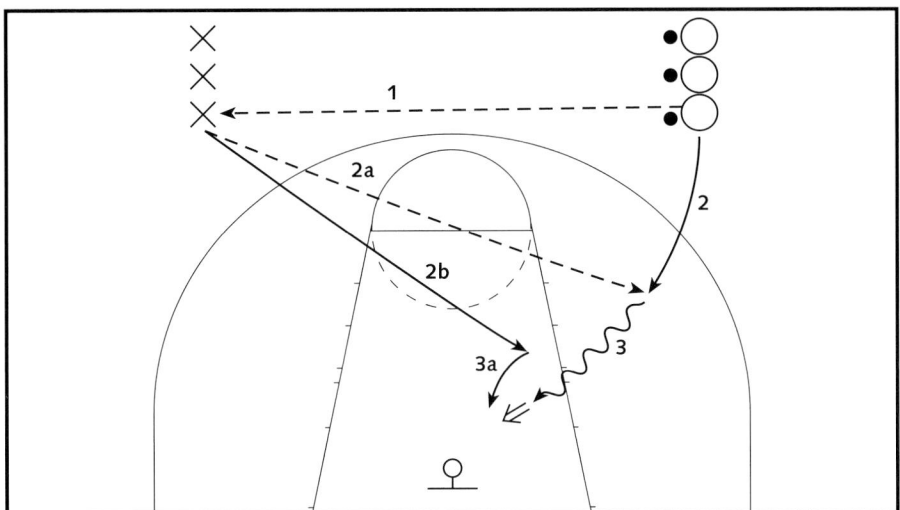

Abb. 34 a: Trainingsformen zum *Powershot*

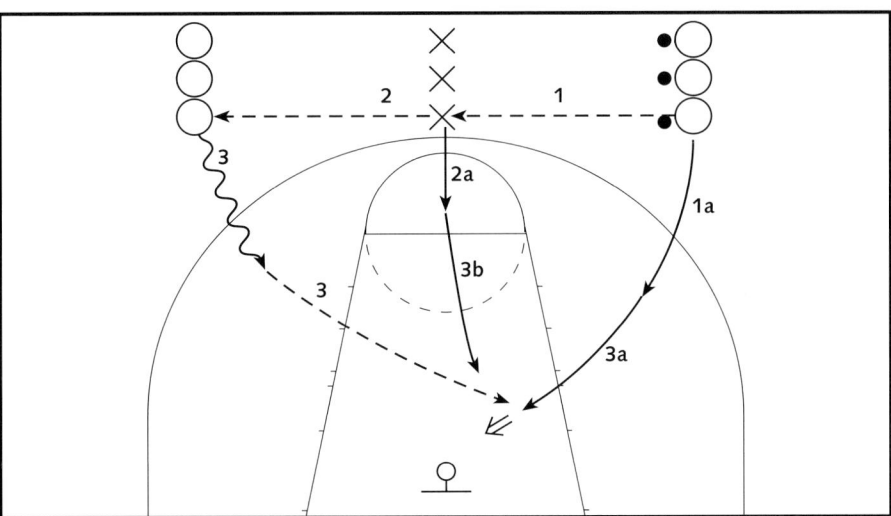

Abb. 34 b: Trainingsformen zum *Powershot*

Technikbeschreibung

❏ Stabiler hüftbreiter Stand.

❏ Die Füße zeigen zum Korb, der Wurfhandfuß ist eine halbe Fußlänge vorgestellt.

❏ Die Knie sind locker gebeugt.

- Durch eine schwache Beugung des Hüftgelenks ist der Oberkörper leicht nach vorne geneigt.
- Der Ball wird mit beiden Händen vor dem Körper gehalten, die Hände bilden hinter dem Ball ein «W» (Abb. 35 a).
- Zielen auf den hinteren Rand des Ringes.
- Hochführen des Balles vor und über den Kopf (der Ball liegt auf den Fingern und der Handwurzel der Wurfhand, der Daumen zeigt nach oben, der Ellbogen des Wurfarms ist unter dem Ball, die Ellbogenbeuge befindet sich in Höhe des Kinns (Abb. 35 b).
- Streckung des Körpers von unten nach oben; der Wurfarm wird schwunghaft nach oben Richtung Korb gestreckt.
- Zuletzt wird das Handgelenk des Wurfarmes nachgedrückt, die Finger beschleunigen den Ball und geben ihm einen Rückwärtsdrall (Abb. 35 c).
- Nachdem der Ball die Hand verlassen hat, ist der Körper gestreckt (Zehenspitzen), der Wurfarm zeigt nach vorne-oben, die Finger des Wurfarmes nach vorne, der Daumen nach unten (Abb. 35 d).
  - Rückkehr in den stabilen Stand (Grundstellung).

Abb. 35 a–d: Positionswurf

3.2.6 Trainingsformen zum Erlernen und Verbessern des Positionswurfes

1. Vermitteln der Bewegungsvorstellung durch Vormachen und Vorzeigen (Bilder, Video etc.).
2. Simulation der Gesamtbewegung ohne Ball – Verbalisieren der Bewegungsphasen durch Mitsprechen der Handlungsanweisungen (auch mit geschlossenen Augen):
   ❏ Grundstellung.
   ❏ Ball vor dem Körper.
   ❏ In die Knie gehen.
   ❏ Ball über den Kopf hochführen.
   ❏ Den Körper von unten nach oben strecken.
   ❏ Wurfarm kräftig nach oben strecken.
   ❏ Handgelenk impulsiv nachdrücken – Finger nach vorne – Daumen nach unten.
   ❏ Grundstellung.
3. Erlernen und Üben der Streck- und Wurfbewegung im Sitzen auf der Langbank mit Wurf an die Wand. Aufgabe: Hochführen des Balles – Strecken des Wurfarmes – Abdrücken des Balles von den Fingern in hohem Bogen und mit Rückwärtsdrall (Zielen auf Markierungen an der Wand).
4. Standwurf auf den Korb mit Nutzung des Brettes (Entfernung 1 m, 45° zum Brett).
5. Standwurf von vorne auf den Korb ohne Brettberührung. Bei richtigem und erfolgreichem Wurf Steigerung der Entfernung um einen Schritt bis zur Freiwurflinie. Bei Fehlwurf: wieder einen Schritt zurück.
6. Positionswurf von der umgedrehten Langbank. Die Korbhöhe kann bei beweglichen Körben entsprechend korrigiert werden.

3.2.7 Sprungwurf

Der Sprungwurf ist der wichtigste Wurf im modernen Basketballsport. Er wird sowohl aus der Nahdistanz als auch aus sehr großen Entfernungen angewendet. Bekannte Varianten sind der Drehsprungwurf (*Turn-around-jump-shot*) und der Wurf im Rückwärtssprung (*Fade-away-jump-shot*). Technische Voraussetzung für den Sprungwurf ist der Positionswurf; die Kraft ist ausschlaggebend für die Sprunghöhe und die Stabilität des Körpers in der Luft. Da viele Sprungwürfe aus dem Dribbling oder aus dem Zuspiel in den Lauf erfolgen, entscheidet die Stopptechnik (Sprungstopp, Schrittstopp) über die Qualität des Wurfes: bessere Werfer haben die stabilere Absprungposition.

Technikbeschreibung
❏ Beidbeiniger, gerader Absprung aus dem stabilen hüftbreiten Stand.
❏ Hochreißen des Balles vor dem Körper in eine Position vor und über der Stirn (Wurfauslage):

- Der Ball liegt auf den Fingern und der Handwurzel der Wurfhand, der Daumen zeigt nach oben.
- Der Unterarm des Wurfarmes ist fast senkrecht unter dem Ball, der Ellbogen zeigt zum Korb, die Beuge des Ellbogens befindet sich in Höhe der Nase.
- Die zweite Hand stützt den Ball locker mit den Fingern von der Seite.
- Der Werfer zielt unter dem Ball zwischen den Armen auf den hinteren Rand des Ringes (Abb. 36 a).

❏ Der Wurf erfolgt am höchsten («toten») Punkt des Sprunges, wenn der Körper stabil ohne Auf- oder Abwärtsbewegung in der Luft «steht» (Abb. 36 b).

❏ Streckung des Wurfarmes nach vorne-oben im Ellbogen- und aus dem Schultergelenk, bis der Arm fast ganz gestreckt ist und der Oberarm neben der Wange ist.

❏ Entschiedener Abdruck des Balles aus dem Handgelenk und von den unter Spannung stehenden Fingern (Gefühl, mit den Fingerspitzen zu werfen) bei gleichzeitiger finaler Streckung des Ellbogengelenks. Mittelfinger, Zeigefinger und Ringfinger berühren als letztes den Ball und geben ihm die charakteristische Rückwärtsdrehung (*back spin*).

❏ Nachdem der Ball die Hand verlassen hat, ist der Wurfarm ganz gestreckt, das Handgelenk nach vorne geklappt, der Daumen zeigt nach schräg unten, die anderen Finger zeigen zum Korb (Abb. 36 c).

❏ Die Landung erfolgt auf beiden Beinen im Gleichgewicht auf der Absprungstelle (Abb. 36 d).

Abb. 36 a – d: Sprungwurf

3.2.8 Trainingsformen zum Erlernen und Verbessern des Sprungwurfes

TRAININGSFORMEN ZUM ERLERNEN DES SPRUNGWURFES

1. Vermitteln der Bewegungsvorstellung durch Vormachen und Vorzeigen (Bilder, Video etc.).
2. Simulation des Sprungwurfes ohne Ball. Herausarbeiten (z. B. durch akustische Signale) der zwei Phasen:
   - ❏ *Absprung* und Hochreißen des «Balles» in die Wurfauslage.
   - ❏ *Wurf* mit vollständiger Streckung des Wurfarmes und Nachklappen des Handgelenks.
3. Training der ersten Phase (Sprung und Hochreißen des Balles in die Wurfauslage). Landung in Wurfauslage.
4. Nahdistanzsprungwurf (1 m, 45° vom Brett). Einmal Absprung-Wurfauslage ohne Werfen, einmal mit Wurf.
5. Nahdistanzsprungwürfe aus verschiedenen Positionen.

TRAININGSFORMEN ZUM VERBESSERN DES SPRUNGWURFES

1. Sprungwürfe vom Zonenrand: «Fütterung» mit zwei Bällen, so daß mit sehr hoher Frequenz geworfen wird.
2. Pendelwürfe (z. B. 20mal): Hin- und Herlaufen zwischen zwei Positionen, Anspiel – Abstoppen(!) – Sprungwurf.
3. Würfe aus dem Sprint, z. B. Sprint zur Mittellinie und zurück zur Freiwurflinie – Anspiel – Abstoppen – Sprungwurf. Wie viele erfolgreiche Würfe schafft der Spieler in 45 Sekunden?
4. Sprungwürfe aus dem Dribbling. Pendeln über das Spielfeld, Würfe von vorgegebenen Positionen.
5. Wurfserien über einen passiven oder halbaktiven Verteidiger.
6. Serienwerfen: Der Werfer darf von einer vorgegebenen Position so lange werfen, wie er trifft. Wer schafft die längste Serie?
7. Wurfserien mit «Treffzwang». Z. B. 20 Würfe von einer bestimmten Position, für jeden Fehlwurf muß ein Hallensprint gelaufen werden.

3.2.9 Zur Methodik des Wurftrainings

❏ Fehlwürfe sind nicht erlaubt (Wurftraining = Trefftraining); wer nicht trifft, muß näher zum Korb gehen. Der Trainer muß das Bewußtsein schulen, daß nur ein erfolgreicher Wurf ein guter Wurf ist.
❏ Wurftraining darf nicht unverbindlich sein. Daher müssen die Wurfquoten im Training und im Spiel dokumentiert werden. Im Training bietet sich ein festes Programm (z. B. 5 Positionen, je 30 Würfe) über einen längeren Zeitraum an. In jedem Spiel sollte ein Wurfbild erstellt werden, aus dem die Wurfversuche und Treffer der

einzelnen Spieler gestaffelt in 1-0-Würfe, Nahdistanzwürfe (0–3 m), Mitteldistanz-würfe (3–6,25 m) und Drei-Punkte-Würfe hervorgehen.

❏ Hohe Treffsicherheit erfordert eine ausgefeilte, stabile Technik. Daher muß der Trainer die Wurftechnik bei Jugendlichen bis ins Detail entwickeln und korrigieren.

❏ Die für hohe Treffsicherheit nötige Koordination (Auge–Hand) läßt sich nur durch hochintensives Training erlernen. Das bedeutet, daß erfolgreiches Wurftraining mit maximalen Umfängen (Wurf- bzw. Trefferzahlen) arbeiten muß. Wünschenswert sind 500–1000 Würfe pro Woche und mehr.

❏ Bewährt haben sich *Shooting Camps* oder Wurfwochen, bei denen beinahe das ganze Training für unterschiedliche Wurfübungen verwendet wird. Solche Trainingseinheiten lassen sich am besten in der Vorbereitungsperiode oder zwischen Vor- und Rückrunde einbauen und ermöglichen Trainingsprogramme mit ca. 1000 Würfen pro Tag.

❏ Entscheidend für einen erfolgreichen Wurf ist die stabile Absprunghaltung und die Balance während der Wurfbewegung; daher muß der Wurf aus dem Abstoppen, aus der Bewegung und unter Einfluß von Ermüdung oder Verteidigung trainiert werden; im Mittelpunkt der Korrektur steht immer das Gleichgewicht beim Abstoppen.

3.3 Passen und Fangen

3.3.1 Beidhändiger Druckpaß (direkt und indirekt) und beidhändiges Fangen

Technikbeschreibung

❏ In der Basketballgrundstellung (hüftbreiter, paralleler Stand oder Schrittstellung, leicht gebeugte Knie) wird der Ball mit beiden Händen vor der Brust gehalten: die Hände befinden sich hinter dem Ball, die Finger zeigen nach oben, die Daumen zueinander («W»). Die Ellbogen sind locker nach außen abgespreizt (Abb. 37 a).

❏ Kraftvolle Streckung der Arme nach vorne mit abschließendem Nachklappen der Hände und Finger. Nachdem der Ball die Hände verlassen hat, zeigen die Daumen zum Boden, die übrigen Finger zur Seite (Abb. 37 b, c).

❏ Oft wird die Paßbewegung durch einen Schritt mit Verlagerung des Körpergewichts nach vorne unterstützt.

❏ Wenn der Druckpaß indirekt, also als beidhändiger Bodenpaß ausgeführt werden soll, muß der Paßgeber den Abdruckwinkel der Arme so verändern, daß der Ball ungefähr nach zwei Dritteln der Strecke zum Paßempfänger am Boden aufprallt. Zur Unterstützung werden die Beine bei einem Ausfallschritt im Knie stärker gebeugt (Abb. 38 a–c).

Abb. 37 a – g: Beidhändiger Druckpaß (oben) und beidhändiges Fangen (unten)

- Zum Fangen werden dem Paßgeber die Handflächen als Ziel gezeigt. Die Arme sind gestreckt (Abb. 37 d).
- Die Finger zeigen nach außen (nicht zum Ball wegen der Verletzungsgefahr), die Daumen zeigen zueinander und berühren sich fast.
- Der ankommende Ball berührt die Hände des Fängers an den Fingerkuppen und den Fingern bis zur Handwurzel, aber nicht an den Handflächen (Abb. 37 e).
- Durch dosiertes Beugen der Arme («Ansaugen») wird der Ball abgebremst, bis er vor der Brust in stabiler Grundstellung gehalten wird (*Tuck-Stellung*). Die seitlich abgespreizten Ellbogen schützen den gefangenen Ball (Abb. 37 f).
- Das Abbremsen des ankommenden Balles kann durch eine Gewichtsverlagerung auf das hintere Bein bzw. durch einen Sternschritt nach hinten unterstützt werden (Abb. 37 g).

Abb. 38 a–c: Beidhändiger Bodenpaß

3.3.2 Beidhändiger Überkopfpaß

Technikbeschreibung
- Im parallelen Stand oder in leichter Schrittstellung wird der Ball mit beiden Händen vorne über der Stirn gehalten (Abb. 39 a).
- Ohne den Ball hinter den Kopf zu nehmen, erfolgt die Streckung der Arme im Ellbogengelenk mit kräftigem Nachdrücken der Hände und Finger.
- Nachdem der Ball die Hände verlassen hat, zeigen die Daumen nach vorne zum Boden, die Finger zeigen seitwärts. Die Arme werden nicht gesenkt (Abb. 39 b).

Abb. 39: Beidhändiger
Überkopfpaß

3.3.3 Einhändiger Druckpaß (direkt und indirekt)

Technikbeschreibung

(rechte Hand)

❏ Aus der Basketballgrundstellung mit Ball Ausfallschritt mit dem rechten Bein nach rechts-vorne. Dabei wird der Ball auf die rechte Körperseite geführt. Die Hand liegt hinter dem Ball, der Unterarm befindet sich beinahe waagerecht hinter dem Ball. Die linke Hand stützt und schützt den Ball (Abb. 40 a).

❏ Kräftiger Abdruck des Balles durch Streckung des Armes und Nachklappen von Handgelenk und Fingern (Abb. 40 b).

❏ Nachdem der Ball die Hand verlassen hat, zeigt der Daumen zum Boden, die übrigen Finger zeigen zur Seite (Abb. 40 c).

Abb. 40 a–c: Einhändiger Druckpaß (direkt)

❑ Wenn der einhändige Druckpaß indirekt gespielt wird (als Bodenpaß), wird das rechte Knie beim Ausfallschritt mehr gebeugt, Ellbogen und Handgelenk strecken mehr zum Boden.

❑ Abhängig von der Position des Verteidigers und von der Position des Paßempfängers wird die Paßrichtung durch das Nachklappen von Fingern und Handgelenk bestimmt.

3.3.4 Taktik des Passens

Der beidhändige Druck- oder Brustpaß ist die am häufigsten verwendete Paßtechnik im Basketball und deshalb grundlegend für Spieler jeder Alters- und Spielklasse. Neben dem Anspiel von weniger eng gedeckten Spielern dient der beidhändige Druckpaß zum Überbrücken mittlerer und längerer Paßwege, z. B. im Schnellangriff. Er wird daher häufig von Aufbauspielern verwendet. Der beidhändige Bodenpaß kommt im Spiel selten vor. Da Bodenpässe gegen enge Verteidigung gespielt werden, sind einhändige Pässe zu bevorzugen. Flügelspieler, die unter Bedrängnis den Center anspielen müssen, spielen sehr oft einhändige Druck- und Bodenpässe. Der Überkopfpaß eignet sich zum schnellen Ballverteilen. Da der Ball bei großen Spielern über dem Kopf relativ sicher ist, wird der Überkopfpaß häufig von Centerspielern, besonders auf der *High-Post*-Position, verwendet.

Pässe sollen für den Verteidiger nicht vorausberechenbar sein. Deshalb muß der Ballbesitzer alles vermeiden, was über Art und Richtung des Passes Auskunft gibt (Schlagwort: «*Don't telegraph the pass*»).

GRUNDSÄTZE:

Ballhöhe wechseln

❑ Ball wird *hoch* (überkopf) gehalten oder gefangen – gespielt wird Brustpaß oder Bodenpaß.

❑ Ball wird in der *Mitte* (vor der Brust) gehalten oder gefangen – gespielt wird Überkopfpaß oder Bodenpaß.

❑ Ball wird *tief* (unter Hüfthöhe) gehalten oder gefangen – gespielt wird Brustpaß oder Überkopfpaß.

Fintieren

❑ Je besser der Spieler die Paßtechniken beherrscht, desto eher ist er in der Lage, einen Paß im letzten Moment, d.h. unmittelbar bevor der Ball die Hand verläßt, zurückzuhalten und Paßart, -richtung oder -höhe zu verändern. Dadurch hat der Verteidiger kaum eine Chance, rechtzeitig mit seinen Händen und Armen zu reagieren. Paßempfänger nur kurz anschauen (*Blickkontakt*), dann Blickrichtung wechseln.

Read the defense

Wo hat der Verteidiger seine Hände?

Reagiert er auf eine Finte?

Schwachstellen des Verteidigers nutzen

Am schwersten kann ein Verteidiger Pässe abfangen, die ihn an folgenden Stellen passieren:

❏ über dem Kopf, bei enger Verteidigung (siehe Abb. 39 b),
❏ neben dem Kopf am Ohr vorbei (siehe Abb. 40 c),
❏ unter der Achsel, wenn die Arme hoch sind (Abb. 41),
❏ neben den Unterschenkeln (Bodenpaß).

Paßziel suchen

Ein Spieler wird nur angepaßt, wenn er seine Fangbereitschaft durch Zeigen der Hände signalisiert. Kurz Blickkontakt aufnehmen. *Nur ein Paß, der ankommt, ist auch ein guter Paß.*

Abb. 41: Paß unter der Achsel des Verteidigers

3.3.5 Trainingsformen zum Passen und Fangen

TRAININGSFORMEN ZUM ERLERNEN DES PASSENS UND FANGENS
(siehe auch Kap. 10.8.2)

1. Vermitteln der Bewegungsvorstellung durch Vormachen und Vorzeigen (Bilder, Video etc.).
2. Simulation der Gesamtbewegung ohne Ball mit Verbalisierung der Bewegungsphasen.
3. Passen an die Wand (Entfernung 2–3 m). Anfangs wird der Ball vor jedem Paß auf den Boden gelegt und mit richtiger Hand- und Armhaltung (Finger formen ein «W» hinter dem Ball) wieder aufgenommen (Abb. 42).
4. Paarweises Passen in Gassenaufstellung (3–4 m).

Abb. 42:
Aufheben des Balles mit richtiger Fingerhaltung

1. Passen in Gassenaufstellung: Welches Paar hat zuerst 50 Pässe?

2. Passen in Gassenaufstellung: Es ist nicht zweimal hintereinander dieselbe Paßtechnik erlaubt.

3. Passen in Gassenaufstellung, zwei Bälle: Der eine spielt Druckpässe, der andere
   Bodenpässe, auf Pfiff Rollentausch.

4. Passen in Gassenaufstellung: Passen mit dem Medizinball oder *Weightball*.

5. «Dratzball» 2-1: Die beiden Angreifer stehen 3–4 m auseinander, der Verteidiger
   ist in der Mitte. Wenn der Verteidiger den Ball berührt, muß der Paßgeber verteidigen.

6. «Dratzball» 3-2: Die drei Angreifer stehen im Dreieck am Mittel- oder Freiwurfkreis (ein Fuß muß die Kreislinie immer berühren). Die Verteidiger greifen abwechselnd den Ballbesitzer an, bei Ballberührung Rollentausch.

7. «Paßball»: Zwei Mannschaften spielen in einer Spielfeldhälfte ohne Korbwurf und
   ohne Dribbling. Welche Mannschaft hat zuerst 50 Pässe? Verschärfung: Die Verlie-
   rermannschaft macht für jeden Paß, den sie weniger als die Gewinnermannschaft
   hat, einen Liegestütz.

8. Achterlauf mit Schwerpunkt Passen: Zum Fangen Handzeigen, Ballannahme im
   Schrittsprung, zum Passen Arme ganz strecken und Finger nachdrücken.

9. Zwei Angreifer, drei statische Verteidiger im Mittelkreis und in den Freiwurfkrei-
   sen: Die beiden Angreifer müssen das Spielfeld ohne Dribbling durch Doppelpässe
   überwinden und zum Korbleger kommen. Falls ein Verteidiger den Ball berührt,
   Rollentausch.

10. Alle Spielformen wie 3-2, 3-3 oder 5-5 ohne Dribbling. Erschwerung: Pässe sind
    nur mit der rechten bzw. linken Hand erlaubt.

3.4 Dribbeln

3.4.1 Die Basketballgrundstellung mit Ball (Tuck-Stellung)

Ebenso wie für den Verteidiger gibt es auch für den Angreifer mit Ball eine Grundstellung, die zwar in ihrer Technik abhängig von der Spielsituation variiert, jedoch immer
folgende Funktionen erfüllt:

❑ der Ballbesitzer steht stabil (Gleichgewicht), auch unter Bedrängnis durch einen
   Verteidiger,

❑ der Ball wird vor dem Verteidiger geschützt,

❑ Anschlußaktionen (Pivotieren, Dribbeln, Werfen, Passen) sind jederzeit möglich.

Technikbeschreibung der Tuck-Stellung

- ❏ Breite, parallele Fußstellung, die Fußspitzen zeigen nach vorne.
- ❏ Die Knie sind gebeugt.
- ❏ Die Hüfte ist leicht nach vorne gekippt, die Bauchmuskulatur angespannt.
- ❏ Der Oberkörper ist aufrecht.
- ❏ Der Ball wird vor der Brust festgehalten, wobei die Hände den Ball möglichst großflächig fassen und die Ellbogen waagerecht zur Seite gestreckt werden.
- ❏ Die Kopfhaltung ist aufrecht, um die Übersicht zu bewahren.

Abb. 43: Tuck-Stellung von vorne und von der Seite

Die Tuck-Position ist die Grundform der Angreiferstellungen mit Ball. Sie wird am häufigsten nach dem Defensivrebound und unter Bedrängnis eingenommen. Anfänger müssen lernen, trotz enger Verteidigung und Körperkontakt das Gleichgewicht zu halten und den Ball zu schützen. Daher ist es wichtig, im Training ohne Rücksicht auf die Foulregel die Tuck-Stellung unter großem Druck zu schulen.

Abb. 44: Einnehmen der Tuck-Stellung nach dem Defensivrebound

Im Positionsangriff bei weniger intensiver Deckung wird die Grundstellung so eingenommen, daß vom Ballbesitzer Gefahr durch Wurf, Dribbling oder Paß ausgeht (*Triple-threat-* oder *SPD-Position*: *S*chuß – *P*aß – *D*ribbling). Auch bei dieser Stellung stehen das Gleichgewicht und das Schützen des Balles im Vordergrund.

Abb. 45 a, b: SPD-Stellung ohne (a) und mit Verteidigung (b)

3.4.2 Dribbling im Stand und im Laufen

Technikbeschreibung des Dribblings im Stand

❑ Schrittstellung (bei Dribbling rechts ist das linke Bein vorgestellt) und gebeugte Knie, der Oberkörper ist leicht nach vorne gebeugt. Der Kopf wird geradegehalten, um den Überblick zu bewahren. Nicht auf den Ball schauen.

❑ Der Ball wird von oben mit den breitgefächerten Fingern der Dribbelhand zum Boden gedrückt. Dabei berühren alle fünf Fingerkuppen sowie die Finger und Handwurzel den Ball, nicht aber die Handfläche.

❑ Durch das Nachdrücken der Finger aus dem Handgelenk verfolgen die Fingerspitzen beim Dribbling den Ball. Dabei schwingt der Unterarm harmonisch nach unten mit.

❑ Wenn der Ball vom Boden zurückprallt, wird er von den gespreizten Fingern der Dribbelhand «angesaugt» und durch das Zurückschwingen des Unterarms abgebremst. Generell sollte der Ball nicht höher als bis maximal zur Hüfte geführt werden.

❑ Die zweite Hand dient als Schutz des Balles vor dem Verteidiger.

Abb. 46:
Dribbling im Stand

Bei der Weiterentwicklung des technischen Repertoires steht die Koordination des Dribblings in der Bewegung im Vordergrund. Daher muß im Trainingsprozeß das erste Augenmerk auf die Technik des Dribbelbeginns und die Dribbel-Schritt-Koordination während des Laufens gelegt werden. Die Schrittregel fordert, daß beim Dribbelbeginn der Ball die Hand verlassen hat, bevor das Standbein angehoben wird.

Es gibt zwei Möglichkeiten, das Dribbling zu beginnen:

❑ Dribbling und gleichzeitiger Start mit dem der Dribbelhand gegenüberliegenden Bein (Kreuzkoordination) und

❏ Dribbling und gleichzeitiger Start mit dem Bein auf der Dribbelhandseite (Paß-gang).

Anfänger müssen zunächst die Kreuzkoordination auf beiden Seiten erlernen, da viele technische Elemente auf dieser Koordination aufbauen (z.B. Tempodribbling, Zwei-Kontakt-Korbleger). Entscheidend ist hier das exakte Zusammenspiel von Aufsetzen des Balles und Aufsetzen des Gegenfußes. Das *Paßgang-Dribbling* wird besonders in 1-1-Situationen, z.B. beim Durchbruch, angewendet, da dieser Dribbelstart bei enger Verteidigung etwas schneller als der Kreuzschritt ist; allerdings kann der Ball beim *Kreuzschritt-Dribbling* leichter mit dem Körper geschützt werden.

Mit dem Übergang vom Dribbeln im Gehen zum Dribbeln im Laufen erlernt der An-fänger das *rhythmische Dribbling*. Beim rhythmischen Dribbling, das besonders bei hohem Tempo zur Überwindung größerer Strecken verwendet wird, erfolgt bei jedem zweiten Schritt ein Dribbling in Kreuzkoordination. Als Grundsatz gilt, daß Ball und Gegenfuß immer parallel auf dem Boden aufsetzen, ohne daß der Laufrhythmus «stockt». Beim Abdruck vom Gegenbein befindet sich der Ball demzu-folge an der Hand (bei Könnern kommt es allerdings zu einer leichten Verschiebung dieser Phasen). Der Ball wird beim Tempo-dribbling in Hüfthöhe angesaugt und beim Auftippen seitlich weiter vorgelegt, so daß er den Dribbler beim Laufen nicht behindert und nicht zum Brem-sen zwingt (Abb. 47 a–d).

Abb. 47 a–d:
Rhythmisches Tempo-dribbling

Das *arhythmische Dribbling*, bei dem die Frequenz des Dribbelns nicht an die Beinarbeit geknüpft ist, wird in 1-1-Situationen auf engem Raum angewendet. Diese Dribbelvariante wird tiefer ausgeführt, und der Schutz des Balles vor dem Verteidiger steht im Vordergrund.

3.4.3 Handwechsel und Richtungsänderung beim Dribbling

Handwechsel werden meist zusammen mit Tempo- und Richtungsänderungen ausgeführt. Dabei sollte das Bremsen der Bewegung in der ursprünglichen Richtung möglichst kurz sein, das Beschleunigen in die neue Richtung sehr explosiv. Technische Voraussetzung für den Handwechsel mit Richtungsänderung ist die Fußarbeit der einfachen Richtungsänderung ohne Ball (siehe Kapitel 4.1.1). Für die Explosivität der Richtungsänderung während des Dribbelns ist es entscheidend, daß der Ball gerade an der Hand ist, wenn der Außenfuß zur Richtungsänderung eingestemmt wird. Gleichzeitig mit dem Schritt in die neue Richtung wird dann der Ball aufgedribbelt. Grundsätzlich müssen auch die Handwechsel, ohne auf den Ball zu schauen, ausgeführt werden.

In der Basketball-Grundschule werden vier Typen des Handwechsels unterschieden:
❏ vor dem Körper (*Cross-over*),
❏ hinter dem Körper (*Behind-the-back*),
❏ zwischen den Beinen (*Between-the-legs*),
❏ mit Drehung des Körpers (*Rolling*).

Diese vier Arten des Handwechsels sollte jeder Spieler beherrschen. Spitzenspieler, besonders Aufbauspieler, müssen darüber hinaus in der Lage sein, die Grundformen des Handwechsels in hohem Tempo und situationsgerecht zu kombinieren (Finten und Mehrfachhandwechsel).

Technikbeschreibung des Cross-over-Dribblings
❏ In dem Moment, in dem der Spieler den Außenfuß zur Richtungsänderung einstemmt, wird der Oberkörper leicht nach vorne gebeugt und der Ball tiefer als sonst (ca. Kniehöhe) angesaugt; der Kopf bleibt aufrecht bzw. unterstützt eine Blickfinte in die «alte» Richtung (Abb. 48 a, b).
❏ Der Ball wird mit gestrecktem Arm durch eine kräftige Bewegung aus den Fingern und dem Handgelenk flach (unter Kniehöhe) und schnell auf die andere Seite gedribbelt (Abb. 48 c).
❏ Mit einem explosiven, langen Schritt beschleunigt der Spieler in die «neue» Richtung (Abb. 48 d).

Abb. 48a–d:
Cross-over-
Dribbling

Technikbeschreibung des Behind-the-back-Dribblings

❑ Beim letzten Dribbler vor dem Handwechsel wird der Ball so gedribbelt, daß er nicht vor, sondern neben dem Körper angesaugt werden kann (Abb. 49a).

❑ Im Moment des Stemmschrittes vom Außenbein führt die Hand den Ball hinter dem Körper auf die Gegenseite (Abb. 49b, c). Dabei darf die Dribbelhand den Ball nicht unter dem «Balläquator» führen, da dies regelwidrig ist (Doppeldribbling).

❑ Der Ball muß aus Fingern und Handgelenk so hinter dem Rücken aufgedribbelt werden, daß er vorwärts hochprallt und vom Dribbler mit der «neuen» Hand vor dem Körper angesaugt werden kann (Abb. 49d, e).

❑ Mit dem Abdruck vom Außenbein erfolgt ein kräftiger Beschleunigungsschritt (Abb. 49f).

Abb. 49 a–f: *Behind-the-back*-Dribbling

Abb. 50 a – f: *Between-the-legs*-Dribbling

Technikbeschreibung des Between-the-legs-Dribblings

❑ Mit dem Ansaugen des Balles während des Stemmschrittes vom Außenbein erfolgt ein langer Schritt mit dem Gegenbein in die «neue» Richtung. Im Vergleich zum *Cross-over* wird der Ball höher (Hüfthöhe) angenommen (Abb. 50 a).

❑ Unmittelbar nach dem Schritt in die «neue» Richtung dribbelt der Spieler den Ball mit gestrecktem Arm aus den Fingern und dem Handgelenk zwischen den Beinen auf die andere Seite (Abb. 50 b, c).

❑ Der Abdruck vom Außenfuß leitet das Beschleunigen in die «neue» Richtung ein (Abb. 50 d, e).

Technikbeschreibung des Roll-Dribblings

❑ Aus dem Dribbling wird der *Innen*fuß in der «alten» Dribbelrichtung eingestemmt (Abb. 51 a).

❑ Eingeleitet durch die Kopfsteuerung, dreht sich der Spieler rückwärts in die «neue» Bewegungsrichtung (Abb. 51 b, c).

❑ Während der Kopf bereits in die «neue» Richtung zeigt, dribbelt die «alte» Hand den Ball (Abb. 51 c, d).

❑ Mit dem Ansaugen des Balles durch die «neue» Hand beginnt das Beschleunigen (Abb. 51 e, f).

Der Vorteil des *Roll*-Dribblings besteht in der sehr guten Ballsicherung mit dem ganzen Körper. Nachteilig ist, daß der Spieler für kurze Zeit das Spielfeld nicht überblicken kann und manche Verteidigungstaktiken genau den «blinden» Moment der Drehung abwarten, um den Dribbler mit einem zweiten Verteidiger zu doppeln (*Trap-on-turn*).

3.4.4 Stoppen und Pivotieren

Die Stopptechnik beim Basketball steht in engem Zusammenhang mit der sehr restriktiven Schrittregel. Beim Anfängertraining muß daher sehr großer Wert auf die korrekte, regelgerechte Ausführung des Stoppens gelegt werden.
Grundsätzlich werden *Sprungstopp* und *Zwei-Kontakt-Stopp* unterschieden. Das Stoppen kann entweder aus dem Dribbling oder nach einem Zuspiel erfolgen.

Technikbeschreibung des Sprungstopps (aus dem Dribbling)

❑ Aus dem letzten Dribbelschritt (beim rhythmischen Dribbling linke Hand – rechtes Bein bzw. rechte Hand – linkes Bein) betonter Absprung (Impuls) vom vorderen Bein.

❑ Aufnehmen des Balles in beide Hände und gleichzeitige parallele Landung in der Tuck-Stellung.

❑ Um die vorwärts wirkende Bewegungsenergie auszugleichen, erfolgt die Landung

Abb. 51 a–f: *Roll*-Dribbling

«weich» auf den Fußballen, die Knie werden tief gebeugt, und der Körperschwerpunkt wird nach hinten verlagert.

Je schneller der Lauf oder das Dribbling vor dem Sprungstopp ist, desto schwieriger ist es für den Spieler, mit dem Sprungstopp ins Gleichgewicht zu kommen. Dennoch sollte von Anfang an diese Art des Stoppens geschult werden, da die Anschlußbewegungen durch die freie Wahl des Standbeines vielseitiger sind.

Abb. 52:
Sprungstopp

Technikbeschreibung des Zwei-Kontakt-Stopps
(aus dem Dribbling)

❏ Aus dem letzten Dribbelschritt (beim rhythmischen Dribbling linke Hand – rechtes Bein bzw. rechte Hand – linkes Bein) betonter Absprung (Impuls) vom vorderen Bein.

- Nach dem Hüpfer erfolgt ein langgezogener, flacher Schritt; der Schwerpunkt wird nach hinten verlagert. Gleichzeitig wird der Ball mit beiden Händen aufgenommen.
- Vorstellen des zweiten Beines zur Sicherung des Gleichgewichts (*keine* Gewichtsverlagerung auf das vordere Bein!).

Der Zwei-Kontakt-Stopp wird verwendet, wenn die vorhergehende Bewegung zu

Abb. 53:
Zwei-Kontakt-
Stopp

schnell ist, um mit einem Sprungstopp das nötige Gleichgewicht zu erlangen (z. B. vor einem Sprungwurf aus dem Dribbelsprint). Außerdem kann der Zwei-Kontakt-Stopp zweckmäßig sein, um mit dem zweiten Schritt Abstand zu einem Verteidiger zu schaffen (z. B. beim *In-and-out*). Jedoch muß bei Anschlußbewegungen berücksichtigt werden, daß das Bein, das als erstes aufgesetzt wurde, das Standbein für das Pivotieren ist.

Pivotieren und Schrittregel

Nach einem regelgerechten Stopp darf ein Spieler bis zu fünf Sekunden *Sternschritte* um ein Standbein ausführen (pivotieren). Der Sternschritt (Pivotschritt) ist die wichtigste Möglichkeit, den Ball nach einem Stopp vor dem Verteidiger zu schützen oder sich zum Korb oder einem Mitspieler zu drehen. Das Standbein ist folgendermaßen festgelegt:

❑ Der Spieler erhält den Ball im Stand: Standbein frei wählbar.

❑ Der Spieler erhält den Ball im Sprung: das erste Bein, das den Boden berührt, wird zum Standbein, unabhängig davon, ob das zweite Bein parallel oder versetzt (Zwei-Kontakt-Stopp) aufgestellt wird. Landet der Spieler jedoch mit beiden Füßen gleichzeitig, kann das Standbein frei gewählt werden (Sprungstopp).

❑ Landet der Spieler gleichzeitig mit beiden Füßen beim *zweiten* Kontakt, darf er nicht mehr pivotieren; er darf aber zum Paß oder Wurf abspringen.

❑ Ist das Standbein einmal durch die Reihenfolge der Landung oder durch die Ausführung eines Sternschrittes definiert, dann bleibt es für die ganze Aktion festgelegt.

❑ Das Standbein darf zum Passen oder Werfen gehoben werden (z. B. Sprung) aber nicht wieder aufgesetzt werden. Zum Dribbling darf das Standbein erst gehoben werden, wenn der Ball die Hand verlassen hat.

3.4.5 Trainingsformen zur Ballbehandlung und zum Dribbling
(siehe auch Kap. 10.7.1)

1. Kreisen des Balles um den Körper. Nur die Fingerspitzen berühren den Ball:
   ❑ Kreisen abwechselnd um Kopf, Hüfte, Füße,
   ❑ Achterkreisen (nicht auf den Ball schauen!).
2. «Blindes» Dribbling im Stand; der Trainer zeigt mit seinen Fingern Nummern, die von den Spielern laut gerufen werden.
3. Dribbling im Stehen, Sitzen, Liegen um den Körper herum. Beim Sitzen mit gestreckten Beinen einmal unter den Beinen durchdribbeln, einmal drüber.
4. Im Stand, im Knien: Hinundherdribbeln zwischen den Beinen.
5. Dribbling im Stand zwischen den Beinen, gleichzeitig Wechselsprünge ausführen.
6. Im Stand: tiefes Dribbling vor und zurück. Erschwerung: mit zwei Bällen.
7. Im Stand: in der leichten Hocke hinter dem Körper hin und her dribbeln.
8. Im Sitzen, im Liegen (auf dem Rücken): tiefes Dribbling aus den Fingern; Dauer: 2–15 Minuten.
9. Dribbling an der Wand: Formen dribbeln, z. B. Zahlen, Buchstaben, seinen Namen.
10. Dribbelstaffel über das ganze Basketballfeld: hin Dribbling, zurück Ball zwischen den Beinen hin und her führen.
11. Dribbling über das ganze Feld mit zwei Bällen: gleichzeitiges und abwechselndes Aufdribbeln der Bälle.

12. Slalomdribbling um Fähnchen oder Kastenteile. Tip: Markierungen nicht regelmäßig auf einer Linie aufstellen, sondern versetzt in ungleichmäßigen Abständen.

13. Zickzackparcours mit Kastenteilen über das ganze Feld: an jedem Kasten Hand- und Richtungswechsel mit Beschleunigung in die neue Richtung. Zuerst immer die gleiche Handwechseltechnik, dann variieren.

14. Spieler mit Ball in Gegenüberstellung (Abstand ca. 10 m). Dribbling aufeinander zu und Handwechsel beim Aufeinandertreffen. An der Markierung umdrehen und mit der anderen Hand zurück.

15. Dribbling im Korridor (3–5 m) mit Verteidiger. Zickzackdribbling mit allen Handwechseltechniken. Die Intensität der Verteidigung wird von passiv über halb-aktiv (ohne Hände) bis aktiv gesteigert.

16. 1-1 über die ganze Längshälfte des Feldes. Verteidiger sucht den Körperkontakt und darf leichte Fouls begehen.

17. Spiel ein Dribbler gegen zwei Verteidiger über das ganze Feld.

18. Drei Verteidiger (Hände hinter dem Rücken), ein Dribbler. Spiel über das ganze Feld.

19. Kombination der Handwechsel (Mehrfachfinten):
    ❑ zwischen den Beinen, dann hinter dem Rücken,
    ❑ hinter dem Rücken, dann zwischen den Beinen,
    ❑ zwischen den Beinen, dann Drehdribbling, usw.

20. Dribbling mit Trainingshilfen, wie Dribbelbrille und Dribbelhandschuh.

4 LEHREN UND LERNEN DER GRUPPENTAKTIK

4.1 Befreien (siehe auch 4.2.5)

Das Handlungselement *Befreien* kann unter zwei Gesichtspunkten betrachtet werden: zum einen bedeutet Befreien, *sich selbst* von seinem Verteidiger zu befreien, um für ein Anspiel durch einen Mitspieler bereit zu sein; wichtige Techniken hierzu sind Richtungsänderungen und Finten. Zum anderen bedeutet Befreien, einen bisher gedeckten *Mitspieler* so zu unterstützen, daß er entweder ein Anspiel bekommen oder einen Wurf oder Durchbruch ausführen kann, wenn er bereits in Ballbesitz ist. In beiden Fällen hat die Befreiung nur Sinn, wenn zunächst das Verteidigerverhalten richtig interpretiert wird (*Read the defense*) und beide bzw. alle beteiligten Spieler durch Blickkontakt oder Signale gezeigt haben, daß sie die Befreiungsaktion verstanden haben und zu einer beiden bekannten Anschlußaktion bereit sind.

Wichtige Befreiungsaktionen sind:

❑ Tempo- und Richtungswechsel mit entsprechenden Finten (z. B. *In-and-out*),
❑ Schneidebewegungen zum Ball (*Cuts*),
❑ *Posting-up*,
❑ Blocks (ballfern oder zum Ballbesitzer).

4.1.1 Fußarbeit

Grundlage aller Befreiungsaktionen ist die Fußarbeit. Im Vordergrund stehen *Tempo- und Richtungsänderungen* sowie entsprechende Finten. Die Richtungsänderung erfolgt explosiv vom Fußballen. Je kürzer die Stemmphase bei der Richtungsänderung ist, desto effektiver ist die Befreiungsaktion. Daher ist darauf zu achten, daß beim Aufsetzen des Beines die Muskulatur angespannt ist und kein zeitraubendes, tiefes Beugen des Knies erfolgt. Mit der Richtungsänderung sollte immer auch eine Tempoänderung (Beschleunigen) verbunden sein. Ort und Zeitpunkt dieser Aktionen hängen von der Spielsituation ab, besonders vom Gegenspieler. Viele Angriffsaktionen beginnen mit einem oder mehreren Schritten in die «falsche» Richtung (Finte), um sich dann mit einer Richtungsänderung in die gewünschte Position zu befreien. Dabei ist ständig das aktuelle Verteidigerverhalten zu berücksichtigen.

4.1.2 Trainingsformen zur Fußarbeit

1. Ballenlauf mit explosivem Abdruck.
2. Rechtecklauf an den Markierungen in der Halle (z.B. Volleyballfeld): Richtungs-änderung im 90°-Winkel mit beschleunigendem Anschlußschritt.
3. Zickzacklauf mit Richtungsänderung alle drei Schritte oder an bestimmten Markierungen.
4. Zickzacklauf mit einem Partner: einer läuft voraus, der andere macht jede Richtungsänderung nach. Auf Pfiff Rollentausch.

4.1.3 Befreiungsaktionen durch Richtungsänderungen (In-and-out) und Schneidebewegungen (Cuts)

Das mannschaftstaktische Spiel im Angriff ist darauf angewiesen, daß die beteiligten Spieler auf den Positionen angespielt werden können, die in der Spielkonzeption geplant sind. Eine zentrale Rolle spielt dabei die Flügelposition.
Im Grunde lassen sich alle Varianten der Selbstbefreiung auf der Flügelposition auf die Bewegung «In-and-out» zurückführen (Abb. 54):

Technikbeschreibung

❑ Von der Flügelposition (meist Höhe der Freiwurflinie und nahe der Seitenauslinie) bewegt sich der Angreifer mit mittlerem Tempo in die Zone (= In), berührt mit dem der Endlinie näheren Fuß die Zonengrenze oder die Zone (Handlungsanweisung: «Touch the colour» oder «Touch the key») und kehrt mit einer überraschenden Tempo- und Richtungsänderung auf die Flügelposition zurück (= Out).
❑ Wenn der Verteidiger nicht auf die In-Bewegung bzw. sehr früh auf das Out reagiert, dann besteht die Möglichkeit, direkt zum Korb zu schneiden und dort angespielt zu werden (back door).

Diese Befreiungsaktion kann in drei Grundformen durchgeführt werden:
❑ I-cut bzw. Back-door-cut: auf einer Linie (Abb. 55 a, b und Abb. 56 a–f),
❑ V-cut: in einem Winkel: erst zum Korb, dann zum Ball (Abb. 55 c und Abb. 57 a–d),
❑ Triangle-cut: in einem Dreieck: zum Korb, zum Ball, nach außen (pop out) (Abb. 55 d).

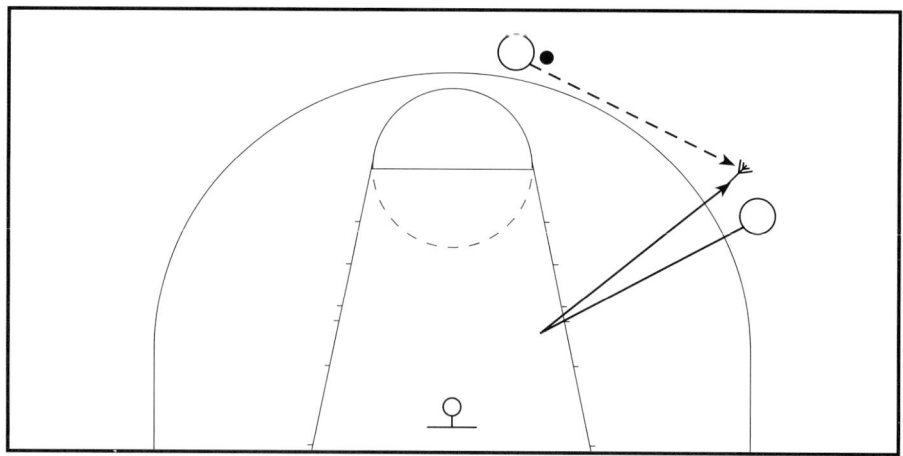

Abb. 54 a–d: *In-and-out (I-cut)*

Abb. 55: *Cut*-Variationen: a) *I-cut*

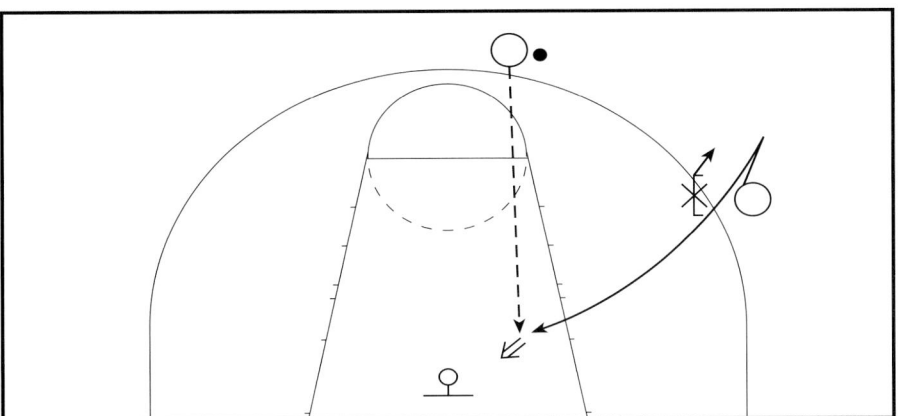

Abb. 55: *Cut*-Variationen: b) *Back-door-cut*

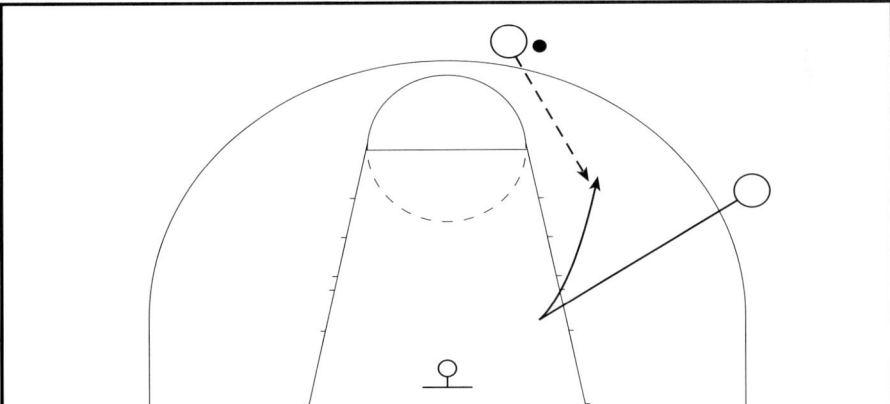

Abb. 55: *Cut*-Variationen: c) *V-cut*

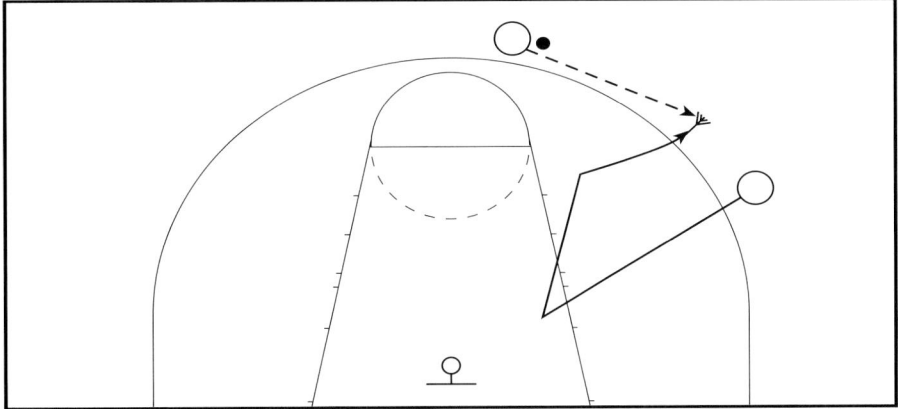

Abb. 55: *Cut*-Variationen: d) *Triangle-cut*

Abb. 56 a–f: *Back-door-cut*

Sobald der Flügelspieler das Anspiel erhält, muß er eine Anschlußaktion starten. Erster Grundsatz ist, den Ball zu sichern (Beide Hände! Schützen des Balles mit dem Körper!) und sofort den Korb zu bedrohen. Das geschieht durch einen Sternschritt, so daß Füße und Körper zum Korb zeigen («Facing») und mit dem Ball entweder ein Wurf oder ein Durchbruch angeschlossen werden kann.

Abhängig von Position und Situation bestehen vielfältige Variationsmöglichkeiten dieser Grundbewegungen. Entscheidend für den Erfolg der Aktion ist neben der technisch korrekten Ausführung der Befreiungsbewegung und der Situationsgemäßheit das deutliche Anbieten des Flügelspielers durch das Zeigen einer oder beider Hände zum Ballbesitzer («Give him a target») und die Glaubwürdigkeit der Korbbedrohung.

Abb. 57 a–d: *V-cut*

Folgende *Cuts* («Schneidebewegungen») haben als erste Option ein Anspiel zum Korbleger oder Nahdistanzwurf:

Ball-side-cut:
Nach einer Finte von 1 – 3 Schritten in die ballferne Richtung schneidet der Angreifer mit voller Kraft zum Ball. Er zeigt dabei beide Hände zum Ball und versucht, seine Schulter am Verteidiger vorbeizuschieben und so den Verteidiger in seinem Rücken zu lassen. Wenn der Angreifer als Vorbereitung seines *Cuts* den Ball zu seinem Mitspieler paßt, nennt man diese Aktion *Give-and-go.*

Back-door-cut:
Falls der Verteidiger dem schneidenden Angreifer den Weg zum Ball versperrt, kann der Angreifer versuchen, durch einen schnellen Antritt im Rücken des Verteidigers (*Back-door*) vorbeizulaufen, um so in Korbnähe für ein Anspiel frei zu werden.

Weak-side-cut:
Schneidebewegung von der ballfernen Spielfeldseite (*Weak-side*) in den korbnahen Bereich, um einen unaufmerksamen Verteidiger, der seinen Gegner nicht ständig im Auge hat oder zu nah bei seinem Gegner steht, zu überraschen. Zu Beginn dieser Bewegung erfolgt keine Finte, da eine Schrittfinte dem Verteidiger Zeit geben würde, in die richtige Verteidigungsposition abzusinken.

Flash-cut:
Weak-side-cut aus dem Grundlinienbereich (im Rücken der Verteidiger) Richtung Freiwurflinie.

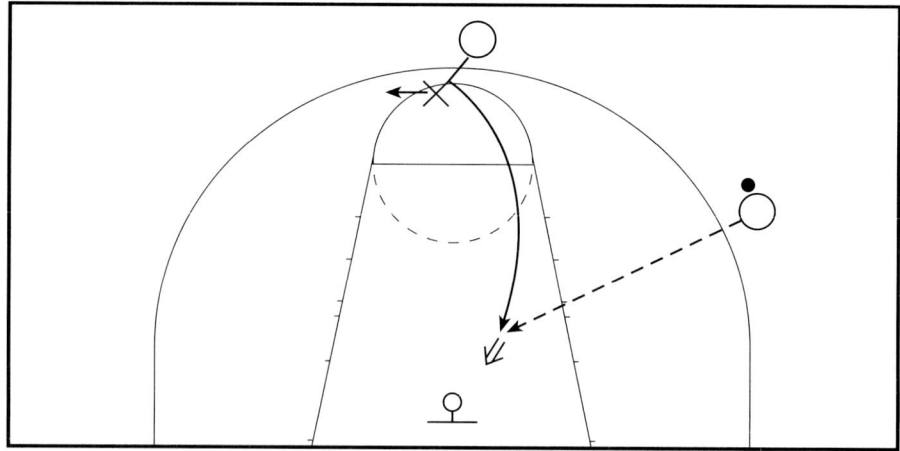

Abb. 58 a: *Ball-side-cut*

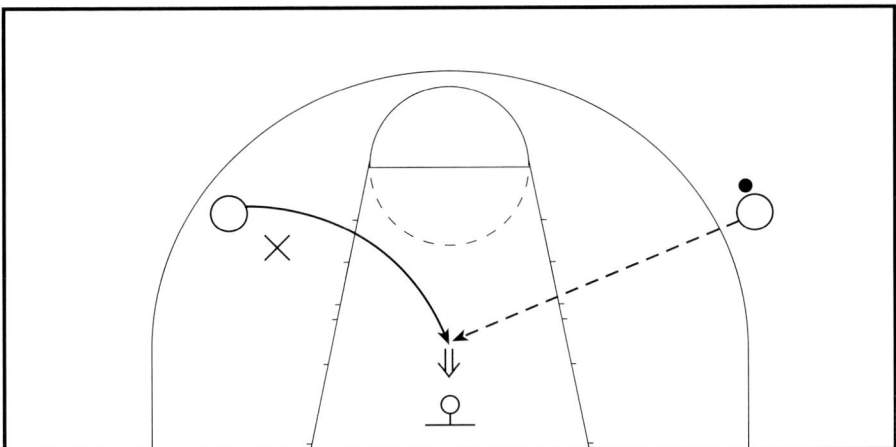

Abb. 58b: *Weak-side-cut*

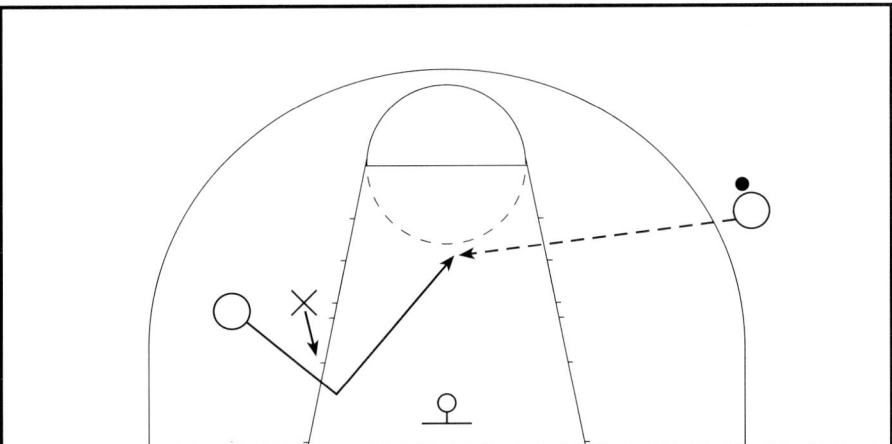

Abb. 58c: *Flash-cut*

4.1.4 Trainingsformen zu Befreiungsaktionen

❑ 2-0 zur Simulation der Bewegungsabläufe.
❑ Spiel 2-1 (Verteidiger beim *Cutter*) mit passiver, halbaktiver, aktiver Verteidigung.
❑ Spiel 2-2 mit passiver, halbaktiver, aktiver Verteidigung.
❑ Spiel 2-2+1 (ein weiterer Angreifer als Paßgeber auf der Post- oder Flügelposition).
❑ Spiel 3-3 auf einen Korb.

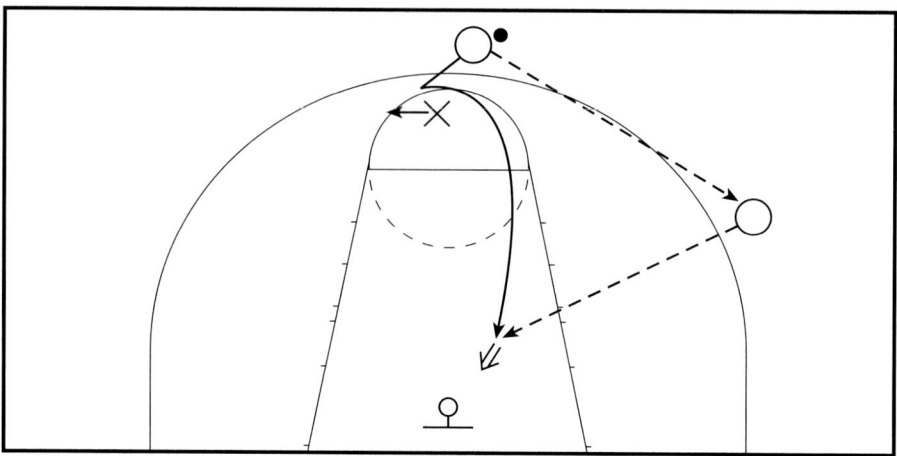

Abb. 59 a: Spiel 2-1

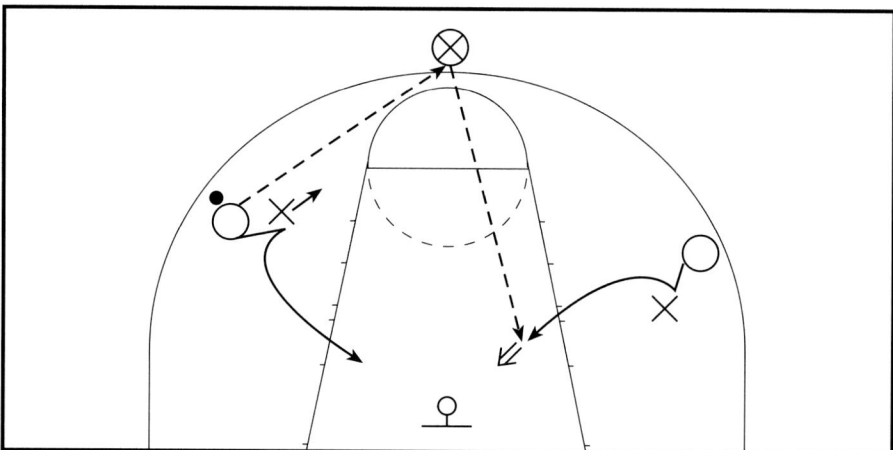

Abb. 59 b: Spiel 2-2+1

4.1.5 Das Anbieten mit dem Rücken zum Gegner (Posting-up)

Unter *Posting-up* versteht man das Anbieten mit dem Rücken zum Verteidiger und zum Korb am Zonenrand und in der Zone. Da moderne Spielsysteme Center- und Flügelspieler oft nicht scharf trennen, sondern vielmehr auf Allroundspieler setzen, müssen die Techniken dieser Befreiungsbewegung und mehrere Anschlußbewegungen von jedem Spieler beherrscht werden; für Centerspieler stellt das *Posting-up* mit den folgenden Wurf- und Durchbruchaktionen einen Kernbereich der individuellen Ausbildung dar.

Technikbeschreibung
❏ Breite Fußstellung: Wegblocken des Verteidigers durch «Einsperren» seines vorderen Beines (*Step*).
❏ Wegblocken des Verteidigers durch die Oberkörperhaltung (nach vorne beugen, um Abstand zu schaffen) und den angewinkelten verteidigernahen Arm (*Pin*).
❏ Blickkontakt zum Paßgeber und deutliches Zeigen der freien, verteidigerfernen Hand (*Target*).

In der Spielpraxis ist das *Posting-up* oft ein sehr harter Positionskampf zwischen Angreifer und Verteidiger, da der Verteidiger seinerseits versucht, das Aussperren durch entsprechende Beinarbeit zu verhindern. Damit dieser Kampf nicht eskaliert, benötigt der Angreifer eine hohe Ausgeglichenheit. Für die Schiedsrichter ist es oft nicht einfach festzustellen, ob der Positionskampf noch regelgerecht verläuft. Als Kriterien für korrektes *Posting-up* gelten:
❏ der Angreifer schiebt und hält beim *Pin* nicht,
❏ der angewinkelte Arm bzw. der Ellbogen ist passiv und führt keinen Schlag Richtung Verteidiger aus (Abb. 60).

Abb. 60: Korrektes *Posting-up*

Entscheidend für den Erfolg des *Posting-up* ist neben dem Anbieten selbst die Qualität und das Repertoire der Anschlußbewegungen.
Erste Aktionen nach dem Anspiel sind:

Ballsicherung:
Der Ball wird sofort mit beiden Händen gepackt und vor der Brust gehalten, wobei die Ellbogen den Ball schützen (Schlagwort: *Tuck*).

Orientierung:
Mit dem Berühren des Balles blickt der Angreifer über seine Schulter zur Freiwurflinie, um sich über die Position der Verteidiger zu informieren und evtl. einen freien Center anzuspielen oder den Ball zu einem Mitspieler auf der Aufbauposition für einen Drei-Punkt-Wurf zu passen (Schlagwort: *Blick*).

Abb. 61 a–f: Grundliniendurchbruch und *Powershot* aus dem *Posting-up*

Als Anfangsrepertoire sollte der Spieler folgende Bewegungskombinationen mit Korbwurf aus dem *Posting-up* trainieren:

1. Wenn der Verteidiger hoch (Richtung Freiwurflinie) steht (Abb. 61 a–f):
   Tuck – *Blick* – Finte mit dem Kopf und Oberkörper zur Freiwurflinie (*Fake*) – *Powershot* (nur 1 Dribbling!) zur Grundlinie (*Move*).

2. Wenn der Verteidiger tief (Richtung Grundlinie) steht (Abb. 62 a–f):
   Tuck – *Blick* – *Fake* zur Grundlinie – ein Dribbling zur Mitte – *Powershot* (*Jumphook*) mit der korbfernen Hand (*Move*).

3. Wenn der Verteidiger hoch steht und zurücksinkt:
   Tuck – *Blick* – *Fake* zur Freiwurflinie – *Pivot* zur Grundlinie – Gleichgewicht (*balance*) – Sprungwurf (*Shot*).

4. Wenn der Verteidiger tief steht und zurücksinkt:
   Tuck – *Blick* – *Fake* zur Grundlinie – *Pivot* zur Freiwurflinie – Gleichgewicht (*balance*) – Sprungwurf (*Shot*).

Abb. 62 a–f: Durchbruch zur Mitte und *Jump-hook*

Es ist wichtig, diese einfachen Anschlußbewegungen an das *Posting-up* mit der entsprechenden Situationswahrnehmung (wo und wie steht der Verteidiger?) zu automatisieren. Daher müssen die Bewegungskombinationen frühzeitig mit Verteidigung trainiert werden. Die Schlagworte eignen sich als Handlungsanweisungen und Lernhilfe. Sobald die Bewegungsmuster vom Spieler beherrscht werden, kann das Repertoire weiter differenziert werden. Als Grundsatz für Anschlußbewegungen aus dem *Posting-up* gilt, daß nicht mehr als ein tiefes, schnelles, hartes Dribbling verwendet wird (*Kill-dribble*).

4.1.6 Trainingsformen zum Posting-up

❏ 1-0 zum Erlernen der Bewegungsabläufe.
❏ 1-0 zum Einschleifen der Bewegungsabläufe (Drills).
❏ 1-1 mit passivem Verteidiger.
❏ 1-1 mit halbaktivem Verteidiger – Entscheidungstraining.
❏ 1-1+1 mit aktivem Verteidiger, Flügelspieler als Paßgeber.
❏ Spiel 2-2: auf einer Angriffsseite.
❏ Spiel 2-2+1: auf einer Angriffsseite.
❏ Spiel 3-3: auf einen Korb (mit Regeländerung: Körbe aus dem *Posting-up* zählen doppelt).

4.1.7 Blocks

Der Block (*Screen*) ist die wichtigste gemeinsame Befreiungsaktion zweier oder mehrerer Spieler im modernen Basketball. Man unterscheidet den *direkten Block* (der Block wird gegen den Verteidiger des Ballbesitzers gestellt, damit der Ballbesitzer mit einem oder mehreren Dribblings zum Wurf oder Paß kommt) vom *indirekten Block* (der Verteidiger eines Spielers ohne Ball wird geblockt, damit dieser für ein Anspiel frei wird) sowie den *aktiven Block* (der blockende Spieler bewegt sich zum Verteidiger) und den *passiven Block* (ein Spieler läuft oder dribbelt zu seinem Mitspieler, um diesen als Block zu nutzen). Blockvarianten in bestimmten Spielsituationen sind:
❏ *Back-screen:* Block in den Rücken des Verteidigers (Abb. 63 a),
❏ *Down-screen:* Block nach «unten» Richtung Grundlinie (Abb. 63 b),
❏ *Weak-side-screen:* Indirekter Block («Gegenblock») auf der ballfernen Seite (Abb. 63 c),
❏ *Double-screen:* Zwei Spieler stellen gleichzeitig einen (meist passiven) Block (Abb. 63 d),
❏ *Staggered-screen:* Versetzte Blocks; im Laufweg eines Angreifers werden hintereinander zwei oder drei Blocks gestellt (Abb. 63 e),
❏ *Screen-the-screener:* Ein Spieler, der gerade selbst einen Block gestellt hat, wird unmittelbar nach dieser Aktion freigeblockt (Abb. 63 f).

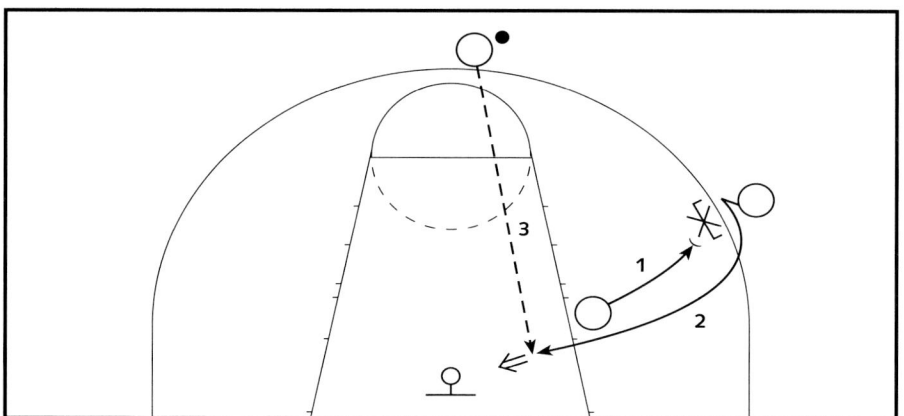

Abb. 63 a: Häufige Blockvarianten: a) *Back-screen*

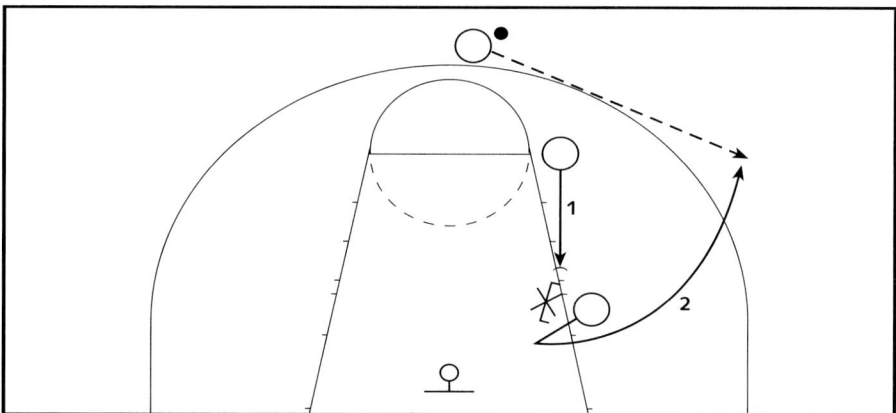

Abb. 63 b: Häufige Blockvarianten: b) *Down-screen*

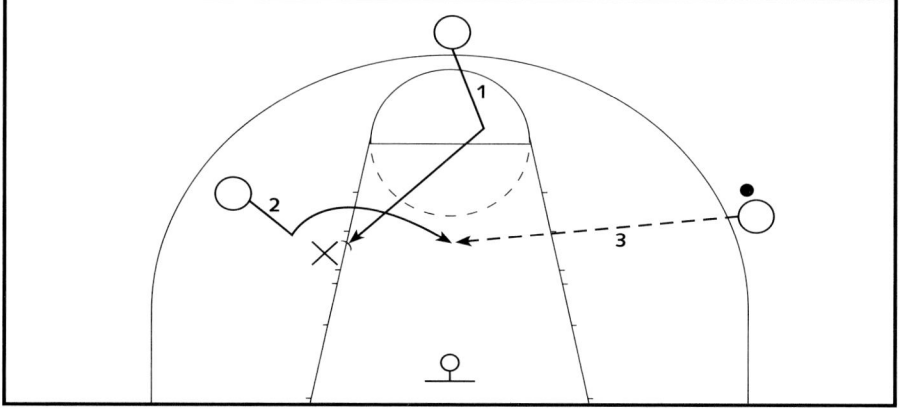

Abb. 63 c: Häufige Blockvarianten: c) *Weak-side-screen*

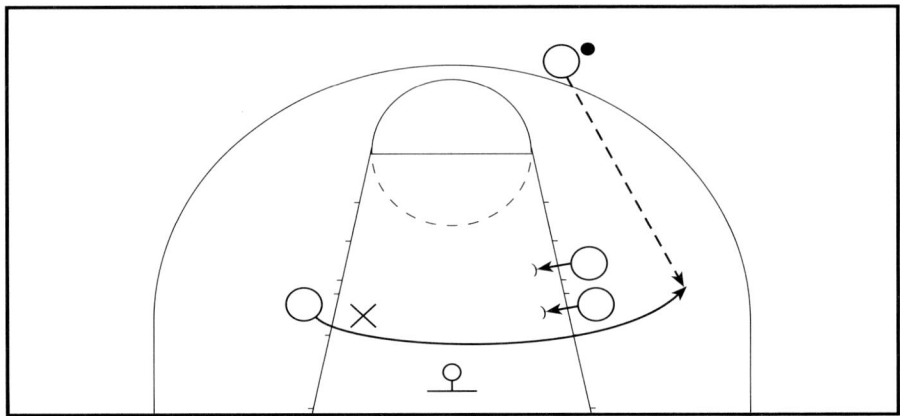

Abb. 63 d: Häufige Blockvarianten: d) *Double-screen*

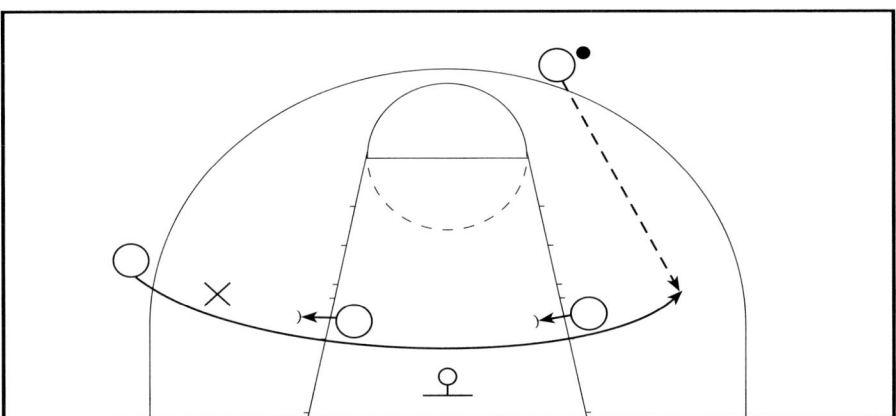

Abb. 63 e: Häufige Blockvarianten: e) *Staggered-screen*

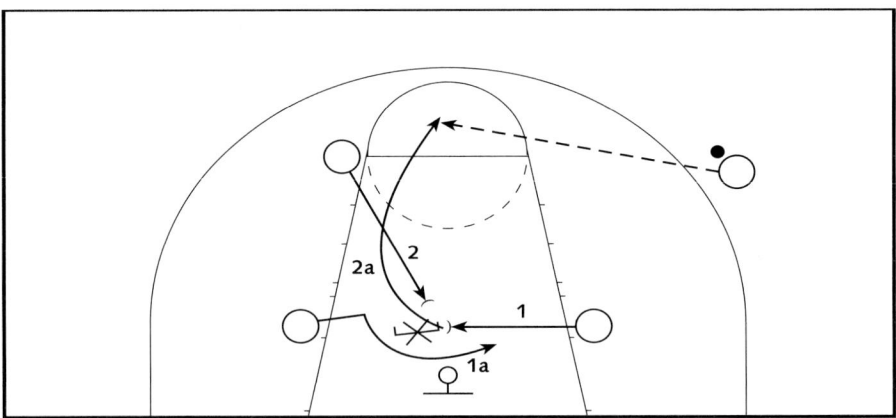

Abb. 63 f: Häufige Blockvarianten: f) *Screen-the-screener*

Erfolgreiches Blockspiel hängt besonders von folgenden Faktoren ab:

❏ *Situationswahrnehmung:* Die beteiligten Spieler erkennen die Situation für ein Blockspiel.
❏ *Situationsgestaltung:* Die beteiligten Spieler führen das Blockspiel technisch korrekt aus.
❏ *Timing:* Die beteiligten Spieler stimmen ihr Verhalten zeitlich optimal aufeinander ab, indem sie für den Zeitablauf relevante Signale erkennen und entsprechend reagieren.
❏ *Situationsnutzung:* Die beteiligten Spieler kennen die aus dem Blockspiel entstehenden Spielsituationen und sind in der Lage, abhängig vom Verteidigerverhalten die günstigste Anschlußaktion auszuwählen.

Beschreibung des Ablaufes

1. Das Setzen des Blockes erfolgt mit einem Sprungstopp in die Basketballgrundstellung unmittelbar am geblockten Spieler. Der Block soll möglichst im 90°-Winkel zur Schulterachse des Verteidigers gestellt werden. Der dem Blocker nähere Fuß des Verteidigers wird mit dem Sprungstopp zwischen den Füßen des Blockers eingesperrt. Der Oberkörper des Blockers ist aufrecht. Die Arme sind vor der Brust an den Handgelenken verschränkt und werden so am Oberarm des Verteidigers angesetzt. Auf diese Weise schränkt der Blocker die Armbewegungen des Verteidigers ein. Durch Beugen der Arme kann der Blocker den Aufprall des Verteidigers abpuffern. Es ist wichtig, den Block immer direkt am Verteidiger zu setzen, damit der Verteidiger keine Möglichkeit hat auszuweichen. Das gilt besonders bei Blocks auf der ballfernen Seite (*Weak-side-screen*): Hier kann es sein, daß der Verteidiger mehrere Schritte vom Angreifer abgesunken ist; dennoch muß der Block genau auf den Verteidiger gestellt werden («*Hit the man*»).

Für den Mitspieler des Blockers ist das Setzen der Beine im Sprungstopp das Signal, daß der Block richtig gesetzt wurde. Jetzt darf der Blocker die Fußstellung nicht mehr verändern, wenn der Verteidiger dem Block ausweichen will. Der Verteidiger darf mit Armen und Ellbogen nicht gehalten oder gerempelt werden. Das weitere Gelingen der Befreiungsaktion hängt vom geblockten Angreifer ab.

Abb. 64: Setzen des direkten Blocks

2. Der Angreifer, der freigeblockt werden soll, muß seinen Verteidiger so lange beschäftigen, bis er durch das Signal «Sprungstopp des Blockers» erfährt, daß der Block steht. Die entscheidende Schwierigkeit der Blocksituation ist das Timing der Aktionen des Blockers und des geblockten Angreifers. Wenn der geblockte Angreifer zu früh losläuft, wird der Verteidiger dem Block ausweichen können bzw. kommt es zu einem Foul durch den Blocker. Deshalb muß der geblockte Angreifer Geduld haben und den Verlauf des Blockstellens beobachten. Um seinen Gegner abzulenken, bedroht der Ballbesitzer den Korb durch Wurf- und Durchbruchfinten; ohne Ball kann der Angreifer den Verteidiger durch *In-and-out*-Bewegungen beschäftigen. Dabei lockt der geblockte Angreifer seinen Verteidiger in eine für den Blocker günstige Stellung. Diese Zusammenarbeit zwischen Blocksteller und Blocknutzer ist entscheidend für den Erfolg der Aktion und muß intensiv trainiert werden. In vielen Blocksituationen ist der geblockte Angreifer allein dafür verantwortlich, seinen Verteidiger in den Block zu «treiben», während der Blocker bereits passiv seine Blockstellung eingenommen hat.

Sobald der Sprungstopp signalisiert, daß der Block steht, startet der geblockte Angreifer mit vollem Tempo am Block vorbei, wobei er den Blocker an der Schulter berühren soll. Dadurch ist gewährleistet, daß der Verteidiger nicht zwischen den Angreifern dem Block ausweichen kann.

3. Die auf das Nutzen des Blockes folgenden Anschlußaktionen unterscheiden sich je nachdem, ob der freigeblockte Angreifer den Ball hat (direkter Block) oder nicht. Grundsätzlich geht nicht nur vom freigeblockten Angreifer, sondern auch vom Blocksteller große Gefahr für die Verteidigung aus. Daher muß dieser Spieler nach der Blocksituation bereit sein, ein Anspiel zu erhalten. Im wesentlichen gibt es dafür zwei Möglichkeiten:

   ❑ Er öffnet sich mit einem Sternschritt zum Korb (*Abrollen*), nachdem der Mitspieler an ihm vorbeigelaufen ist, wobei er dem geblockten Verteidiger nach wie vor den Laufweg versperrt, und bietet sich Richtung Korb an (*Pick-and-roll*); das Anspiel erfolgt in den meisten Fällen durch einen Bodenpaß. Diese Möglichkeit wird besonders beim direkten Block und bei Verteidigerwechsel (*Switch*) gespielt.

   ❑ Der Blocker rollt nach der Blockaktion nicht zum Korb, sondern nach außen und kann für einen Weitwurf angepaßt werden (*Pick-and-pop*). Diese Variante spielen häufig kleinere Spieler beim indirekten Block auf der ballfernen Seite (*Weak-side*-Block).

4.1.8 Trainingsformen zum Blocken

1. 2-0 Simulationsübung: Erarbeiten des Bewegungsablaufes und des Timings der Angreifer; der Block wird an einem Hindernis (Tasche, Kasten o. ä.) gesetzt.
2. 2-1 (passiver Verteidiger) zur Schulung des Ablaufs und Timings des direkten Blocks.

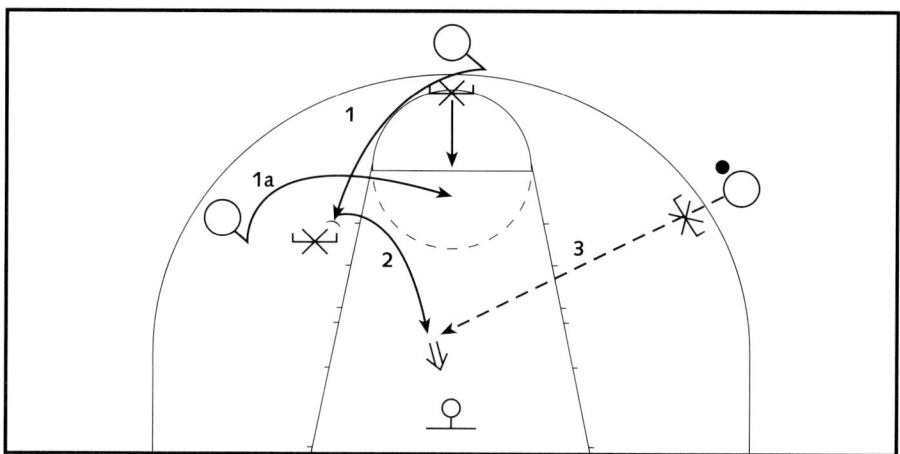

Abb. 65a: *Pick-and-roll*

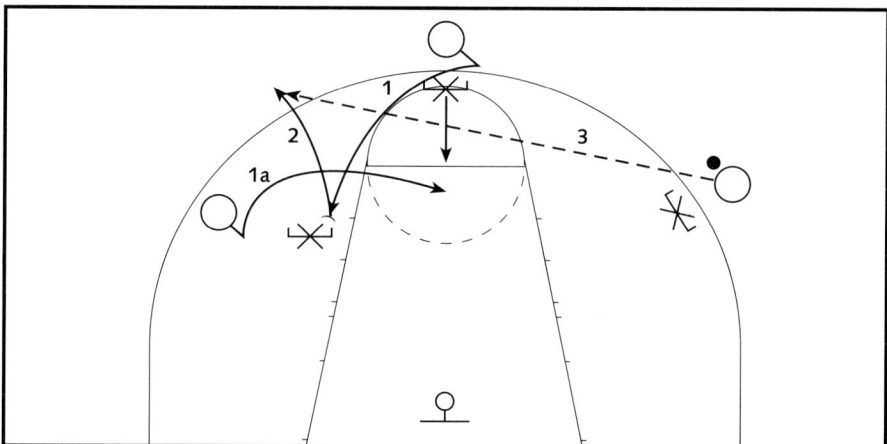

Abb. 65b: *Pick-and-pop*

3. 2-1 (halbaktive, aktive) Verteidigung.

4. Spiel 2-2 auf einer Spielfeldseite: Es muß mindestens ein direkter Block gestellt werden.

5. Spiel 2-2 + 1 zur Schulung des indirekten Blocks. Der zusätzliche Angreifer darf nur passen, aber nicht werfen und dribbeln.

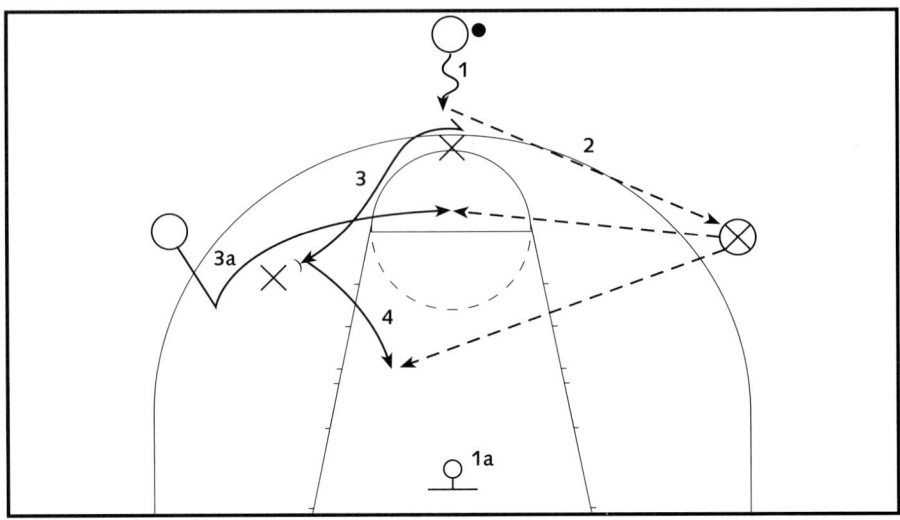

Abb. 66: Trainingsform 2-2+1

6. 3-3 Simulationsübung: Die Angreifer dürfen nicht werfen, die Verteidiger dürfen den Ball nicht abfangen. Aufgabe der Angreifer ist es, ein kontinuierliches Paß- und Blockspiel mit den Positionen Flügel – Aufbau – Flügel zu spielen.
7. Spiel 3-3 auf einen Korb: Punkte, die aus einem *Pick-and-roll* oder *Pick-and-pop* erzielt werden, zählen doppelt.
8. Spiel 3-3 Kontinuum über das ganze Feld: Es sind nur Korbwürfe aus *Pick-and-pop* und / oder *Pick-and-roll* erlaubt.

4.2   Zusammenspielen

4.2.1 Kommunikation

Die Qualität des Mannschaftsspiels in Angriff und Verteidigung ist abhängig von der Qualität der Kommunikation der Mannschaftsmitglieder untereinander. Deswegen müssen die Spieler lernen, einerseits verbale und nonverbale Signale gezielt zu geben, andererseits entsprechende Signale ihrer Mitspieler richtig zu interpretieren. Erschwert wird die Kommunikation durch den Zeitdruck, unter dem Spielaktionen durchgeführt werden, durch die Vielzahl von störenden Wahrnehmungsreizen (z. B. Zuschauer) und dadurch, daß viele Informationen verschlüsselt gegeben werden müssen, damit sie nicht auch vom Gegenspieler verstanden werden.
Viele wichtige Informationen ergeben sich aus der Wahrnehmung der Spielsituation.

Die Fähigkeit, das Geschehen auf dem Spielfeld zu erkennen und aus der wahrgenommenen Situation die richtigen Schlüsse für das eigene Spielverhalten zu ziehen sowie die Aktionen von Mitspielern und Gegnern richtig vorauszusehen (Antizipation), ist der entscheidende Faktor des Spielverständnisses. Jede Spielhandlung, sei es im Angriff oder in der Verteidigung, ist gleichzeitig ein Signal in der Kommunikation zwischen den Mannschaftsmitgliedern. Manche Informationen sind im Basketball allgemeingültig und können daher von jedem Basketballer verstanden werden (z. B. in einer Überzahlsituation 2-1: «Wenn der Verteidiger mich, den Dribbler, angreift, dann werde ich einen Paß zum Mitspieler geben.»), andere Informationen werden unter den Teammitgliedern vereinbart («Wenn der Aufbauspieler nach links dribbelt, räumt der Flügel die Seite, und der Center geht ins *Posting-up*.»). Die Komplexität der Informationen, die die Spielhandlungen einer Mannschaft beinhalten, macht es nötig, immer wieder Standardsituationen im Training aufzugreifen und Schritt für Schritt die richtige Interpretation der Situation durchzusprechen («Was macht der Flügel, wenn er sieht, daß der Center…»). Unerfahrene Spieler haben zumeist Probleme, komplexe Situationen in ihrem Informationsgehalt zu begreifen. Daher ist es der erste Schritt beim Training der Kommunikation im Team, dem Spieler klarzumachen, daß in jeder Aktion der übrigen Spieler eine Information steckt, die wiederum die eigenen Folgehandlungen bestimmt.

Im Zentrum der Kommunikation im Angriff steht der Blickkontakt zwischen den kommunizierenden Spielern: Mit dem bewußten Herstellen des Blickkontaktes signalisieren die Spieler, daß sie bereit sind, Signale des Mitspielers zu empfangen und entsprechend den Vereinbarungen im Training zu interpretieren. Erschwert wird diese Form des Informationsaustausches allerdings dadurch, daß auch die Verteidiger an den Augen der Angreifer die Folgehandlung erkennen können. Dies führt dazu, daß in bestimmten festgelegten Situationen der Blickkontakt bewußt unterdrückt wird, da die Situation für sich spricht (z. B. 3-2-Spiel) oder der maßgebliche Blickkontakt so lange vor der Folgeaktion (z. B. Paß) erfolgt, daß der Verteidiger ihn nicht mehr mit der gegenwärtigen Situation verbindet (hierzu gehören die berühmten *No-look*-Pässe von Magic Johnson).

Zur Unterstützung der Kommunikation bedient sich der Angriff weiterer Signale, deren Wahrnehmung und richtige Interpretation entsprechendes Training erfordert. Hierzu gehört an erster Stelle das Zeigen der Hand, um die Fangbereitschaft und die erwartete Paßhöhe zu signalisieren; in gleicher Weise dient das Verschränken der Arme durch den Blocker beim direkten Block dazu, dem Ballbesitzer mitzuteilen, daß nunmehr kein Paß, sondern das im Training vereinbarte Blockspiel erwartet wird. Ein weiteres Beispiel ist beim *Give-and-go* die Lauffinte des Paßgebers weg vom Ball, mit der er seinem Mitspieler mitteilt, daß er nach 2–3 Schritten zum Ball zurückschneiden wird und mit einem Rückpaß rechnet.

Neben diesen und weiteren *motorischen Informationsträgern* bedienen sich Angriff und Verteidigung auch der (Zeichen-)Sprache. Beliebt sind Signale mit den Fingern (Zahl der Finger = Nummer des Angriffs; zwei Finger nach oben bzw. unten gerichtet = Center hoch / tief etc.), die allerdings die Schwäche haben, daß sie nur sehr beschränkte Variationen ermöglichen und außerdem relativ schnell von den Gegnern durchschaut werden können. Sprachliche Signale werden in der Regel als kodierte Signalwörter gegeben und sind, besonders wenn viele Codewörter verwendet werden, vom Gegner nicht ganz so leicht zu entschlüsseln. Codewörter sollten ein- oder zweisilbig sein, gut verständlich und in eine innere Logik (Mannschaftssprache) passen (z. B. ist es für die Spieler leichter zu lernen, daß ein Spielzug mit Drei-Punkte-Wurf *Bird* genannt wird, als diesen Spielzug mit dem Signalwort *Hamburg* zu assoziieren). Für die Verteidigung besteht der Nachteil, daß Blickkontakt zwischen den Verteidigern kaum möglich ist und sie meist sehr schnell reagieren muß. Daher muß bei der Kommunikation der Verteidiger besonderer Wert auf das frühzeitige Erkennen der Spielsituation und ihrer weiteren Entwicklung (Antizipation) gelegt werden (z. B. beim Block: wenn der Angreifer zum Blocken läuft und nicht erst wenn der Block gestellt ist). Wegen der unmittelbaren Korbgefahr durch die Angreifer ist es zweckmäßig, Verteidigungssignale kontinuierlich (also: «Block, Block, Block...») zu geben.

Die Antizipation der Spielsituation und das Erkennen von Signalen bezieht sich nicht nur auf die Interpretation der Aktionen der eigenen Mannschaft, sondern als höhere Stufe des Spielverständnisses auch auf die gegnerische Mannschaft, die ihrerseits natürlich versucht, ihre Signale zu verschlüsseln. Als Handlungsanweisung gelten gegenüber den Gegnern die Schlagworte «*Read the defense*» bzw. «*Read the offense*».

4.2.2 Aushelfen

Mit den verbesserten athletischen Fähigkeiten der Spieler hat das *Penetration*-Spiel stark an Bedeutung gewonnen. Gegen viele Angreifer ist es nicht mehr möglich, sowohl einen Weitwurf als auch den Durchbruch zum Korb zu verhindern. Da darüber hinaus auch die technische Entwicklung weg von der Positionsgebundenheit zum Allroundspieler geführt hat, ist der Verteidiger im isolierten 1-1-Spiel im Nachteil.

Um dem Verteidiger des Ballbesitzers zu ermöglichen, so nahe an den Angreifer heranzugehen, daß dieser nicht unbehindert werfen kann, müssen die übrigen Verteidiger bereit sein, bei einem Durchbruchversuch des Dribblers auszuhelfen. Diese Aufgabe erfordert eine permanente Beobachtung der Spielsituation beim Ballbesitzer; gleichzeitig darf der eigene Gegenspieler nicht unbewacht gelassen werden. Je nach Entfernung zum Ballbesitzer werden zwei Helferpositionen unterschieden:

❑ Einen Paßweg entfernt: *Intercept*-Position, d. h. eine Armlänge vom eigenen Gegner absinken, so daß mit einem Schritt sowohl bei einem Durchbruchversuch des Dribblers ausgeholfen als auch mit einem Schritt der eigene Gegenspieler wieder eng gedeckt werden kann. Bei der *Intercept*-Position muß der Verteidiger immer sowohl den Ballbesitzer als auch seinen Gegner im Auge behalten; jede Positionsveränderung des Ballbesitzers oder des Gegenspielers führt auch zu einer Korrektur der *Intercept*-Position. Obwohl das Verhindern des Durchbruchs Priorität hat, wird auch der Paßweg vom Ballbesitzer zum Gegenspieler durch entsprechende Armarbeit gestört (Abb. 67a).

❑ Zwei oder mehr Paßwege entfernt: *Help-Position*, d. h. Absinken vom eigenen Gegner bis an den Rand der Zone, bzw. als Verteidiger auf der ballfernen Seite Orientierung an der Korb-Korb-Linie nach folgender Regel: Ballbesitzer oberhalb der Freiwurflinie – *Help*-Position einen Schritt auf der Mannseite, Ballbesitzer unterhalb der Freiwurflinie – *Help*-Position einen Schritt auf der Ballseite (Abb. 67b, c).

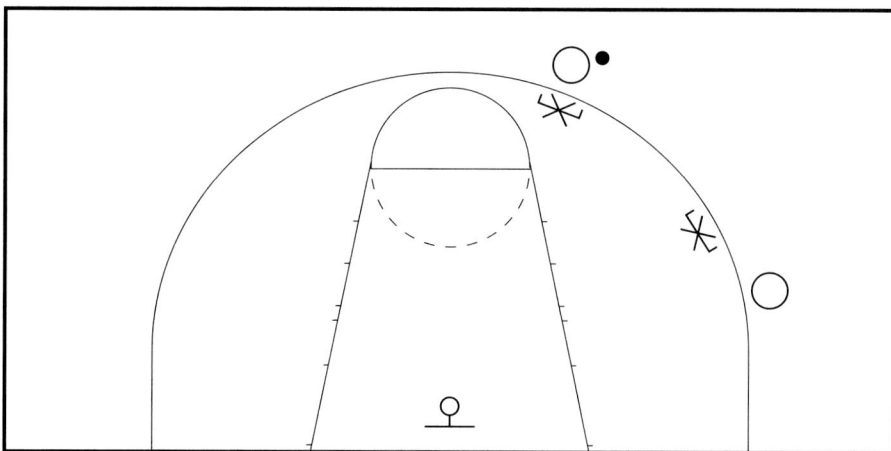

Abb. 67a: *Intercept*-Position

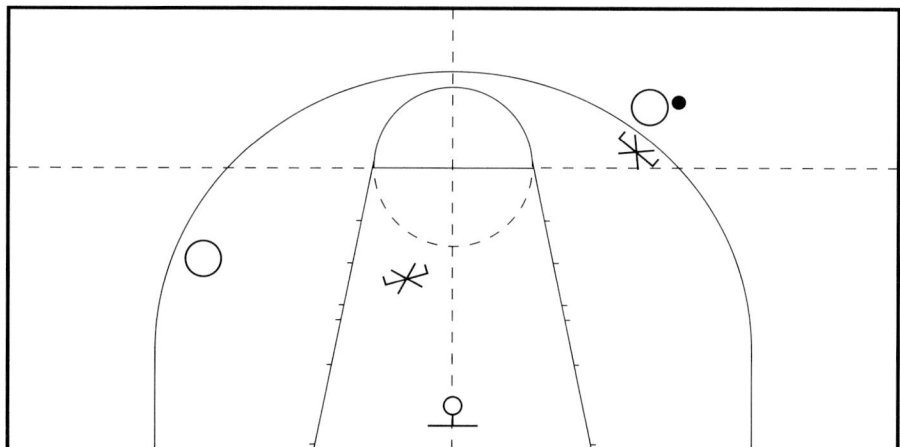

Abb. 67b: *Help*-Position

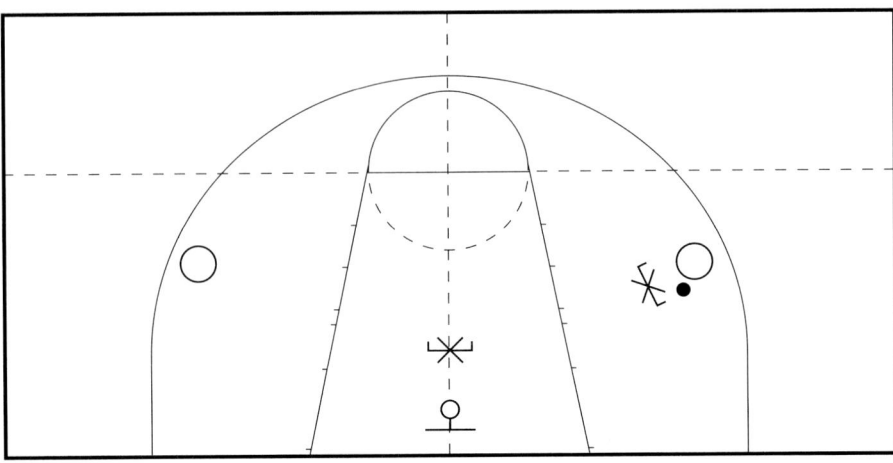

Abb. 67 c: *Help*-Position

Im Grunde sind zwei Arten des Aushelfens denkbar:

❑ kurzfristiges Aushelfen, bis der ursprüngliche Verteidiger den Ballbesitzer wieder unter Kontrolle hat (*Help-and-recover*), und

❑ Übernehmen des Angreifers durch den Helfer (*Switch*).

Für den Erfolg dieser Verteidigungsaktionen ist wiederum die klare Kommunikation unter den Verteidigungsspielern ausschlaggebend: Sobald ein Verteidiger bemerkt, daß er seinen Gegner nicht weiter kontrollieren kann, muß er sofort Hilfe anfordern (Signal: *Help*). Der aushelfende Spieler bestätigt die Hilfe ebenfalls durch ein Signal (*Help*). Kann der ursprüngliche Verteidiger des Ballbesitzers seinen Gegner wieder einholen, ruft er das Signal *Back*, so daß der Helfer zu seinem Gegenspieler zurückkehren kann (*Recover*). Gelingt es nicht, die Ausgangssituation wiederherzustellen, muß der geschlagene Verteidiger den Gegner des Helfers übernehmen (Signal: *Switch*) oder einen freien Angreifer innerhalb einer Verteidigungsrotation (*Help-side-rotation*) decken.

Da es das Ziel des *Penetration*-Spiels ist, einen Helfer zum Verlassen seines Gegners zu verleiten und im gleichen Moment zum jetzt freien Mann zu passen, sind mannschaftliche Verteidigungsaktionen nötig, durch die der Gegner des aushelfenden Spielers übernommen wird (*Help-the-helper*).

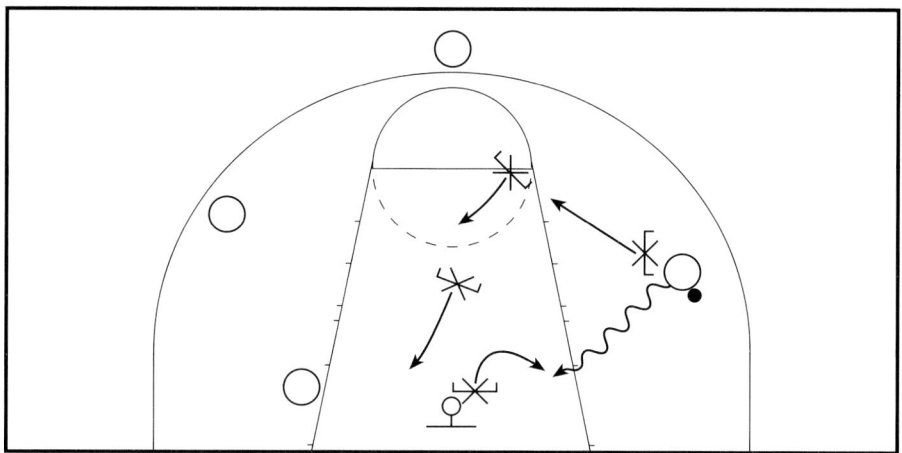

Abb. 68: *Help-side-rotation*

4.2.3 Blockbekämpfung

Gegen die Befreiungsaktion Block stehen der Verteidigung folgende Möglichkeiten zur Verfügung:

❏ vor dem Block vorbeigehen (*Over the top*),
❏ hinter dem Block vorbeigehen (*Slide*),
❏ Übernehmen des geblockten Spielers (*Switch*).

Welche Blockverteidigung angewendet wird, hängt von der Spielsituation ab, besonders von der Entfernung zum Korb und der Unterscheidung zwischen direktem Block (Block für den Ballbesitzer) und indirektem Block (ein Spieler ohne Ball wird geblockt).

GRUNDSÄTZLICH GILT:

❏ Je näher am Korb ein Block gestellt wird, desto gefährlicher ist dieser Block für die Verteidigung und desto aggressiver muß er verteidigt werden.
❏ Bei direkten Blocks im Wurfbereich muß der Verteidiger des Ballbesitzers immer vorne, d. h. über den Block kämpfen, bei indirekten Blocks im Wurfbereich gleitet er hinter dem Block zwischen dem Blocksteller und dessen Verteidiger durch (Abb. 69 a, b).
❏ Blocks außerhalb der Wurfentfernung (also weiter als ca. 7 m vom Korb entfernt) werden durch Ausweichen hinter dem Block bekämpft (Abb. 69 c).

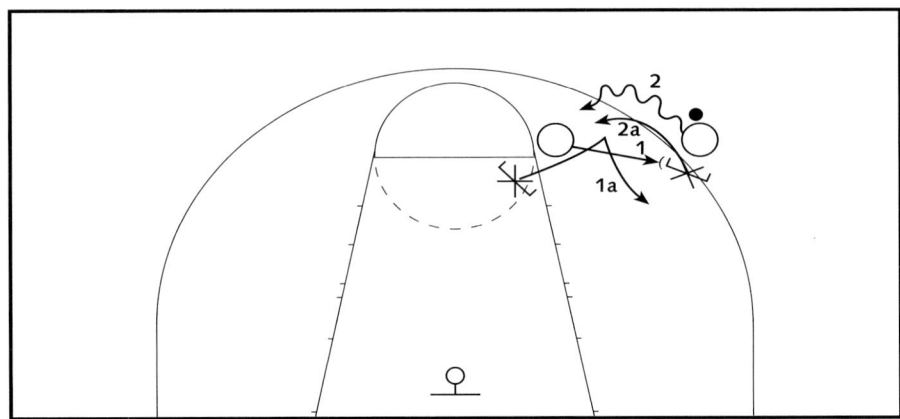

Abb. 69 a: Blockverteidigung vor dem Block

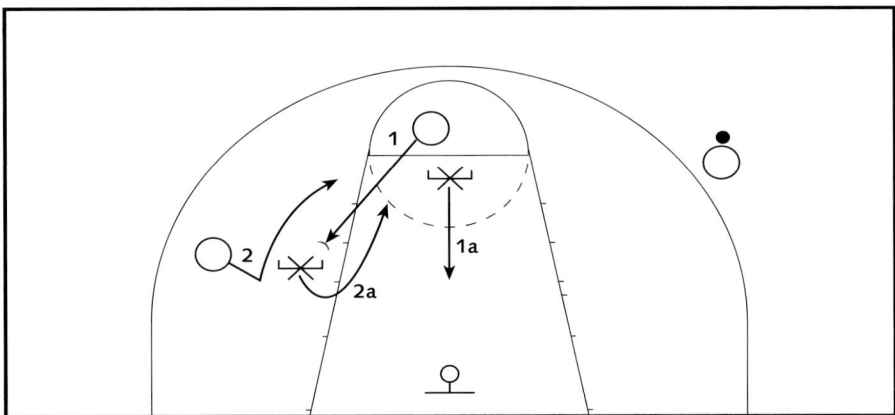

Abb.69 b: Blockverteidigung zwischen Block und Verteidiger

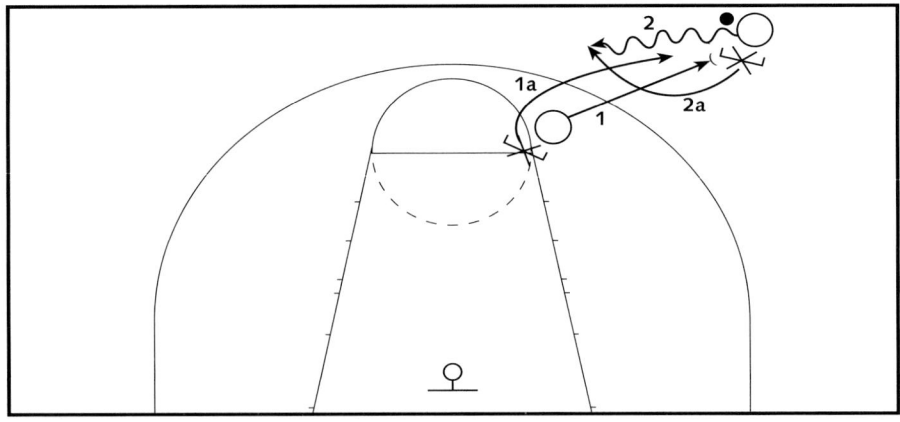

Abb. 69 c: Blockverteidigung hinter dem Block

Zentrales Element der Blockbekämpfung ist die rechtzeitige Ansage durch den Verteidiger des blockenden Spielers. Immer wenn ein Angreifer sich in eine potentielle Blockstellung bewegt, gibt sein Verteidiger dem betroffenen Mitspieler das kontinuierliche Signal «Block links, links, links…» (bzw. rechts) und bereitet die folgende Blockbekämpfungsmaßnahme vor. Es ist wichtig, das Signal «Block» schon bei der Gefahr eines Blocks zu geben und nicht erst, wenn der Block bereits gesetzt wurde; Orientierungspunkt für die Ansage der Blockseite links oder rechts ist die Schulter des geblockten Verteidigers.

Der geblockte Spieler reagiert auf die Blockansage mit folgenden Gegenmaßnahmen:

❏ Beim indirekten Block weicht er hinter dem Blocker aus und kämpft aggressiv durch die Lücke zwischen dem Blocker und dessen Verteidiger (*Slide-through*), um den freigeblockten Spieler mit *Deny-bump* so schnell wie möglich wieder zu verteidigen.

Verteidigt der geblockte Spieler den Ballbesitzer, verkürzt der Verteidiger den Abstand zum Angreifer, indem er das Bein der Blockseite nach vorne setzt bzw. einen kleinen Sprung mit beiden Beinen Richtung Ballbesitzer ausführt. Dadurch wird es für den Blocksteller schwieriger, den Block regelgerecht zu setzen. Gleichzeitig nimmt der Verteidiger den Arm der Blockseite hoch – damit er nicht eingeklemmt werden kann –, schiebt den Arm zwischen Blocker und Dribbler (Abb. 70) und macht mit dem Bein der Blockseite einen Schritt über das Bein des Blockers. Je entschlossener die Verteidigungstechnik «Über-den-Block» ausgeführt wird, desto größer ist die Chance, den Block unwirksam werden zu lassen oder sogar ein Foul des Blockers zu provozieren. Sobald der Verteidiger den Block überwunden hat, gibt er seinem aushelfenden Mitspieler durch den Ruf *Back* das Signal, zu den ursprünglichen Deckungsaufgaben zurückzukehren.

Der Verteidiger des Blockstellers unterstützt die Blockbekämpfung auf folgende Weise:

❏ Mit der frühzeitigen Ansage des Blocks (s. o.) gibt der Verteidiger des Blockers dem geblockten Spieler auch die Information über die von ihm erwartete Blockbekämpfung («Durch», «Drüber»).

❏ Wenn ein indirekter Block gestellt wird, tritt er einen Schritt zurück, um so eine Lücke zwischen sich selbst und dem Blocksteller zu schaffen, durch die der geblockte Spieler seinen Mann wieder aufnehmen kann. Zur Beschleunigung dieser Verteidigungsaktion kann er den Mitspieler durch die Lücke schieben.

❏ Bei einem direkten Block muß der Verteidiger des Blockers so lange aushelfen und den Dribbelweg des Ballbesitzers behindern, bis der geblockte Verteidiger den Block überwunden hat. Hierzu muß er deutlich einen Schritt über die Linie Verteidiger – Blocker hinaustreten und den Dribbler stoppen, aber auch gleichzeitig den Blocker für den Fall des Abrollens im Auge behalten. Nur bei optimalem Timing der Verteidigung ist es möglich, das Anspiel des abrollenden Spielers zu verhindern. Sobald der geblockte Spieler den Block überwunden hat und dies auch durch den

Zuruf *Back* mitgeteilt hat, kehrt der helfende Verteidiger zur Bewachung des Blockers zurück.

❏ Lediglich wenn es dem geblockten Spieler nicht gelingt, rechtzeitig den Block zu überwinden, muß der Helfer den Ballbesitzer völlig übernehmen. In diesem Fall wird der Aufgabenwechsel in der Verteidigung vom geblockten Spieler durch den Zuruf «*Switch*» angefordert.

Switch als Maßnahme der Blockverteidigung sollte die Ausnahme bleiben bzw. nur in einem speziellen taktischen Konzept gespielt werden, da die Verteidigung dadurch einerseits anfällig für das Abrollen des Blockers zum Korb wird, andererseits durch den Wechsel ungünstige 1-1-Verhältnisse (z. B. groß gegen klein) entstehen können. Aggressive Verteidigungen versuchen, das Nutzen des Blocks durch überraschendes Entgegenspringen durch den Helfer (*Jump switch*) zu unterbinden, um so die Foulge-

Abb. 70:
Help-and-recover beim direkten Block

Abb. 71: Doppeln beim direkten Block mit Verteidigerrotation

fahr für die Angreifer zu erhöhen, oder den Dribbler sofort durch Helfer und ursprünglichen Verteidiger zu doppeln; der Blocker wird dann in einer Pressrotation übernommen. Derartige Verteidigungsformen erfordern sehr gutes Spielverständnis und Timing und müssen daher intensiv trainiert werden.

4.2.4 Doppeln

Doppeln ist das Verteidigen eines Angreifers durch zwei Verteidigungsspieler. Meistens wird der Ballbesitzer gedoppelt. Ziel der Aktion ist es, den Angreifer in seinen individuellen Möglichkeiten (Dribbling, Durchbruch, Paß, Wurf) einzuschränken und ihn so unter Druck zu setzen, daß er einen Fehler (z. B. Fehlpaß) begeht. Das Doppeln ist ein Wesenselement der Pressverteidigungen; mit der zunehmenden Aggressivität der Verteidigung der letzten Jahre kommt es aber auch in der Standardverteidigung zu routinemäßigen Doppelsituationen.

Bei der Pressverteidigung wird dem Dribbler meist schon in dessen Rückfeld durch versetzte Fußstellung des Verteidigers eine Laufrichtung zur Seitenlinie angeboten. Abhängig von der Verteidigungskonzeption (wo und wie gedoppelt werden soll) ist es die Aufgabe des Verteidigers des Dribblers, den Ballführer zur Seitenlinie zu drängen und ihn dort entweder zu einem Durchbruchversuch oder durch Schließen der Linie zu einem Drehdribbling zu verleiten (Handlungsanweisung: *Make him drive!* bzw. *Make him turn!*). Aus diesen beiden Spielsituationen ergeben sich die Doppelmöglichkeiten *Trap-on-turn* und *Trap-on-drive* (Abb. 72 a, b).

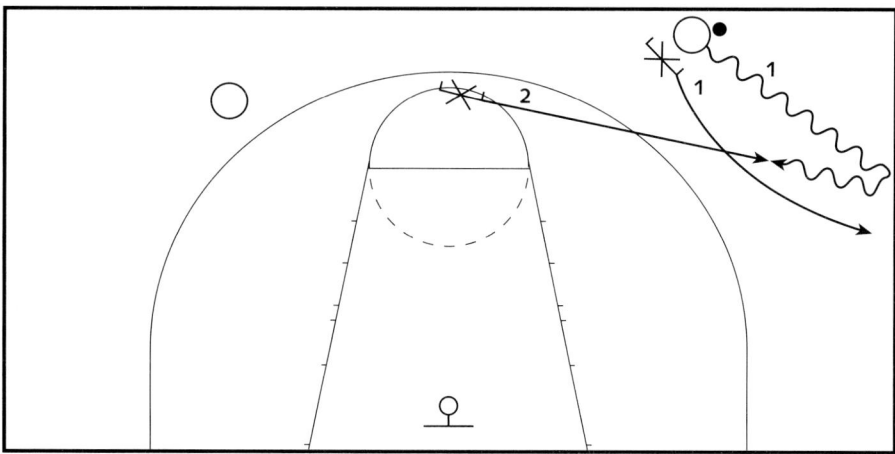

Abb. 72a: *Trap-on-turn*

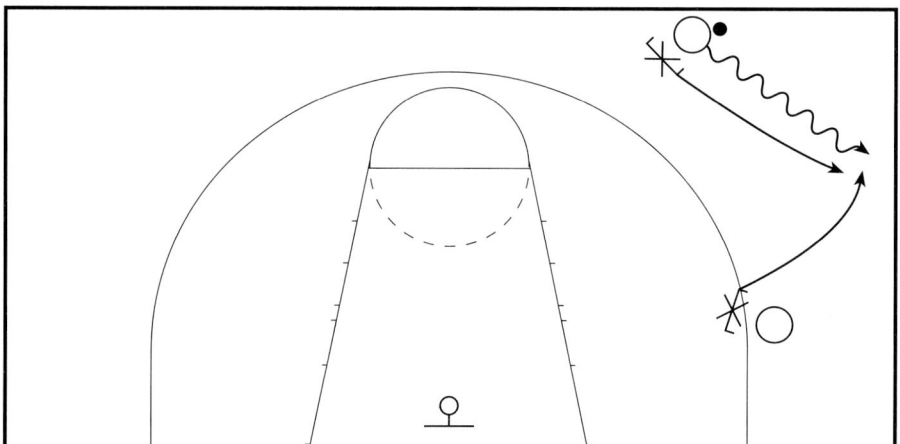

Abb. 72b: *Trap-on-drive*

Beim *Trap-on-turn* nutzt der doppelnde Spieler den Moment des Drehdribblings, in dem der Dribbler für einen Augenblick das Spielfeld nicht sieht, dazu, dem Ballführer in den Weg zu springen und ihn zu stoppen bzw. im günstigsten Fall ein Offensivfoul zu provozieren. Dies ist auch das Ziel des *Trap-on-drive*. Allerdings ist hier das Timing noch schwieriger, da der Dribbler den zweiten Verteidiger kommen sieht und ausweichen oder passen kann. Um so entschlossener muß der Verteidiger dem Dribbler entgegensprinten und mit einem Sprungstopp rechtzeitig vor dem Ballführer abstoppen (Abb. 73).

Abb. 73: *Trap-on-drive*

Die günstigste Stelle zum Doppeln ist an der Seitenlinie kurz hinter der Mittellinie, da hier der Angreifer aufgrund der Rückspielregel nicht zurückdribbeln oder zurückpassen kann und die Linien praktisch wie zwei weitere Verteidiger wirken. Wie bei allen gruppentaktischen Maßnahmen sind auch beim Doppeln das Timing und die Kommunikation zwischen den beteiligten Spielern für den Erfolg ausschlaggebend. Trainingsschwerpunkt muß daher die Schulung der Wahrnehmung des richtigen Zeitpunkts zum Doppeln und das entschlossene Handeln des Dopplers sein. Der doppelnde Spieler gibt seinen Mitspielern durch lautes Rufen des Signalwortes (z. B. *Trap*) das Zeichen, daß er seinen Gegner verläßt und den Ballführer zu stoppen versucht. Gleichzeitig, d. h. agierend und nicht *re*agierend, rücken die restlichen Verteidiger so auf und übernehmen die ballnahen Angreifer, daß nur der entfernteste Angreifer ungedeckt bleibt (Pressrotation zum Ball).

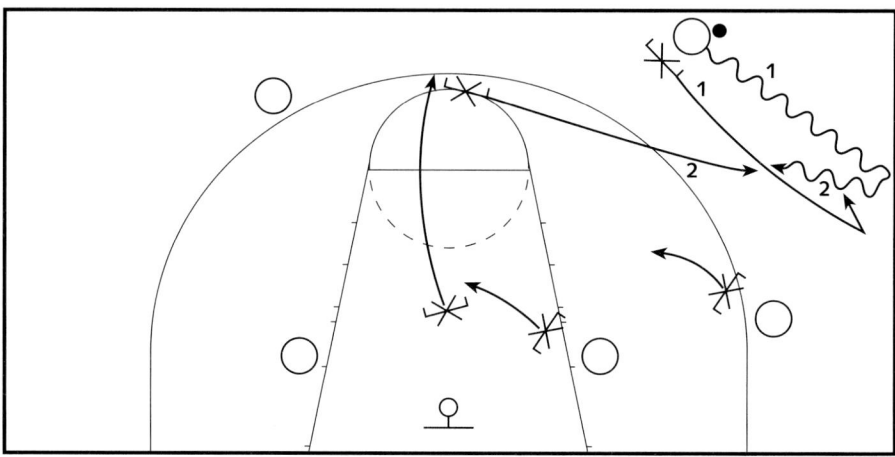

Abb. 74a: Pressrotationen bei *Trap-on-turn*

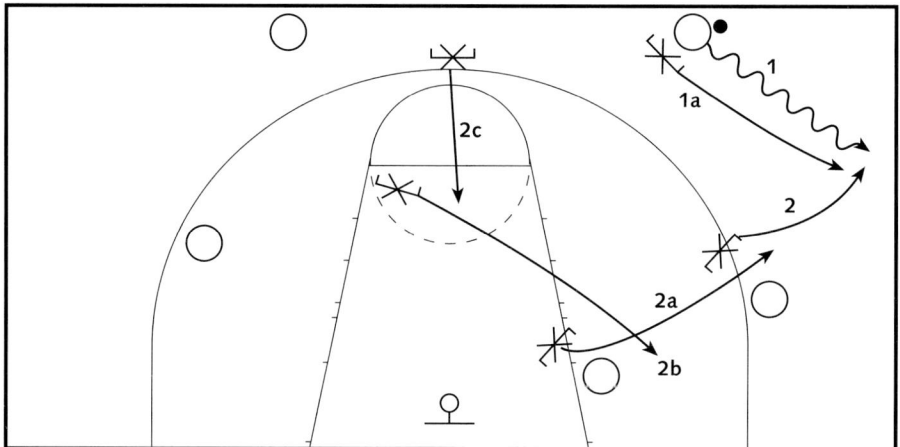

Abb. 74b: Pressrotationen bei *Trap-on-drive*

Die beiden Verteidiger am Ballbesitzer, das *Double-team*, versuchen durch ihre Arm-arbeit und permanentes Rufen (*Trap, Trap, Trap...*), den Angreifer zu einem Fehlpaß zu verleiten. Dabei müssen sie durch ihre Körper- und Fußstellung (siehe Abb. 73) dafür sorgen, daß es dem Ballbesitzer nicht gelingt, mit einem Sternschritt zwischen ihnen durchzubrechen und den freien Mitspieler anzupassen. Der Erfolg des Dop-pelns hängt wesentlich von der Selbstbeherrschung der Verteidiger ab, bei aller Ag-gressivität nicht nach dem Ball zu greifen und dabei gegen einen cleveren Angreifer ein Foul zu begehen, sondern in stabiler Stellung einen Fehlpaß zu erzwingen. Ziel des Doppelns ist ein Fehler des Angreifers und nicht ein *Steal* des Verteidigers!

Während bei der Pressverteidigung vor allem versucht wird, den Dribbler zu doppeln, wird in beinahe jeder modernen Verteidigung unabhängig von ihrer sonstigen Aggressivität der Centerspieler im *Posting-up* durch zwei Verteidiger bedrängt. Neben dem Versuch, einen sehr starken Center bereits an der Ballannahme zu hindern, indem ein Verteidiger vor ihm und einer hinter ihm spielt (*Sandwich*), werden die sehr starken 1-1-Spieler im *Posting-up*, immer wenn sie den Ball erhalten, durch standardmäßiges Doppeln verteidigt (*Cover-down*). Dies ist am einfachsten, wenn der Verteidiger des Flügelspielers sich nach dem Paß auf den Center umdreht und den Ballbesitzer von vorne unter Druck setzt sowie durch enge Verteidigung daran hindert, mit einem Dribbling und einer Centerbewegung zum Korb zu ziehen. Allerdings besteht in diesem Fall die sehr große Gefahr, daß der Center schnell zum Flügel zurückpaßt, der dann die Möglichkeit zum Drei-Punkte-Wurf hat. Auch wenn die Verteidigung immer mit dem *Cover-down* des Flügels eine Pressrotation zur Ballseite spielt und so den angreifenden Flügelspieler übernimmt, läßt sich diese Gefahr nicht ganz ausschließen (Abb. 75).

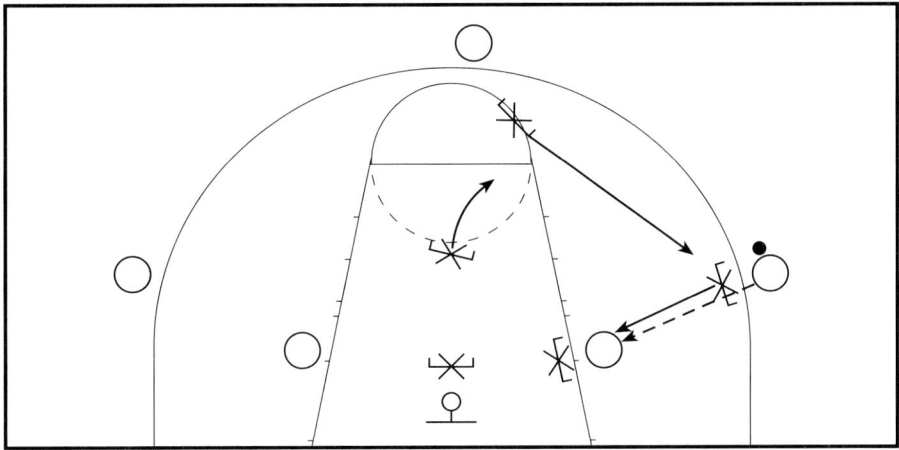

Abb. 75: Pressrotation beim *Cover-down*

Deswegen ist es besonders bei starken Weitwerfern günstiger, nicht den Ballseitenflügel, sondern den Aufbauspieler zum *Cover-down* zu schicken. Dies bringt allerdings längere Laufwege mit sich und erfordert sehr gutes Spielverständnis der Verteidigung (Abb. 76).

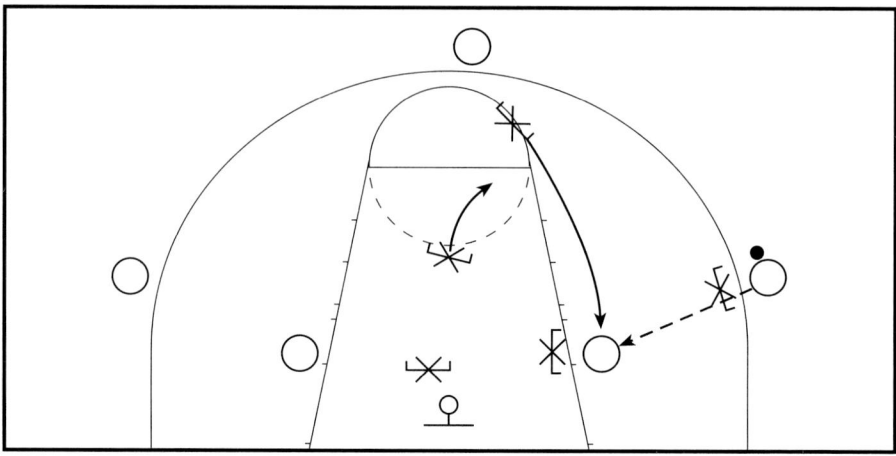

Abb. 76: *Cover-down* durch den Aufbauspieler

4.2.5 Befreien (siehe auch 4.1)

Befreiungsaktionen im Basketball haben immer einen individuellen und einen gruppentaktischen Aspekt: Individuell verwendet der Angreifer bestimmte Techniken, um sich oder einen Mitspieler in einer Situation vom Verteidiger zu befreien. Gleichzeitig kann jedoch die Befreiungsaktion nur Erfolg haben, wenn alle beteiligten Angreifer wissen, wie sie die entstandene Situation ausnutzen können. Daher ist es die Aufgabe des Trainers, den Spielern erkennbare Situationsmerkmale und sich daraus ergebende Lösungsmöglichkeiten zu verdeutlichen oder mit den Worten des berühmten amerikanischen Coaches Bobby Knight (Indiana): «*Give the players to see the game*».

Im Grunde können die kollektiven Befreiungsaktionen unterschieden werden in Aktionen, die von einem Spieler ohne Ball (meist dem Paßgeber) ausgehen, und solche, die vom Ballbesitzer ausgehen. Das bedeutet, daß ein Ballempfänger neben seinen eigenen individuellen Möglichkeiten (Wurf, Durchbruch) zunächst eine Kooperation mit dem Paßgeber planen sollte: Der Paßgeber kann entweder versuchen, den Ball durch ein *Give-and-go* zurückzuerhalten, indem er vor (*Ball-side-cut*) oder hinter seinem Verteidiger (*Back-door-cut*) zum Korb schneidet (siehe Kapitel 4.1.3), oder den Ballbesitzer bzw. einen dritten durch Blocken (siehe 4.1.7) zu befreien. Für den Ballbesitzer ist es entscheidend, die Befreiungstechniken seines Mitspielers genau zu kennen und richtig zu interpretieren, um früher als die Verteidigung die weiteren Aktionen planen zu können. Außer von dem Spieler, der den Ball gepaßt hat, geht von den Angreifern auf der ballfernen Seite (*Weak-side*) große Gefahr für die Verteidigung aus, da die Verteidiger ihre Aufmerksamkeit auf den Ball und die Aktionen auf der Ballseite richten; daher müssen *Weak-side*-Angreifer versuchen, aus dem Blickwinkel ihres Verteidigers zu verschwinden, um sich dann überraschend zum Korb anzubieten (*Weak-side-cut*). Vom Ballbesitzer fordert dies Übersicht und Spielverständnis, da er neben seinen eigenen Optionen die Aktionen von mindestens zwei Mitspielern erkennen, richtig interpretieren und in seinen Handlungsplan einbeziehen muß. Sehr wichtig sind deshalb klare Signale zwischen den Angreifern, besonders beim direkten Block, da hier die Verwechslungsmöglichkeit mit einem *Ball-side-cut* besteht; die Folge eines Mißverständnisses wäre ein Fehlpaß. So muß der Angreifer beim *Ball-side-cut* deutlich die Hände zum Ball zeigen, um seine Fangbereitschaft zu signalisieren, beim direkten Block hingegen die Arme in Blockhaltung kreuzen als Zeichen für den Ballbesitzer, daß er nicht passen, sondern auf einen Block warten soll.

Zu den wichtigsten gruppentaktischen Aktionen des Ballbesitzers gehört das *Penetrate-and-pass*. Dabei dribbelt der Ballbesitzer explosiv an seinem Verteidiger vorbei bzw. zwischen zwei Verteidigern der Zone zum Korb und zwingt so die Verteidigung zu einer Helferaktion; im Moment des Aushelfens paßt der Ballbesitzer den Ball zum Gegner des aushelfenden Spielers, der dann einen freien Nahdistanzwurf (Dunking) hat. Für den Dribbler gilt, daß er während des Durchbruchs stabil den Ball kontrollieren muß, um trotz des wahrscheinlichen Körperkontakts im Gleichgewicht werfen oder passen zu können. Hierzu bedient er sich der *Power-move*-Technik, d. h., er beendet sein Dribbling in der Zone mit Sprungstopp oder Zwei-Kontakt-Stopp, so daß er im Gleichgewicht auf beiden Füßen zum Stehen kommt (*Jump-Penetration*). Die Mitspieler des Dribblers müssen den Durchbruchversuch auch als mannschaftliche Aktion interpretieren und während des *Penetration* ihre Position zum Korb verbessern. Sobald ein Verteidiger zum Aushelfen beim Dribbler seinen Gegenspieler verläßt, verbessert dieser den Anspielwinkel zum Dribbler und erwartet den Paß (Fangbereitschaft!).

Abb. 77: *Penetrate-and-pass*

4.2.6 Überzahlspiel

Sowohl im Positionsangriff als auch im Schnellangriff ist das Herausspielen einer numerischen Überlegenheit ein wesentliches Ziel des Angriffs. Im Positionsangriff führen z. B. Blocks und Überlagerungen (vgl. Kapitel 5.2.2 und 5.2.3) zur Überzahl der Angreifer.

Vorrangiges Trainingsziel sind die verschiedenen Varianten der zahlenmäßigen Überlegenheit (1-0, 2-1, 3-2, 4-3) jedoch im Schnellangriff. Voraussetzung für das Zustandekommen einer dieser Überzahlsituationen ist das schnelle Umschalten der Verteidigung zum Angriff, sobald der Ballbesitz wechselt. Diesen Wechsel von Angriff zu Verteidigung und umgekehrt bezeichnet man als *Transition*. Es liegt auf der Hand, daß diejenige Mannschaft, die ihre *Transition* schneller bewältigt, im Gegenzug mehr Spieler zur Verfügung hat als ihre Gegner. Da das *Transition*spiel zudem für Spieler und Zuschauer attraktiv ist und besonders im Jugendbereich für jeden Spieler die Möglichkeit eröffnet, zu Korberfolgen zu kommen, ist der Schnellangriff ein zentrales Anliegen des Basketballtrainings.

Grundlage der Transition zum Schnellangriff ist eine aktive und aggressive Verteidigung mit der entsprechenden psychischen und mentalen Bereitschaft der Spieler, jeden Fehler der Angreifer zu einem Ballgewinn zu machen und in einen Schnellangriff umzusetzen. Dabei ist es entscheidend, daß nicht nur einzelne Spieler bereits in der Verteidigung für den Gegenangriff bereit sind, sondern das gesamte Team. Das setzt voraus, daß alle Verteidiger immer das Geschehen am Ball beobachten und mögliche Ballverluste der Angreifer antizipieren.

Schnellste und einfachste Möglichkeit, eine *Transition* (z. B. bei Rebound oder *Steal*) zu nutzen, ist ein langer Paß auf einen Mitspieler, der dann, wenn er schneller als die Verteidiger auf den Situationswechsel reagiert hat, einen freien *Korbleger 1-0* bekommt. Spieler, die dazu in der Lage sind, sollten ein 1-0 immer mit einem Dunking abschließen. Wichtigster Spieler in diesem Schnellangriff ist jedoch nicht der Werfer, sondern der Paßgeber; daher muß der schnelle Paß als erste Option nach einem Ballgewinn (und nicht das Dribbling) bei jedem Schnellangrifftraining in den Vordergrund gestellt werden.

Wenn es den Verteidigern gelingt, wenigstens mit einem Spieler zurückzulaufen, ist die nächste Standardsituation nach der *Transition* das *Überzahlspiel 2-1*. Da der Verteidiger versuchen wird, den Schnellangriff so lange zu bremsen, bis die übrigen Verteidiger eingetroffen sind, gelten für den Angriff folgende Handlungsanweisungen:

❏ Spuren einnehmen, damit der Verteidiger nicht beide Angreifer gleichzeitig decken kann (Abb. 78 a).
❏ Als Ballbesitzer immer passen, wenn der Mitspieler den Verteidiger auf seiner Spur überlaufen hat (Abb. 78 b).
❏ Nie passen, wenn sich der Verteidiger genau auf der Linie zwischen Ballbesitzer und Mitspieler befindet.
❏ Wenn der Mitspieler nicht angepaßt werden kann, mit entschlossenem Dribbling

zum Korb ziehen, um den Verteidiger zu einer Entscheidung zu zwingen (Abb. 78 c).

❏ Wenn der Verteidiger bis zum letzten nötigen Dribbling vor dem Korbwurf (also ca. in Höhe der Freiwurflinie) immer noch nicht angreift, kompromißlos zum Korb ziehen und möglichst mit *Powershot* abschließen.

❏ Wenn der Verteidiger aber seine Mittelposition verläßt und versucht, den Dribbler zu stoppen, nicht 1-1 dribbeln, sondern sofort den Paß zum jetzt freien Mitspieler geben («durchstecken»), der mit *Powershot* oder Dunking den Korb erzielen kann (Abb. 78 d).

Wichtig: Beim Paß unbedingt die Ballhöhe wechseln und den Ball per Bodenpaß spielen!

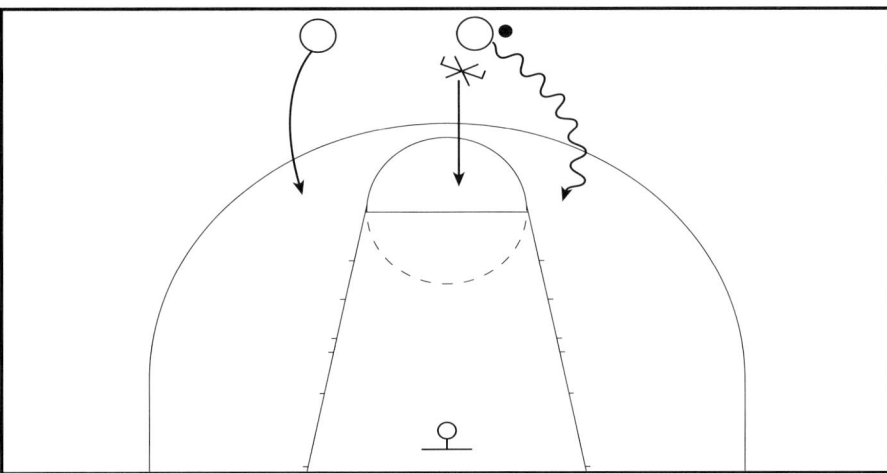

Abb. 78 a–d: Überzahlspiel 2-1

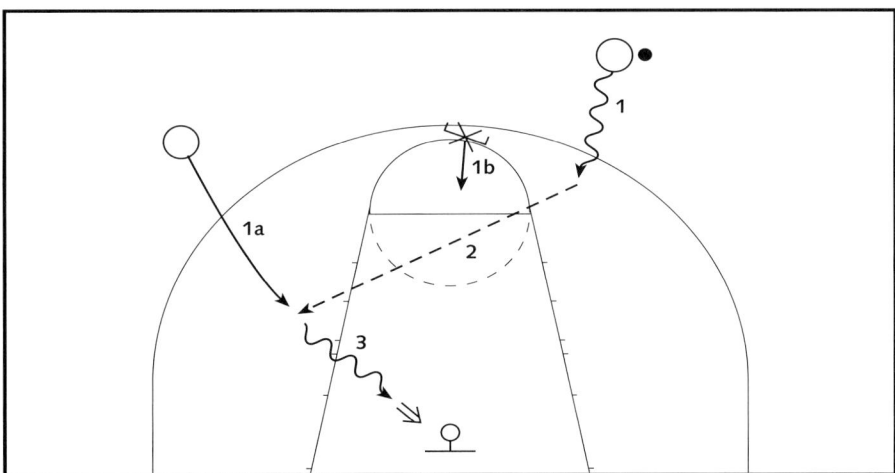

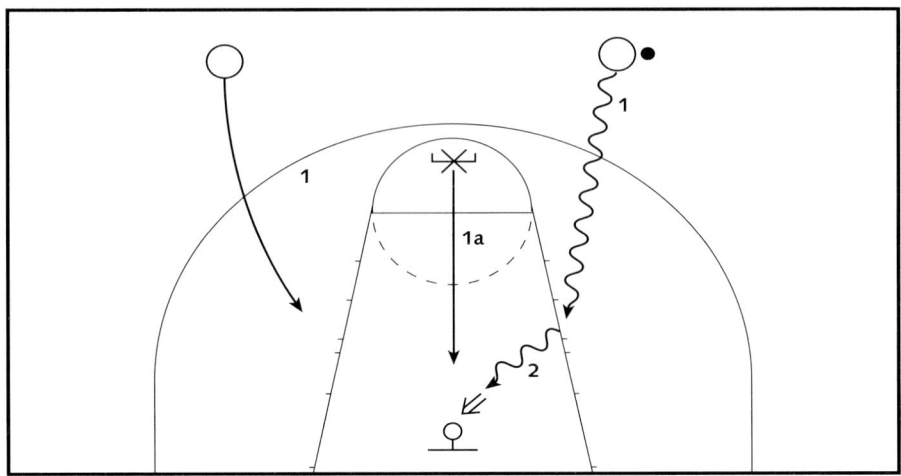

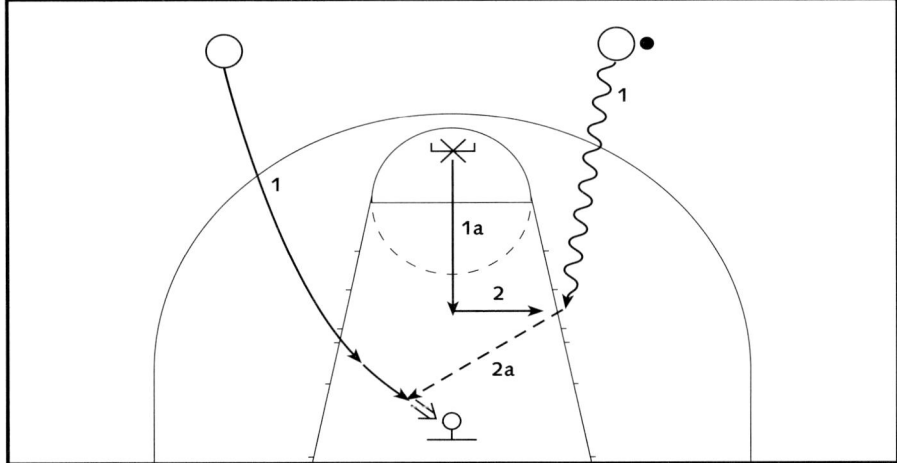

Die wichtigste Standardsituation des Schnellangriffs ist das *Spiel 3-2.* Das Angriffsspiel ist dabei in zwei Phasen unterteilt:

❑ *Ballvortrag* mit Überbrückung des Mittelfeldes und
❑ *Abschluß.*

Beim Ballvortrag ist das Spielfeld in drei Längsspuren unterteilt, die von den drei Angreifern schnellstmöglich besetzt werden müssen. Der Ball wird in der Regel in der
Mittelspur nach vorne gebracht. Abb. 79 a und b zeigen zwei Möglichkeiten, die Angriffsspuren einzunehmen und den Ball in der Mitte zu führen: einmal durch Dribbling in die Mittelspur, einmal durch Paß.

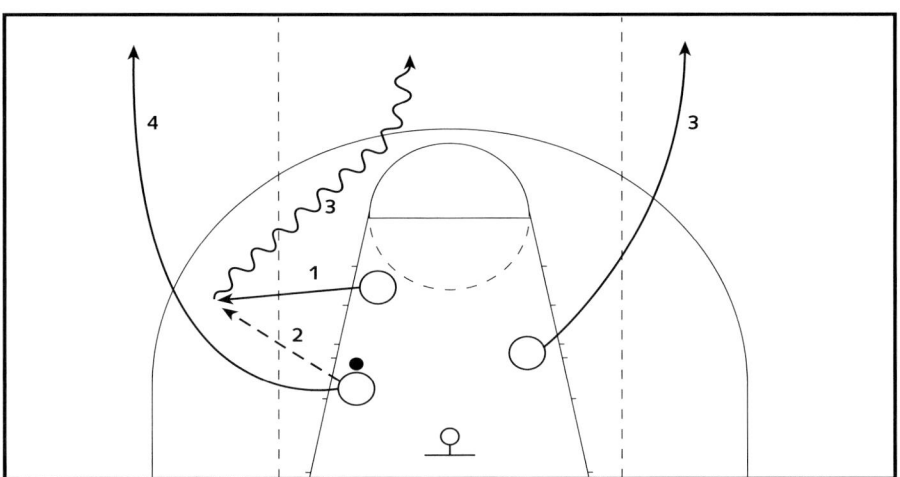

Abb. 79 a: Besetzung der Schnellangriffsspuren durch Dribbling

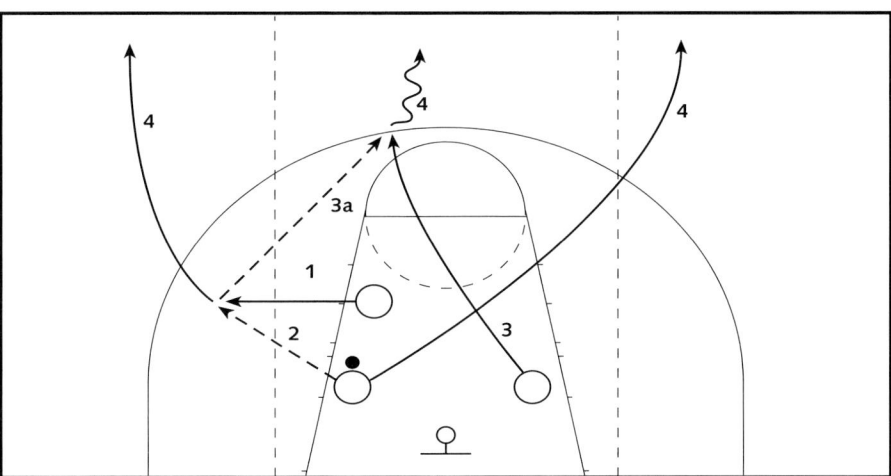

Abb. 79 b: Besetzung der Schnellangriffsspuren durch Passen

Für die Spieler in den Angriffsspuren gelten folgende Regeln:

❑ Die Außenspieler laufen mit höchster Geschwindigkeit nahe der Seitenauslinie, nutzen also die volle Spielfeldbreite. Erst in Höhe der gegnerischen Drei-Punkte-Linie dürfen sie zum Korb schneiden.

❑ Der Spieler in der Mitte (meist der Aufbauspieler oder ein kleiner Flügel) kontrolliert das Tempo und versucht, den Ball möglichst frühzeitig auf einen der vorauslaufenden Außenspieler zu passen, um so die Verteidiger zu einer Reaktion zu zwingen.

Aufgaben der Spieler in der Abschlußphase des Angriffs:

❑ Die Außenspieler bieten sich für ein Anspiel an und versuchen, mit einem *Power-shot* abzuschließen. Geht das nicht, bieten sie sich auf der Flügelposition an; bei entsprechender Vereinbarung können die beiden Flügelspieler auch durch Kreuzen unter dem Korb die Seiten wechseln. Sobald der Flügel den Ball erhält, beobachtet er, wie sich seine beiden Mitspieler verhalten (z. B. *Cut* oder *Weak-side-block*), und gibt dann den Paß auf den freien Mitspieler. Oft ist es in dieser Situation nötig, das Tempo zu drosseln und den Verteidiger durch ein kurzes Dribbling rückwärts vom Korb wegzulocken.

❑ Für den Spieler in der Mittelspur gilt nach seinem Paß die Grundregel, immer eine Anspielposition darzustellen oder zu schaffen. Das bedeutet, daß er die Freiwurf-linie nur zu einem Wurf oder *Ball-side-cut* überschreitet. Im zuletzt genannten Fall muß der Flügelspieler der ballfernen Seite durch Nachrücken die Mittelspur über-nehmen. Sollte ein erfolgreicher *Ball-side-cut* nicht möglich sein, kann der Spieler in der Mittelspur den ballfernen Angreifer durch einen *Weak-side-block* befreien (Abb. 80).

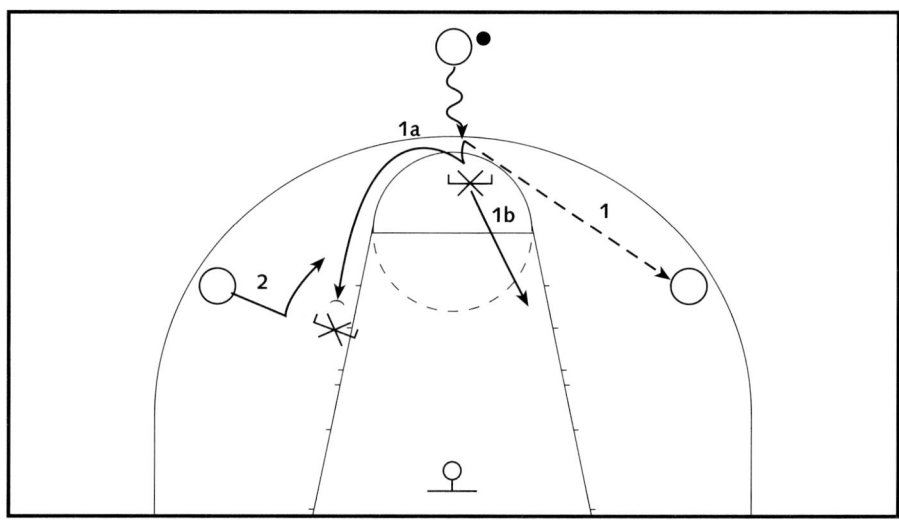

Abb. 80: *Weak-side-block* des Aufbauspielers beim 3-2

Wenn es der Verteidigung gelingt, rechtzeitig mit drei Spielern in der Verteidigung zu sein, versucht der Angriff, eine *Überzahl 4-3* zu erzielen. Im allgemeinen gelingt es im Moment der *Transition* nicht allen Angreifern gleich schnell, den Gegenangriff umzu-setzen. Besonders die weiter unter dem eigenen Korb postierten Spieler, die auch um den Rebound kämpfen, können daher beim Schnellangriff oft nicht unter den ersten drei Angreifern sein. Die Aufgabe dieser Spieler ist es, ihre Mitspieler der ersten Angriffswelle möglichst schnell zu unterstützen. Bei diesem sog. *Trailerspiel* folgt der vierte Angreifer in der Mittelspur und gibt im Bereich der Mittellinie das Signal *Trailer*. Mit diesem Zuruf ergibt sich für die Angreifer die folgende Aufgabenverteilung (Abb. 81):

❏ Der Ballführer in der Mittelspur spielt den Ball auf einen Flügelspieler und bewegt sich zur entgegengesetzten Seite seines Korridors oder, falls ein Paß nicht möglich ist, dribbelt dort hin. Beide Aktionen haben zum Ziel, in der Mittelspur Platz für den *Trailer* zu schaffen.

❏ Die Flügelspieler warten auf die Aktion des *Trailers* und behalten ihre Flügelposition; der Flügelspieler mit Ball verzögert den Angriff durch Finten oder ein kurzes Rückwärtsdribbling, mit dem er den Verteidiger vom Korb weglockt, und versucht, den zum Korb schneidenden *Trailer* anzuspielen.

❏ Der *Trailer* sprintet am Rand der Mittelspur nach vorne; falls er schneller als der Dribbler läuft, hält er beim Überholen genügend Abstand, um den Ballführer nicht zu behindern. Wenn der Ball bereits auf der Flügelposition ist, schneidet der *Trailer* auf der Ballseite zum Korb und bietet sich für ein Anspiel an. Falls er den Ball nicht erhält, läuft er weiter zur ballfernen Seite.

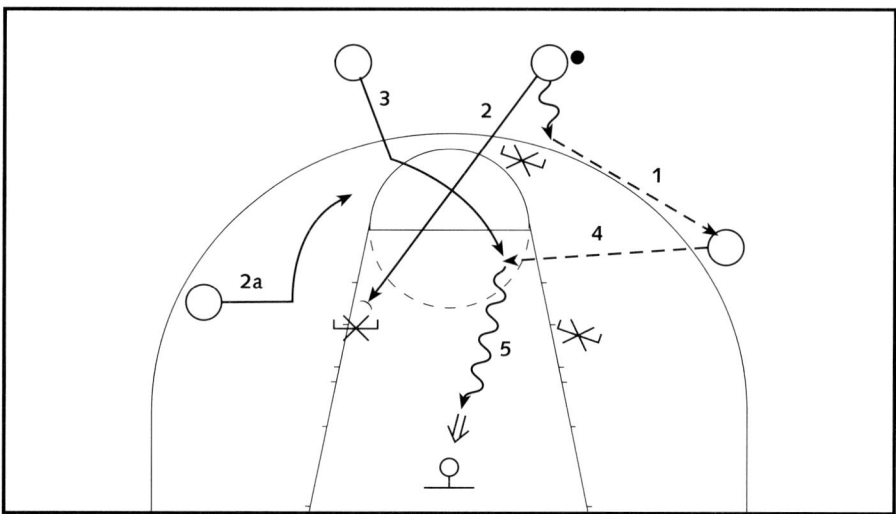

Abb. 81: *Trailer-Spiel* im Schnellangriff 4-3

4.2.7 Trainingsformen zum Überzahlspiel und zur Transition

1. 2-1 von der Mittellinie: Der Mittelmann wird Verteidiger (siehe Abb. 34 auf Seite 75).
2. Achterlauf + 2-1: Eine Dreiergruppe spielt über das ganze Feld Achterlauf, der Werfer wird auf dem Rückweg Verteidiger beim 2-1.
3. 3-1 Kontinuum: Drei Dreierteams spielen über das ganze Feld, wobei immer nur einer verteidigt.

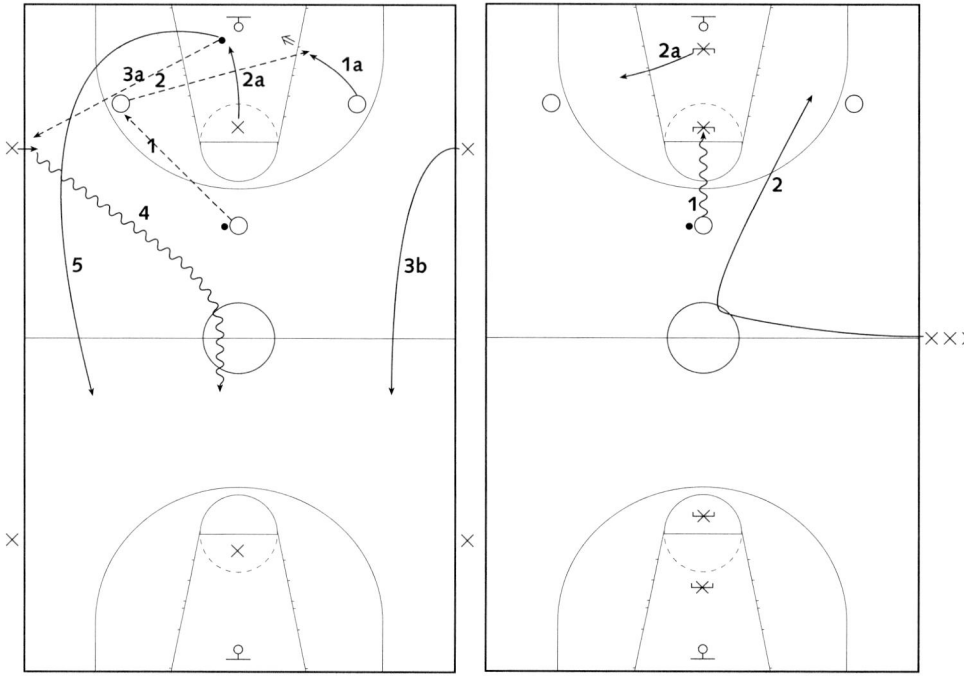

Abb. 82: 3-1 Kontinuum   Abb. 83: 3-2 + 1 Kontinuum

4. 3-2 Kontinuum: wie 3. mit zwei Verteidigern.

5. 3-2 + 1 Kontinuum: wie oben; der dritte Verteidiger greift ein, sobald der Ball die Mittellinie überschritten hat. Dabei muß er zuerst den Mittelkreis berühren.

6. 3-2 / 2-1 *Transition*: Der Werfer bzw. letzte Ballführer des 3-2 wird auf dem Rückweg Verteidiger gegen die nunmehr angreifenden beiden Verteidiger.

7. **3-2+1** *Transition:* Ein Team steht in den drei Spuren an der Grundlinie, das andere gegenüber in Höhe der Freiwurflinie. Der Trainer spielt den Ball zu einem Spieler an der Grundlinie. Das Team an der Grundlinie spielt sofort Schnellangriff, während der dem Ballbesitzer gegenüberstehende Spieler erst die Grundlinie berühren muß, bevor er in die Verteidigung zurückdarf. Bei Wechsel des Ballbesitzes sofort weiterspielen.

Steigerung: zweimal, dreimal, viermal ununterbrochen nach der *Transition* weiterspielen.

8. **4-3+1** *Transition:* wie 7. mit vier Spielern.

9. **4-3 Kontinuum:** wie 4. in Vierermannschaften.

10. **4-3+1 Kontinuum:** wie 5. in Vierermannschaften.

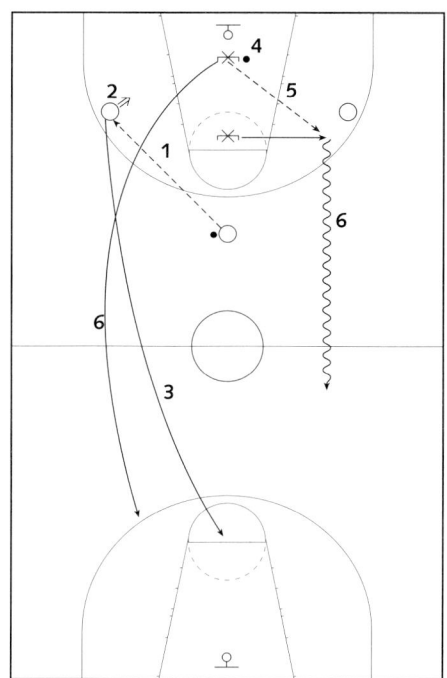

Abb. 84: 3-2/2-1 *Transition*

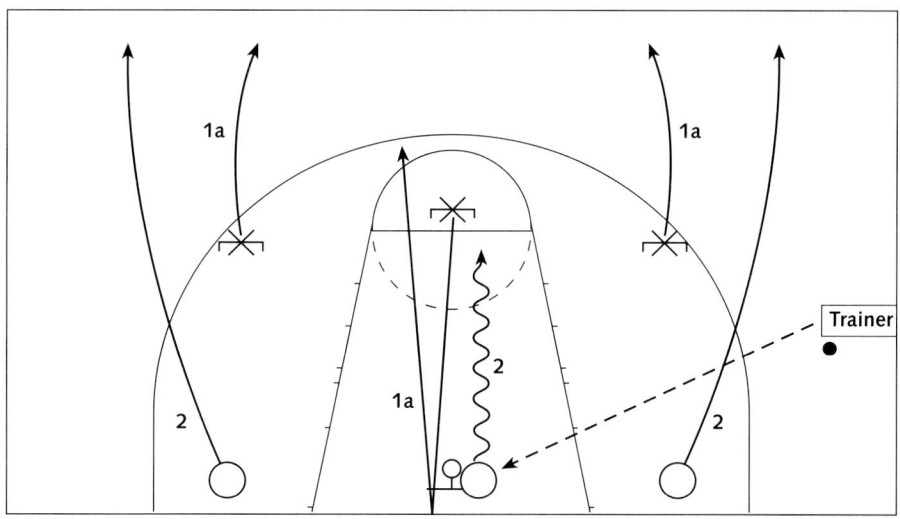

Abb. 85: 3-2+1 *Transition*

5 LEHREN UND LERNEN DER MANNSCHAFTSTAKTIK

5.1 Verteidigungstaktik

Das kollektiv-taktische Verhalten der Verteidigung beim Basketball läßt sich grundsätzlich nach der Art der Zuordnung der Verteidiger zu ihren Gegenspielern unterscheiden: Ist einem Verteidiger ein bestimmter Gegenspieler zugeteilt, spricht man von einer *Manndeckung* (Mann-Mann-Verteidigung; MMV), erfolgt die Zuordnung unabhängig von der Person des Angreifers in einem bestimmten Raum unter Berücksichtigung der Ballposition, spricht man von einer *Zonendeckung* oder *Ball-Raum-Verteidigung* (BRV).

Eine weitere Differenzierung der Verteidigungstaktik erlauben die Intensität und die Ausdehnung der Verteidigungshandlungen (*Pressdeckung* über das ganze, dreiviertel oder halbe Feld) sowie die Kombination der genannten Verhaltensweisen (*kombinierte Verteidigung*).

5.1.1 Manndeckung

Das Verteidigungsverhalten 1-1, d. h. Mann gegen Mann, ist die Grundlage für alle anderen Verteidigungsformen. Daher ist die Manndeckung elementarer Bestandteil des Trainings, besonders im Jugendbasketball. Wesentliche Handlungsanweisungen für den Verteidiger sind (vgl. Hagedorn 1985, 224):

❑ «Lasse deinen Gegner nie das tun, was er gerade tun will!»
❑ «Verteidige immer zwischen Gegner und Korb, in der Zone aber zwischen Gegner und Ball!»
❑ «Lasse deinen Gegner nie vor dir zum Ball schneiden!»
❑ «Du mußt immer den Ball *und* deinen Mann sehen!»
❑ «Erlaube deinem Gegner keinen Offensiv-Rebound!»

Zur Entwicklung eines kollektiven Verteidigungssystems werden diese Grundregeln weiter differenziert: es erfolgt die mannschaftstaktische Vereinbarung, wohin der ballführende Angreifer gedrängt werden soll (zur Seite, zur Mitte, zur Ecke), wo also die defensive Partnerhilfe geplant ist.

Aus der Entscheidung, wie gegen den Ballbesitzer verteidigt wird, ergeben sich die Aufgaben der übrigen Verteidiger: Spieler, deren Gegner einen Paßweg vom Ballbesitzer entfernt eine mögliche Anspielstation darstellen, decken aggressiv die Linie Ball–

Mann mit dem Ziel, keinen Paß zuzulassen (*Deny-Verteidigung*). Gleichzeitig haben sie die Aufgabe, bei einem Durchbruch des Ballbesitzers schnell abzusinken und den Dribbler so lange aufzuhalten, bis dessen Verteidiger ihn wieder unter Kontrolle hat; danach schließt der Helfer sofort wieder den Paßweg zu seinem Mann (*Help-and-recover*). Gegen sehr starke Individualspieler reicht diese Form der Hilfe beim Durchbruch oft nicht aus: In diesem Fall verzichtet der nächststehende Verteidiger auf die aggressive *Deny*-Stellung und postiert sich ballorientiert, um rechtzeitig einen Durchbruch verhindern zu können (*Intercept-Position*).

Spieler, die weit vom Ball, d. h. mindestens zwei Paßwege, entfernt sind, sinken so von ihrem Mann auf die Korb-Korb-Linie ab, daß sie sowohl den Gegner als auch den Ball sehen können. Dadurch können Pässe in Korbnähe sowie Durchbrüche mit und ohne Ball zusätzlich behindert werden.

Möglich ist auch eine Aufgabendifferenzierung, die sich an einer Längsteilung des Spielfeldes durch die Korb-Korb-Linie orientiert: Hierbei haben die Verteidiger, die sich auf der Ballseite dieser Korb-Korb-Linie befinden, die Aufgabe, die Paßwege zu ihren Gegnern zu schließen, während der Verteidiger des Ballbesitzers versucht, diesen zur Seiten- und Grundlinie zu drängen.

Hagedorn (1985, 225) nennt als weitere Differenzierungsmöglichkeiten die Entfernung des Ballbesitzers vom Korb (weit, mittel, nah), die Position des Ballbesitzers zum Korb (Mitte, Seite, Grundlinie; Gesicht, Seite, Rücken), die Aktionsphase (vor, während, nach dem Dribbling) sowie individualtaktische Verhaltensweisen, wie Fußstellung, Armhaltung und Blickrichtung.

Allen Varianten ist gemeinsam, daß der Ballbesitzer aggressiv gestört wird, gewisse Pässe erschwert werden, unter vorher festgelegten Bedingungen ausgeholfen wird und nach dem Wurf jeder Verteidiger seinen Gegner vom Rebound wegblockt.

Vorteile der Manndeckung:
❑ individuelle Verantwortlichkeit jedes Spielers,
❑ günstige Reboundposition,
❑ Erschweren von Weitwürfen,
❑ Stören sämtlicher Angriffsaktionen (Paß, Dribbling, Wurf),
❑ Provozieren von Paßfehlern,
❑ Fernhalten des Angreifers vom Korb,
❑ Tempokontrolle.

Nachteile der Manndeckung:
❑ Anfälligkeit gegen schnelle Mitteldistanzwürfe,
❑ Anfälligkeit gegen Schneidebewegungen,
❑ erhöhtes Foulrisiko,
❑ Anfälligkeit gegen Durchbrüche,
❑ Gefahr durch Angriffshilfen (z. B. Blocks),
❑ Schwierigkeit des Aushelfens,
❑ schwierig gegen überragende Einzelspieler.

5.1.2 Zonendeckung

Während bei der Manndeckung jedem Verteidiger ein Angreifer zugeteilt ist, wird bei der Ball-Raum-Verteidigung der Raum zwischen Ball und Korb gemeinsam verteidigt, wobei jeder Spieler für den in seinen Raum eingedrungenen Angreifer verantwortlich ist.

Da die Zonenverteidigung sich immer mannschaftlich an der Ballposition orientiert und die konkrete, personenbezogene Auseinandersetzung ständig mit abstrakten, raumorientierten Verhaltensweisen wechselt, erfordert die Zonenverteidigung gute individuelle Verteidigungstechnik und -taktik, fortgeschrittenes Spielverständnis und sehr gute mannschaftliche Zusammenarbeit. Daher ist die Zonenverteidigung für Anfänger nicht geeignet.

Unabhängig von den verschiedenen Grundformationen der Zonenverteidigung gelten die folgenden Vor- und Nachteile:

Vorteile der Zonendeckung:
- ❏ Pässe in den korbnahen Bereich sind schwerer,
- ❏ Durchbrüche zum Korb werden erschwert,
- ❏ Einzelaktionen können die BRV nur schwer ausspielen,
- ❏ eigene Stärken und Schwächen kann man gut einplanen,
- ❏ die Brettsicherung ist leichter (Rebound),
- ❏ es besteht eine gute Möglichkeit zum organisierten Schnellangriff,
- ❏ die Foulbelastung der Verteidiger ist meist geringer,
- ❏ es besteht die Möglichkeit des Doppelns,
- ❏ die Anfälligkeit gegen Blocks ist geringer,
- ❏ starke zum Korb ziehende Spieler können gestoppt werden.

Nachteile der Zonendeckung:
- ❏ die persönliche Verantwortung der Spieler ist vermindert,
- ❏ an den Grenzen der Verteidigungsbereiche kann es zu Kompetenzproblemen der Verteidiger kommen,
- ❏ die Aggressivität ist reduziert,
- ❏ die BRV ist anfällig gegen Weit- und Mitteldistanzwürfe,
- ❏ Überlagerungen der Angreifer führen zu Unterzahlsituationen für die Verteidiger,
- ❏ die BRV ist empfindlich gegen Schnellangriffe,
- ❏ mit einer BRV kann das Tempo des Spiels kaum kontrolliert werden.

Zonenverteidigung 2-1-2

Die nach wie vor am häufigsten verwendete Formation hat die Grundaufstellung 2-1-2 (Abb. 86).

Mit dieser Aufstellung wird vor allem eine starke Sicherung des korbnahen Bereichs erzielt. Durch das von den beiden Hinterspielern und dem Mittelmann gebildete

Dreieck besteht eine sehr gute Brettsicherung (Rebounddreieck). Die gestaffelte Aufstellung erschwert Dribblings und Pässe in die Zone. *Post*-Spieler an der Freiwurflinie und Grundliniencenter werden durch die 2-1-2-Aufstellung gut abgeschirmt. Die symmetrische Aufstellung und die gute Reboundsicherung ermöglichen die Einleitung von organisierten Schnellangriffen.

Andererseits ist die 2-1-2-Formation relativ wenig aggressiv und sehr anfällig gegen Weit- und Mitteldistanzwürfe, besonders wenn diese durch Überlagerungen herausgespielt werden.

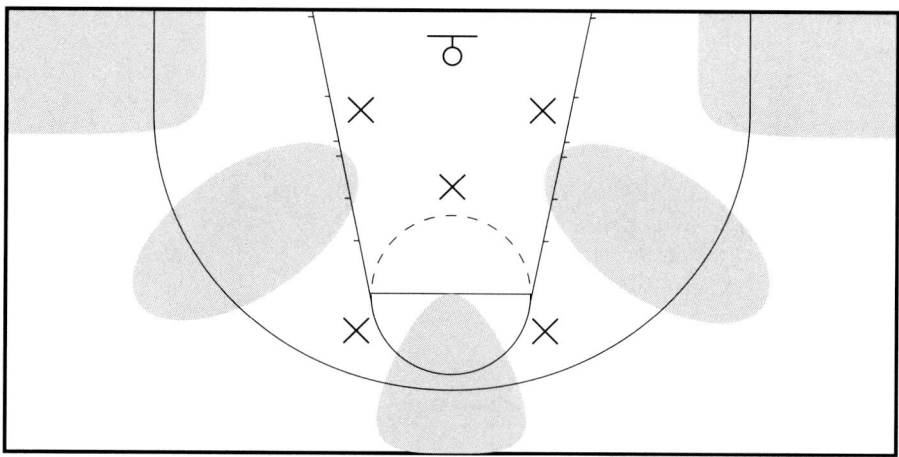

Abb. 86: Formation und Schwachstellen der 2-1-2-Zone

Zonenverteidigung 1-2-2

Dem Nachteil mangelnder Aggressivität bei Zonenverteidigungen versucht die 1-2-2-Aufstellung entgegenzuwirken (Abb. 87).

Durch das weite Herausziehen des vordersten Verteidigers kann der angreifende Spielmacher schon früh unter Druck gesetzt und wirkungsvoll eingeschränkt werden.

Schwachstellen sind bei dieser Verteidigung der korbnahe Bereich, der Rebound (besonders bei körperlicher Unterlegenheit) sowie das Centeranspiel von den Flügelpositionen.

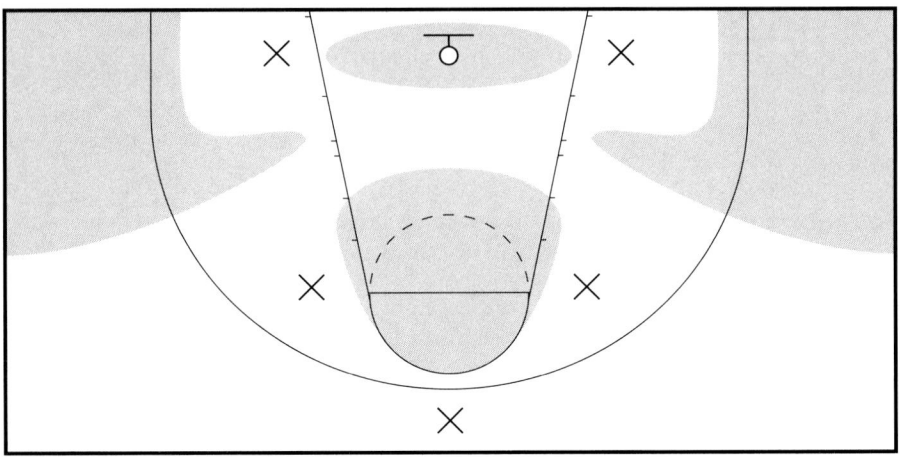

Abb. 87: Formation und Schwachstellen der 1-2-2-Zone

Zonenverteidigung 3-2

Um die Möglichkeit zu haben, sowohl den angreifenden Aufbau zu stören als auch die Wurfgefahr von den Flügelpositionen zu vermindern und gleichzeitig das Anspiel auf die *Post*-Position zu erschweren, wird bei der 3-2-Formation (unter Aufgabe der starken Aggressivität) auf die vorderste Verteidigungslinie verzichtet und nur noch in zwei Ebenen verteidigt.

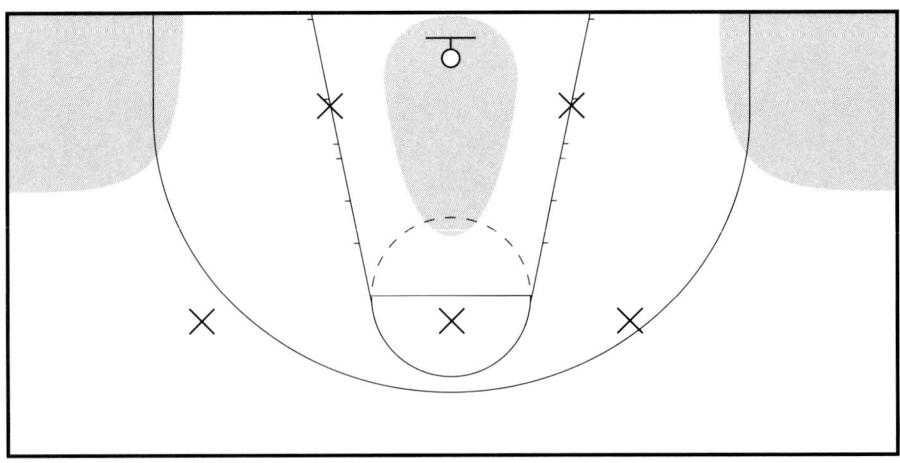

Abb. 88: Formation und Schwachstellen der 3-2-Zone

Zonenverteidigung 1-3-1

Die 1-3-1-Verteidigung ist die vielseitigste Zonenaufstellung.

Sie ermöglicht sowohl ein sehr aggressives Stören des Angriffaufbaus als auch eine manndeckungsähnliche Verteidigung der Flügelspieler und des *Post*-Spielers.

Ein entscheidender Vorteil dieser Verteidigungsvariante ist die Möglichkeit ihrer Anwendung als Halbfeldpresse (*Trap-zone*). Allerdings ist in jedem Fall die sehr schwierige Sicherung des Grundlinienbereichs und des Rebounds zu berücksichtigen (Abb. 89).

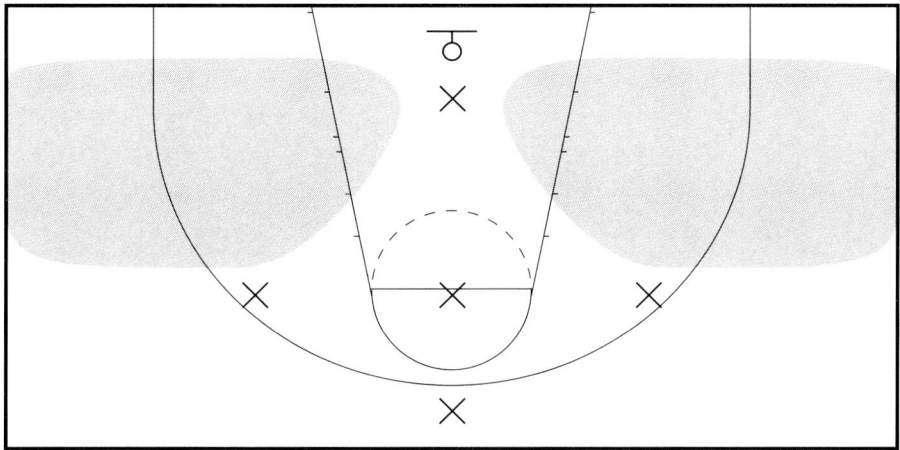

Abb. 89: Formation und Schwachstellen der 1-3-1-Zone

5.1.3 Pressdeckung

Die Pressdeckung ist die aggressivste Form der Verteidigung im Basketball. Sie kann über das ganze Feld oder nur über einen Teil des Spielfeldes (z. B. Halbfeldpresse) gespielt werden.

Organisatorisch werden *Mannpresse* und *Zonenpresse* unterschieden. Beide Formen haben zum Ziel, den Ballbesitzer zur Seitenlinie zu drängen, ihn dort mit Hilfe eines zweiten Verteidigers zu doppeln (s. 4.2.4) und ihn dann zu einem schlechten Paß zu verleiten, wobei die verbleibenden drei Verteidiger die ballnahen Paßwege schließen.

Bei der Mannpressverteidigung, der intensivsten Verteidigung des Basketballspiels, wird oft auf eine direkte Zuordnung der Gegenspieler verzichtet – jeder deckt den jeweils nächsten Angreifer. Voraussetzung sind gute Kondition, sehr gute individuelle Verteidigungstechnik, hervorragendes Spielverständnis und vor allem Einsatzwille und Kampfkraft.

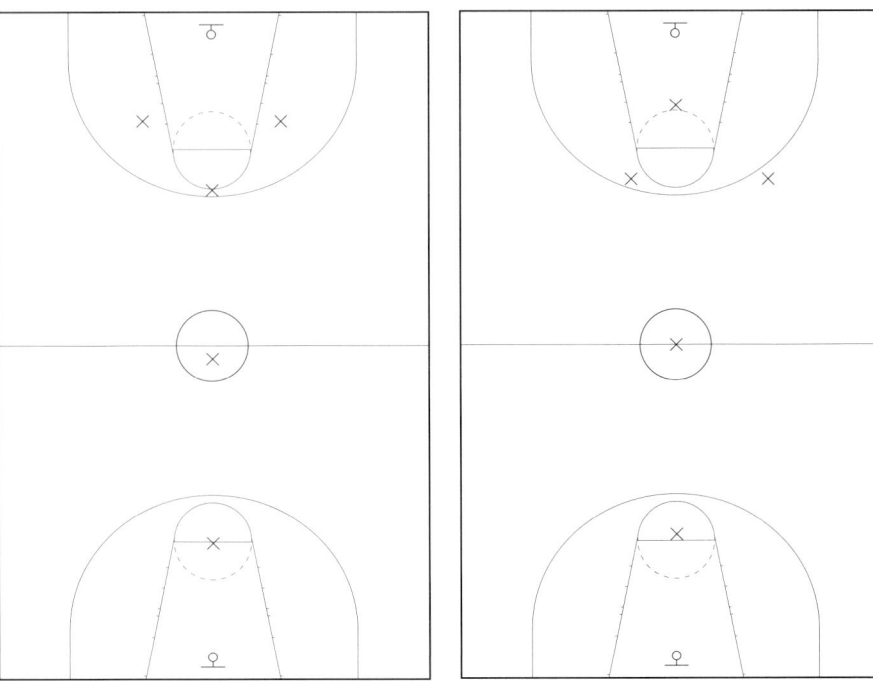

Abb. 90: Zonenpresse 2-1-1-1 und 1-2-1-1

Die Zonenpressdeckung erwartet den Angreifer in einer bestimmten Formation. Am häufigsten werden die Aufstellungen 2-1-1-1 und 1-2-1-1 gespielt.

Die Zonenpressverteidigung erfordert sehr gutes Zusammenspiel zwischen den Verteidigern und sehr viel Spielerfahrung.

Im allgemeinen stellt die Pressverteidigung durch das Doppeln des Ballbesitzers und das damit verbundene Freilassen eines weiter vom Korb entfernten Angreifers ein großes Risiko dar. Daher wird diese Verteidigungsvariante oft als letztes Mittel am Spielende bei Rückstand, zur Verlangsamung des Angriffs oder als plötzliche Überraschung angewendet.

5.1.4 Kombinierte Verteidigung

Das Verteidigungsverhalten einer Mannschaft kann auf zwei Arten kombiniert sein: Entweder verteidigt ein Teil der Mannschaft nach Manndeckungsprinzipien, der andere nach Zonengrundsätzen, oder die gesamte Mannschaft verändert in vorher festgelegten Situationen automatisch ihr Verteidigungssystem.

Zur ersten Variante zählen die *Box-and-one-Verteidigung* (vier Verteidiger spielen 2-2-Zone, einer deckt Mann; Abb. 91 a), die *Diamond-and-one-Verteidigung* (1-2-1-Zone, einer spielt Manndeckung; Abb. 91 b) und die *Triangle-and-two-Verteidigung* (1-2- oder 2-1-Zone, zwei decken Mann; Abb. 91 c, d). Ziel dieser Verteidigungsvarianten ist es, einen oder zwei überragende Gegenspieler einzuschränken und die Angriffssysteme des Gegners vor ungewohnte Aufgaben zu stellen.

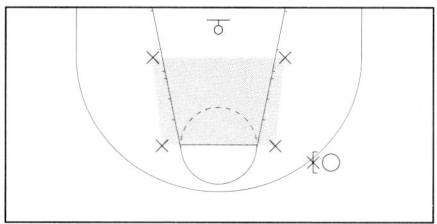
Abb. 91 a: *Box-and-one*-Verteidigung

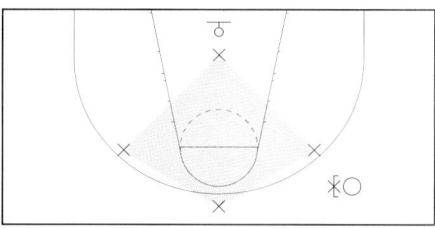
Abb. 91 b: *Diamond-and-one*-Verteidigung

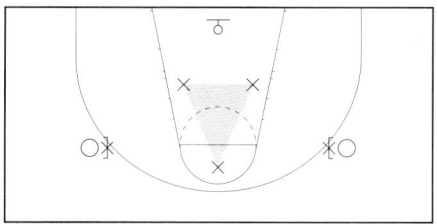
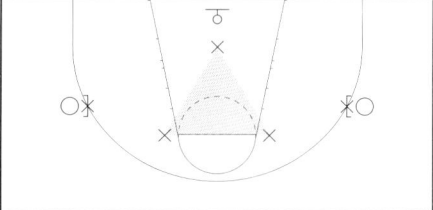
Abb. 91 c, d: *Triangle-and-two*-Verteidigung

Bei der zweiten Variante der Kombinationsverteidigung ändert die ganze Mannschaft das System, z. B. Wechsel zu Pressdeckung nach Korberfolg, sonst Mann- oder Zonenverteidigung, oder bei einer bestimmten Angriffshandlung (z. B. Paß auf den Flügel) Wechsel von Zonendeckung auf Manndeckung. Daher wird diese Form der Kombination auch *Wechselverteidigung* genannt. Ziel dieser Systeme ist es, den Angreifer zu verwirren und ihm die Gewöhnung an die Verteidigung zu erschweren.

5.2 Angriffstaktik

5.2.1 Schnellangriff

Im Basketball unterscheidet man zwischen *organisiertem* und *improvisiertem Schnellangriff*. Zum improvisierten Schnellangriff kommt es in erster Linie bei überraschenden Ballgewinnen im Vorfeld oder im Bereich der Mittellinie. Organisierte Schnellangriffe, d. h. Angriffe mit festgelegten Laufwegen für die einzelnen Spieler, werden meist nach dem Rebound oder dem Einwurf von der Grundlinie gespielt. Ausschlaggebend für den Erfolg des Angriffes ist in beiden Fällen das schnelle Umschalten von Verteidigung zum Angriff (*Transition*). Die Angreifer versuchen, eine Überzahlsituation 2-1 oder 3-2 (vgl. Kapitel 4.2.6) zu erreichen und so zum Korberfolg zu kommen (*Primary-break*). Gelingt dies nicht, wird durch den *Trailer* eine zweite Angriffswelle eingeleitet (*Secondary-break*). Meistens ist der *Trailer* der schnellere der beiden Center. Seine Aufgabe ist es, durch die Mittelspur dem Angriff zu folgen und sich frühzeitig durch das Signal «*Trailer*» anzukündigen.

Taktisch fortgeschrittene Mannschaften versuchen, nach dem *Cut* des *Trailers* sofort unter Einbeziehung des fünften Spielers (2. *Trailer*) in einen Angriffsspielzug überzugehen (*Early-offense*).

Im folgenden wird eine *Early-offense*-Option dargestellt:

Abb. 92 a:

1. Der Spieler in der Mittelspur (2) paßt den Ball zum rechten Flügel (1).
2. Der erste *Trailer* (4) schneidet über die Freiwurflinie zum Ball; falls kein Anspiel erfolgt, nimmt er die tiefe Centerposition auf der ballfernen Seite ein.
3. Der zweite *Trailer* (5) schneidet auf der Ballseite zum Korb und nimmt dann ballfern eine Position neben (4) ein.
4. Gleichzeitig stellt (2) einen indirekten Block für (3) auf der ballfernen Seite, (3) läuft Richtung Freiwurflinie. Anschließend nutzt (2) (4) und (5) als Doppelblock und schneidet unter den Korb.
   Der Ballbesitzer (1) hat jetzt zwei Anspielmöglichkeiten: (2) unter dem Korb und (3) im Bereich der Freiwurflinie.

Abb. 92 b:

5. Ist ein Anspiel unter den Korb nicht möglich, wird der Ball zu (3) am äußeren Freiwurfkreis gepaßt, während (2) sich am Zonenrand postiert.
6. Jetzt bietet sich (5) zur Zonenmitte an und nimmt dann, wenn kein Anspiel möglich war, eine Position neben (2) am Zonenrand ein.
7. Spieler (1) nutzt den Doppelblock von (2) und (5) sowie einen Block von (4), um auf die gegenüberliegende Seite zu laufen und dort den Ball zu erhalten.
8. Aus dieser Situation kann z. B. mit Blocks von (4) für (5) und von (3) für (2) weitergespielt werden.

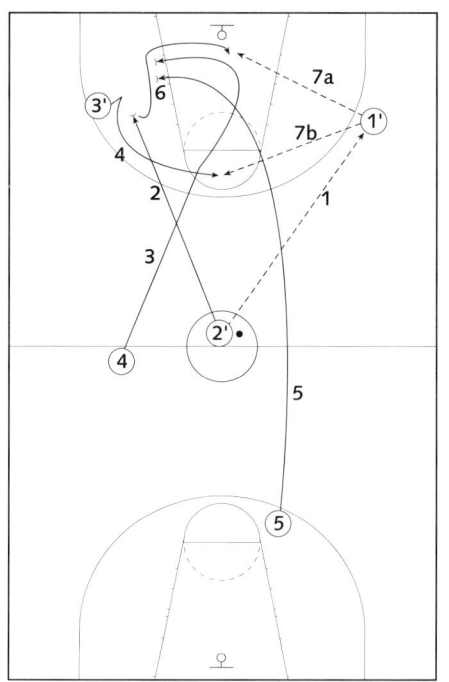
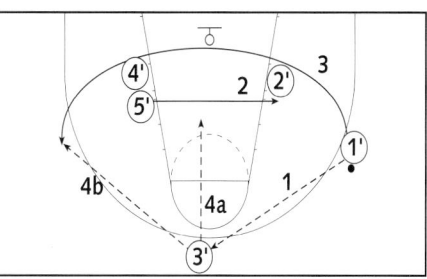

Abb. 92 a, b: *Early-offense*

5.2.2 Angriff gegen Manndeckung

Ziel der Angreifer gegen eine Manndeckung ist es, die komplexe Spielsituation 5-5 so zu reduzieren, daß

❏ ein Angreifer gegen seinen Verteidiger 1-1 spielen kann,

❏ die Angreifer durch gruppentaktische Maßnahmen eine Überzahl erreichen,

❏ ein Angreifer vorübergehend von seinem Verteidiger befreit wird und so einen unbehinderten Wurf ausführen kann,

❏ Helferaktionen der Verteidiger durch Raumaufteilung und Positionswechsel der Angreifer erschwert werden.

Aus diesen Angriffszielen lassen sich folgende grundlegende Handlungsweisen für die Angreifer ableiten:

❏ Die Angriffshälfte immer gleichmäßig aufteilen (z. B. Grundaufstellung 1-2-2 oder 1-3-1); wenn ein Spieler seine Position verläßt, muß ein anderer dorthin nachrücken (*Floor-balance*).

❏ Außer beim direkten Block – der für besondere Situationen vereinbart werden kann – immer Abstand zum Ballbesitzer halten und nicht direkt zum Ball laufen, damit der eigene Verteidiger keine Gelegenheit hat, beim Ballbesitzer zu helfen oder zu doppeln (*Space*).

❏ Für einen individuell starken Mitspieler die Spielfeldseite räumen, damit dieser die Möglichkeit hat, 1-1 zu spielen (*Isolation*).

❏ Den eigenen Gegenspieler immer beschäftigen; als Ballbesitzer durch Bedrohung des Korbes (*Facing*, Wurf, Durchbruch), ohne Ball durch Anbieten zum Ball (*Cut*) oder Freiblocken eines Mitspielers (*Screen*). Nach einem Paß nie stehenbleiben.

❏ Immer bereit sein, einen besser postierten Mitspieler anzupassen, besonders beim Durchbruch, wenn ein Verteidiger zum Helfen kommt (*Penetrate-and-pass*).

❏ Auf Signale (Blickkontakt, Zeichen) und Aktionen der Mitspieler achten, besonders auf der ballfernen Seite.

❏ Gruppentaktische Angriffshilfen (Blocks, *Cuts, Posting-up*) nutzen.

In den folgenden Abbildungen (93 a–d) wird ein einfaches Spiel gegen Manndeckung dargestellt, das auf dem Prinzip des «Paß und Block» beruht (*Passing-game*):

1. Grundaufstellung 1-2-2, die Center (4), (5) starten hoch an der Freiwurflinie, die Flügel (2), (3) tief (Abb. 93 a).

2. Die Flügel werden durch Blocks der Center frei für ein Anspiel des Aufbauspielers (1) (Abb. 93 a).

3. Sobald der Flügel (3) den Ball erhalten hat, entstehen drei Möglichkeiten:

   ❏ Der Center (4) räumt die Ballseite, damit der Flügel (3) 1-1 spielen kann (*Isolation*).

   ❏ Der Center (4) blockt den anderen Center (5), der im *Posting-up* anspielbar wird.

   ❏ Der Aufbauspieler (1) blockt den Flügel (2) auf der ballfernen Seite, so daß dieser ein Anspiel im Bereich der Freiwurflinie erhalten kann (Abb. 93 b).

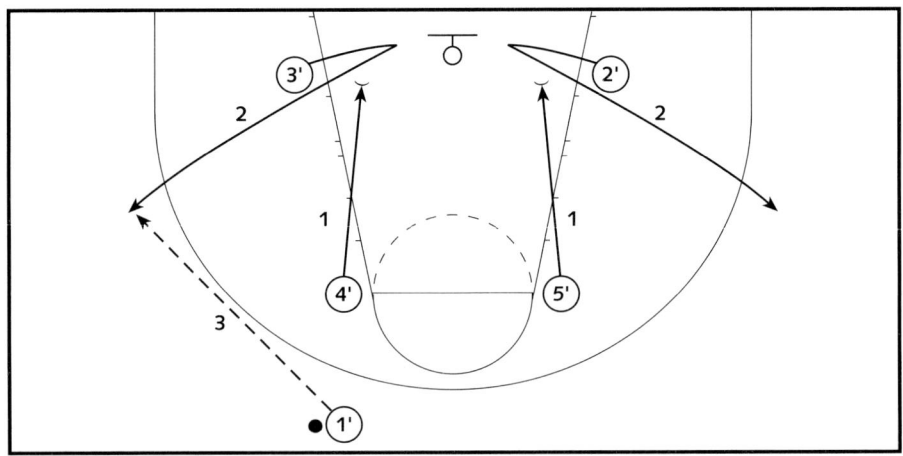

Abb. 93 a: *Passing-game*

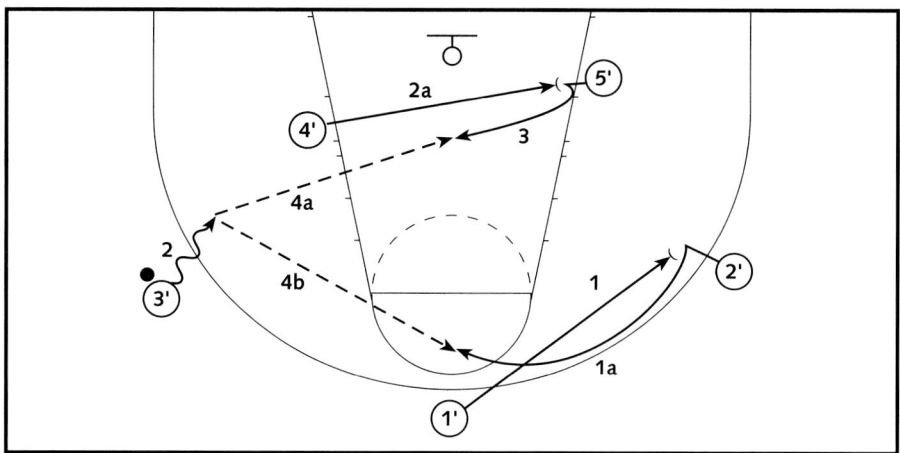

Abb. 93 b

4. Wenn ein Anspiel zum Center (5) im *Posting-up* möglich ist, verläßt Flügel (3) seine Position und blockt Flügel (2) auf der Aufbauposition, um dann für ein Anspiel zum Drei-Punkte-Wurf anpaßbar zu sein. Center (4) bietet sich für einen kurzen Paß Richtung Freiwurflinie an, Aufbauspieler (1) versucht auf der *Weak-side*, im Rücken der Verteidigung durch einen langen Paß anspielbar zu sein (Abb. 93 c).

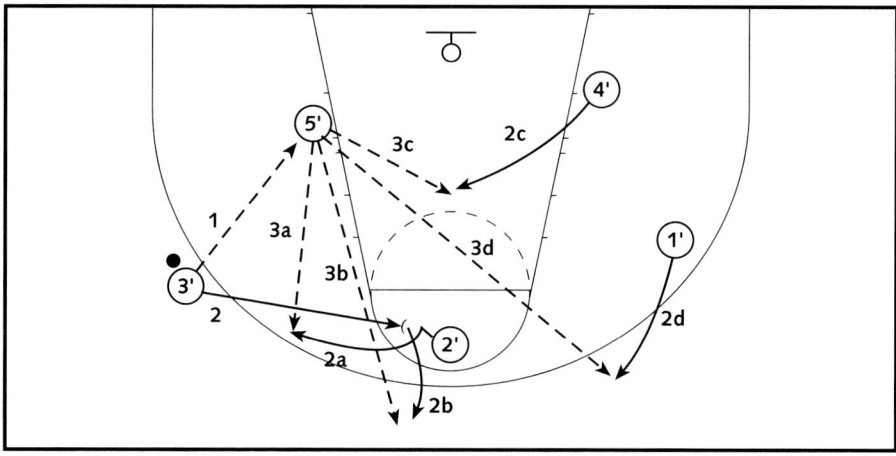

Abb. 93 c: Anspiel ins *Posting-up*

5. Wenn Flügel (3) den Ball nicht ins *Posting-up* zum Center (5) paßt, sondern zum Flügel (2), bieten sich die Center zunächst zur Zonenmitte an und unterstützen dann die Flügelspieler wieder beim Freilaufen auf der Außenposition. Sollte kein Wurf oder Anspiel möglich sein, kann das Angriffsspiel von neuem beginnen.

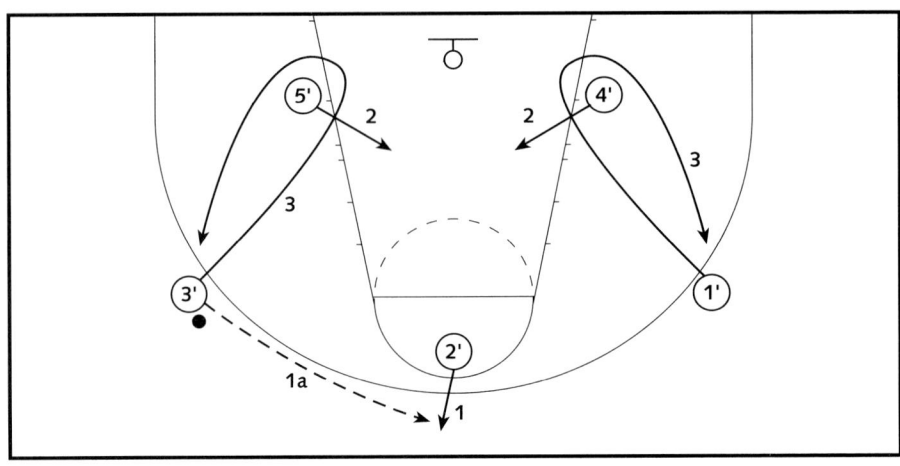

Abb. 93 d: Paß zur Aufbauposition und Neubeginn des Angriffs

5.2.3 Angriff gegen Zonendeckung

Gerade in Spielklassen niedrigeren Niveaus muß die Angreifermannschaft allen modernen Tendenzen zum reinen Manndeckungsspiel zum Trotz (z. B. NBA-Basketball, Jugend-Leistungsbasketball, Überlegungen im Internationalen Basketballverband FIBA, Zonenverteidigung völlig zu verbieten) damit rechnen, mit einer Zonendeckung konfrontiert zu werden. Dabei stellt die «Zone» oftmals die einzige «Standard»-Verteidigung dar und nicht – wie im europäischen Leistungsbasketball und im College-Basketball – eine von mehreren Verteidigungsvarianten. Besonders im niederklassigen Jugendbasketball versuchen viele Trainer, durch Zonendeckung schnelle und oberflächliche Erfolge zu erzielen. Aus der Sicht der Angreifer gilt unter gleich starken Teams nämlich leider der Grundsatz:

❏ Ohne wenigstens einen sicheren Werfer aus der Mitteldistanz oder von außen kann man gegen Zonendeckung kaum gewinnen.

Je jünger die betroffenen Mannschaften sind, desto fataler ist diese Tatsache für die Entwicklung der einzelnen Spieler und für das Spielniveau der Liga, da Spielverluste nicht Folge technischer, athletischer oder spielerischer Unterlegenheit sind, sondern aus noch zu geringer Wurfkraft oder mangelnder (und auch gar nicht sinnvoller) mannschaftstaktischer Erfahrung resultieren.

❏ Das Verbot der Zonendeckung im Jugendbereich ist daher zur optimalen sportlichen Entwicklung jugendlicher Basketballspieler unbedingt zu fordern.

Angriff gegen Zonendeckung unterteilt sich aus der Sicht der Angreifer zunächst in zwei Phasen:

- *Schnellangriff* und
- *Positionsangriff.*

Solange die Verteidigung ihre Formation noch nicht komplett eingenommen hat, kann der Angriff durch konsequentes Nutzen der Überzahlsituationen 2-1, 3-2 usw. Körbe erzielen.

Sobald die Zone sich erst einmal formiert hat, also der Positionsangriff begonnen hat, gilt für die Angreifer als oberstes Prinzip: *Geduld.*

Als erstes muß die Angreifermannschaft eine Gegenaufstellung zur Zonenformation einnehmen, die die Schwachstellen der Zone besetzt, d. h.:

- gegen «gerade» Zonen (2-1-2; 2-3) eine ungerade Spitze: 1-3-1; 1-2-2.
- gegen «ungerade» Zonen (1-2-2; 1-3-1; 3-2) eine gerade Spitze: 2-1-2; 2-3.

Da Zonenverteidigungen entsprechend ihrer Formation raumorientiert funktionieren, ist es möglich, auf einer Angriffsseite durch eine entsprechende Aufstellung eine Überzahl der Angreifer zu erzeugen. Dieses Vorgehen wird *Überlagerung (Overload)* genannt.

Überzahlsituationen können durch Kontinuum-Laufwege zum Grundmuster eines Angriffssystems gemacht werden.

Ebenfalls aus dem Wesen der Zonendeckung ergibt sich ihre Schwäche in der Zuordnung und Übernahme einzelner Angreifer mit und ohne Ball. Besonders die Schnittstellen zwischen den Verteidigungsbereichen sind oft Ursache von Kompetenzproblemen zwischen den Verteidigern. Demzufolge erweisen sich folgende Angriffsmaßnahmen gegen Zone als besonders wirksam:

- Überschreiten der Kompetenzbereiche der Verteidiger durch:
  - schnelles Passen,
  - *Cuts,*
  - Dribbling.
- Eindringen in die «problematischen» Grenzbereiche zwischen zwei Verteidigern durch:
  - Dribbling (*Penetration*),
  - *Cuts.*

Ein einfaches Kontinuum-Muster gegen eine Zonendeckung kann unter Berücksichtigung der o. g. Prinzipien folgendermaßen aussehen:

1. Spiel gegen 1-2-2- oder 3-2-Zone, Gegenaufstellung 2-1-2.
2. *Cut* des *High-Post* auf die Eckposition der Ballseite und Einnahme der seitlichen *Post*-Position durch den *Weak-side*-Center (Überlagerung).

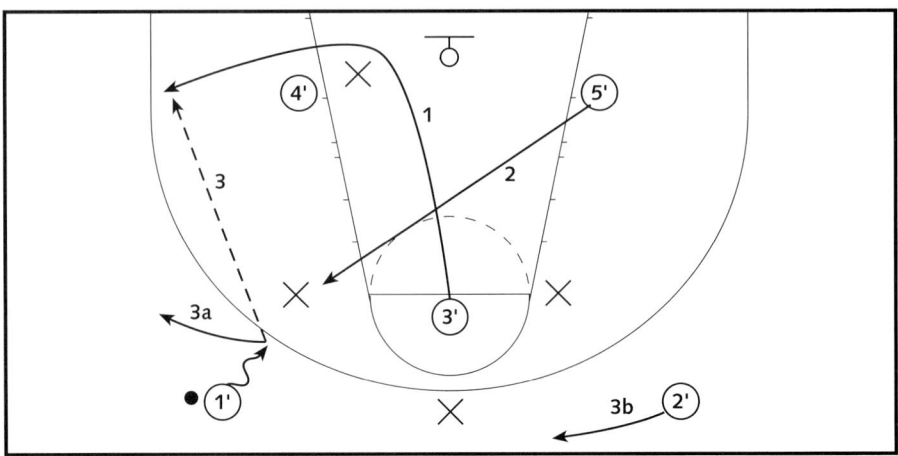

Abb. 94 a: Überlagerung gegen 1-2-2-Zone aus der 2-1-2-Angriffsformation

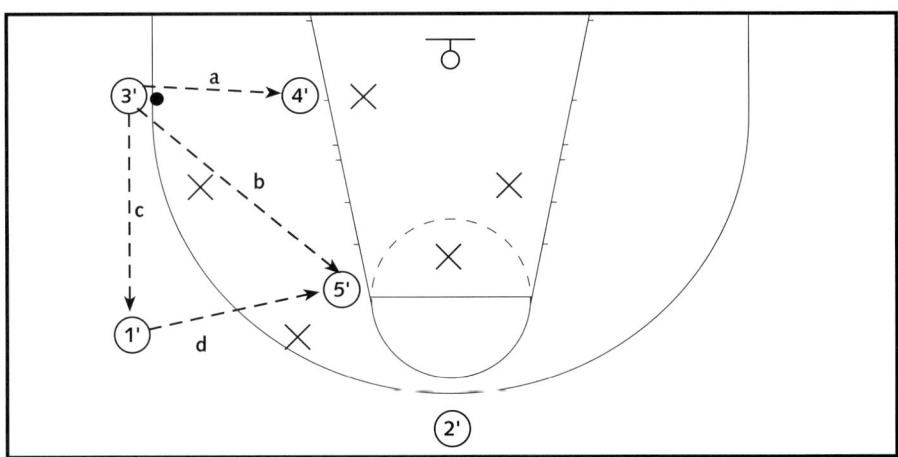

Abb. 94 b: Überzahlsituation durch Überlagerung

3. Dribbling des Aufbauspielers zur schwachen Seite mit *Cut* des *High-Post* ins *Posting-up* und anschließendem *Cut* des Ballseiten-Flügels auf die andere Seite (Ecke) (Abb. 95).

4. Nachrücken des nunmehr *Weak-side*-Centers und *Weak-side*-Ecken-Flügels. Jetzt kann dieselbe Aufstellung auf der anderen Angriffsseite gespielt werden (Abb. 95).

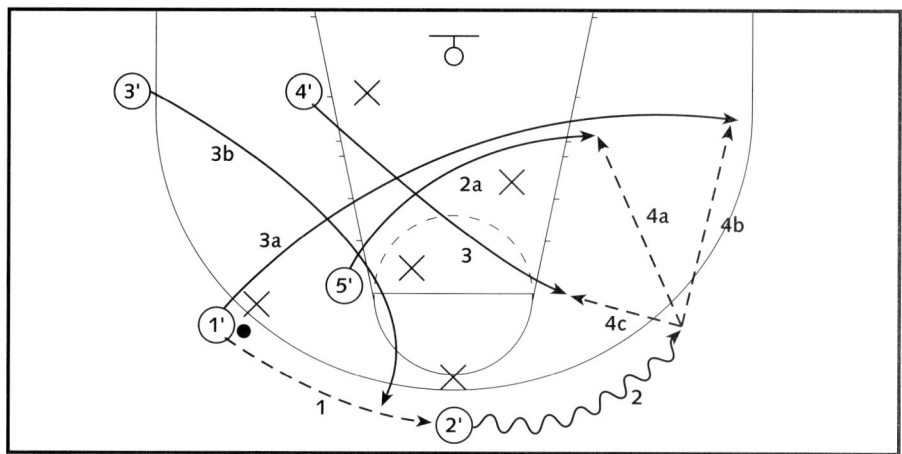

Abb. 95: Seitenwechsel mit Nachrücken

5.2.4 Angriff gegen Pressdeckung

Ziel der Pressverteidigungen ist es, auf den Ballbesitzer durch Doppeln (siehe 4.2.4) hohen Druck auszuüben und den Angreifer dadurch zu einem Fehlpaß zu zwingen. Oft erfolgt das Doppeln überraschend, der Dribbler wird in eine «Falle» (*Trap*) gelockt. Mit einer Pressdeckung versuchen die Verteidiger, das Tempo des Spiels zu kontrollieren, sei es durch aggressives Schnellangriffsspiel nach Ballgewinnen, sei es durch Verzögerung des Spiels, weil die Angreifer nicht mühelos das Mittelfeld überbrücken können. Erfolgreiche Pressverteidigung hängt in hohem Maße von der psychischen Situation der Angreifer ab: Sind diese nicht stabil genug, mit dem hohen Druck umzugehen, dann lassen sie sich zu ungewohnten Fehlern verleiten.

Aus diesen grundsätzlichen Überlegungen zur Pressdeckung ergeben sich die folgenden Handlungsanweisungen für den Angriff gegen Pressverteidigung:

❑ «Ruhe bewahren!»
❑ «Auf Pressdeckung gefaßt sein!»
❑ «Prinzipien der Deckung erkennen!»
❑ «Gegenaufstellung einnehmen!»
❑ «Tempo kontrollieren!»

Mannschaften, die selbst zumindest im Training Pressdeckung spielen, können besser gegen diese Verteidigung agieren. Spieler aggressiver Verteidigungsmannschaften erleben den Druck einer Pressverteidigung nicht so stark wie Spieler passiver Mannschaften. Aufgabe des Coaches ist es, die Spieler bereits im Training und vor dem Spiel mit den Prinzipien der Pressdeckung (Mann – Zone, Ziele, Orte, an denen gedoppelt wird) vertraut zu machen. Um den Überraschungseffekt der Pressverteidigung zu reduzieren, muß der Trainer die Spieler rechtzeitig erinnern, in welchen Situationen mit einer Pressdeckung gerechnet werden muß, nämlich besonders:

❏ nach einem Freiwurf,
❏ nach einer Auszeit,
❏ zu Beginn einer Spielhälfte,
❏ am Ende des Spiels bei eigener Führung.

Mit der folgenden Aufstellung gegen Ganz-Feld-Presse kann zunächst festgestellt werden, um welche Art der Pressdeckung (Mann – Zone) es sich handelt (bei «Mann» orientieren sich die Verteidiger an den drei Angreifern an der Freiwurflinie, bei «Zone» nicht), und dann das Rückfeld überbrückt werden, wobei als Grundsätze gelten:

GEGEN MANNPRESSE:

❏ Ball zum besten Dribbler:
   Der bringt den Ball nach vorne, wobei die Mitspieler genügend Abstand halten, damit keiner ihrer Gegenspieler doppeln kann.

GEGEN ZONENPRESSE:

❏ Kein Dribbling!
❏ Ruhe bewahren!
❏ *Cuts* in deckungsschwache Räume.
❏ Verteidiger durch Finten (auch Dribbling) zur Reaktion zwingen, dann Passen.

5.2.5 Angriff gegen kombinierte Verteidigung

Ziel der kombinierten Verteidigung ist es meistens, einen überragenden Angreifer in seinen Entfaltungsmöglichkeiten einzuschränken und sein Team im Spielrhythmus zu stören. Aufgrund dieser Verteidigungsstrategie ergeben sich folgende Angriffsgrundsätze:

❏ Erkennen der Verteidigungsprinzipien.
❏ Kein krampfhaftes «Suchen» des «Star»-Spielers (vielleicht kann ja «Nr. 2» im Team das Spiel entscheiden!).
❏ Den «Star» aber auch nicht «vergessen», sondern konsequent und geduldig freispielen.
❏ Entsprechend der Grundüberlegung, daß sich eine kombinierte Verteidigung in erster Linie gegen Einzelspieler richtet, ist diese Verteidigung durch Angriffsoptionen gegen Manndeckung verwundbar, nämlich durch:
   – *Cuts* (besonders von der *Weak-side*),
   – Blocks (direkt und indirekt).

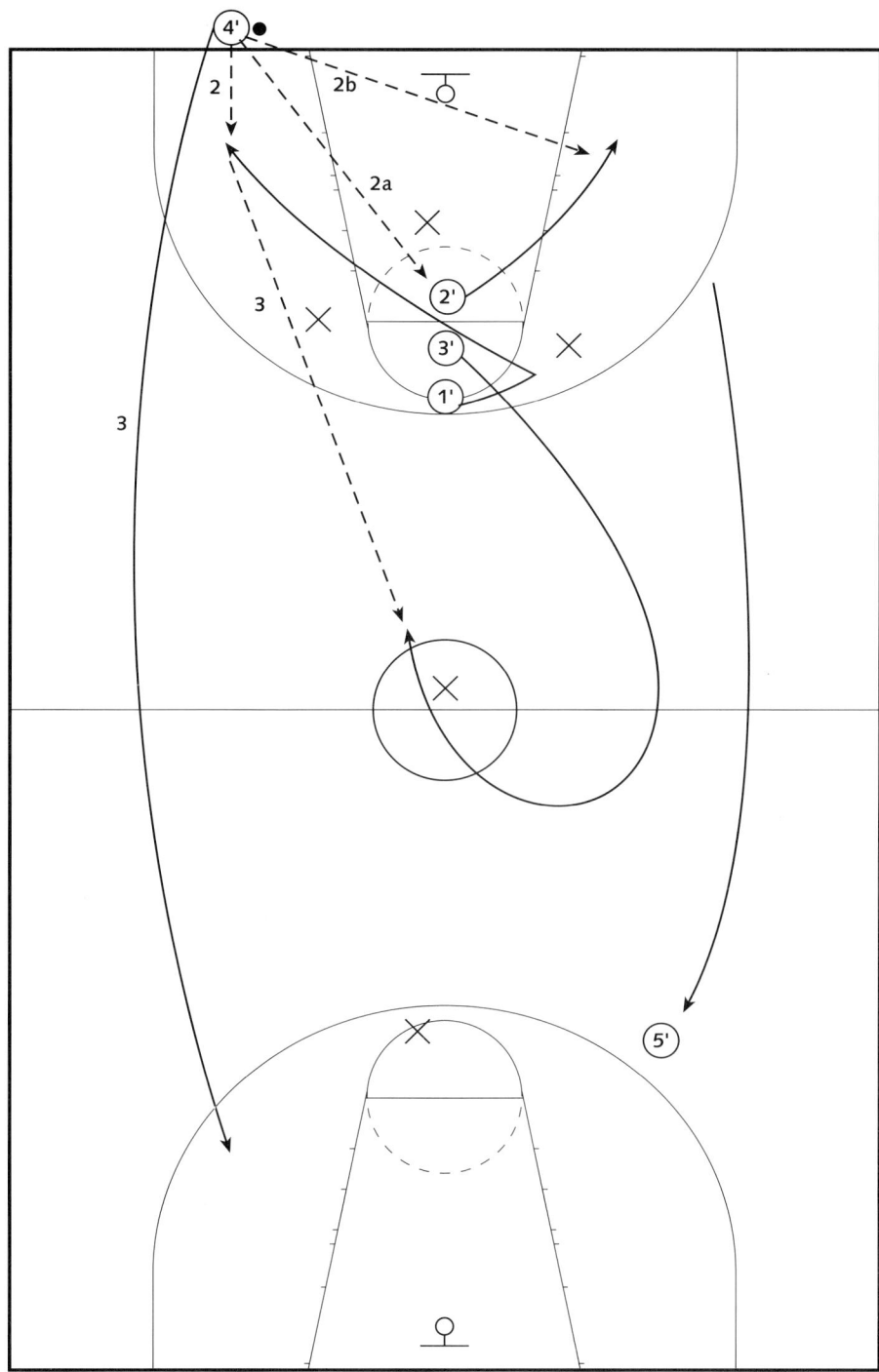

Abb. 96: Aufstellung gegen Ganz-Feld-Presse

6 TRAININGSPLANUNG

Der Begriff Trainingsplanung erstreckt sich auf alle kurz-, mittel- und langfristigen Maßnahmen zur Steigerung und Erhaltung der sportlichen Leistungsfähigkeit eines Sportlers und / oder einer Mannschaft. Insbesondere stehen im Vordergrund:

❑ die Entwicklung eines Sportlers vom Anfänger zum Könner, vom Kind zum Erwachsenen, vom Grundlagentraining zum Höchstleistungstraining,

❑ die Entwicklung spezifischer leistungsbestimmender Merkmale eines Sportlers innerhalb eines bestimmten Zeitraums,

❑ die Planung der mittelbaren Trainings- und Wettkampfziele und der dazugehörigen Trainingsmaßnahmen eines Sportlers und / oder einer Mannschaft,

❑ die Planung und Organisation aller Maßnahmen eines Wettkampfjahres unter Berücksichtigung unmittelbar entscheidender Leistungsfaktoren und notwendiger Erholungszeiten,

❑ das Ansteuern bestimmter Leistungsfaktoren durch gezielte, schwerpunktmäßige Trainingsmaßnahmen und die Kontrolle des Trainingserfolges durch möglichst objektive Datenerhebung,

❑ die Planung und Modifikation eines kürzeren Trainingszyklus unter ständiger Berücksichtigung der individuellen Situation des Sportlers, der Mannschaft, der Wettkampfergebnisse und der bevorstehenden Wettkampfanforderungen,

❑ die Planung der einzelnen Trainingseinheit unter Berücksichtigung der physischen, psychischen und sozialen Situation in der Mannschaft und das Setzen angemessener Schwerpunkte sowohl für die kurzfristige als auch für die langfristige Entwicklung des Sportlers und der Mannschaft.

Beim Basketball haben sich folgende Planungsabschnitte bewährt:
❑ *Perspektivplanung* (ca. 5 Jahre),
❑ *Mehrjahresplanung* (2 – 4 Jahre),
❑ *Jahresplanung* (1 Jahr),
❑ *Makrozyklen* (4 – 6 Wochen),
❑ *Mikrozyklen* (1 Woche),
❑ *Aufbau einer Trainingseinheit* (90 – 120 Minuten).

6.1 Perspektivplanung und Mehrjahresplanung

Gerade in kleinen Vereinen im Amateurbereich ist eine Perspektiv- oder Mehrjahresplanung oft nicht vorhanden. Andererseits macht nur ein langfristiges Konzept den sportlichen Trainingsprozeß sinnvoll und erlaubt seriösen Umgang mit den Geldern von Verein, Kommunen, Spendern, Förderern und Sponsoren.

Die Perspektivplanung beinhaltet die Darstellung der möglichen und erwünschten Leistungsentwicklung eines Sportlers, einer Mannschaft und eines Basketballvereins unter Berücksichtigung aller internen Faktoren (z. B. Talentsichtung, Talentauswahl, Talentförderung, Sportler, Trainer, Training) und externen Faktoren (z. B. Vereinsstruktur, Sponsoren, Hallenkapazitäten).

Bei der Mehrjahresplanung handelt es sich um eine realistische Planung der Leistungsentwicklung eines Sportlers und einer Mannschaft, wobei notwendige Trainingsmaßnahmen genannt und Etappenziele gesetzt werden.

Folgende Fragen geben einen (bei weitem nicht vollständigen) Einblick in die langfristige konzeptionelle Arbeit und können zur Entwicklung eines Perspektivplanes dienen. Alle Verantwortlichen sollten vorab mit den Fragestellungen vertraut sein und sich auf gemeinsame Lösungsansätze einigen:

1. *Was ist unser sportliches Ziel?*
   - ❑ Spitzensport – Breitensport – Freizeitsport?
   - ❑ Herren – Damen – Jugend?
   - ❑ Bundesliga – Regionalliga – Sonstige?
2. *Was benötigen wir für unser Ziel?*
   - ❑ Halle – Kraftstudio – Sportplatz etc.,
   - ❑ Geld und Material (Bälle, Trikots u. ä.),
   - ❑ Spieler – Talente,
   - ❑ Trainer und Sportlehrer,
   - ❑ Management und Verwaltung,
   - ❑ medizinische und pädagogische Betreuung.
3. *Welche finanziellen Mittel sind nötig, um die Ziele sinnvoll anzusteuern? Woher kann das Geld kommen?*
   - ❑ Kalkulation mit professionellen Mitarbeitern zumindest im Bereich Cheftrainer und Verwaltung,
   - ❑ Unterstützung der Basketballabteilung durch den Hauptverein (meist nur beschränkt möglich),
   - ❑ längerfristige Unterstützung durch die Kommune,
   - ❑ realistische, bedarfsorientierte Beitragsgestaltung in Verein und / oder Abteilung (im Prinzip müssen die Kosten pro Trainingseinheit durch den Beitrag der Trainingsteilnehmer gedeckt werden; das bedeutet, daß pro Trainingsteilnehmer und Training [90 Minuten] ca. 10,– DM kalkuliert werden müssen),
   - ❑ langfristige (!) Bindung von Sponsoren und Förderern,
   - ❑ Durchführung gewinnträchtiger Veranstaltungen (Turniere, Discopartys),

- ❏ Einbeziehen der Spielereltern («Ausbildungskosten»),
- ❏ Ablöseverträge mit Spielern bzw. Erziehungsberechtigten,
- ❏ Aufbau und Pflege eines Förderkreises (wichtig ist es, den Förderern klarzumachen, warum sie gerade diesen Verein unterstützen sollen).

4. *Welche Trainingskapazitäten werden für das Abteilungsziel benötigt?*
   - ❏ Welche Hallenzeiten stehen zur Verfügung oder können organisiert werden?
   - ❏ Ist eine Zusammenarbeit mit anderen Abteilungen und Vereinen denkbar?
   - ❏ Welche neuen Sportanlagen werden im Einzugsbereich gebaut oder in Betrieb genommen?
   - ❏ Ist Zusammenarbeit mit Fitneßclubs u. ä. möglich?

5. *Wie soll die Talentsichtung und Talentauswahl funktionieren?*
   - ❏ Zusammenarbeit Schule – Verein,
   - ❏ Stützpunkt verschiedener Schulen,
   - ❏ Kontakte zu Sportlehrern und Schulleitern,
   - ❏ Durchführung von Schulturnieren,
   - ❏ Organisation von Camps.

6. *Wie wird die Talentförderung gesichert?*
   - ❏ Wie viele Sportlehrer und Trainer werden benötigt?
   - ❏ Welche Qualifikation der Trainer ist nötig?
   - ❏ Welche Nachwuchstrainer können an die gewünschte Qualifikation herangeführt werden?
   - ❏ Wie kann die Kontinuität der sportlichen Arbeit gewährleistet werden (z. B. von D-Jugend bis A-Jugend)?
   - ❏ Können Trainer längerfristig an den Verein gebunden werden?

7. *Wie soll die Organisation des Projekts funktionieren?*
   - ❏ Wieviel und welches Personal (z. B. Manager, Geschäftsführer, Sekretär[in]) und Material (z. B. EDV-Ausstattung) sind für die Geschäftsstelle oder das Büro nötig?
   - ❏ Welche Qualifikation ist auf der Managementebene erforderlich (Steuern, Finanzen, Organisation)?
   - ❏ Soll die Verwaltung ehrenamtlich oder professionell organisiert sein?

8. *Welche begleitenden Maßnahmen sind nötig und möglich?*
   - ❏ Ärztliche Betreuung und Zusammenarbeit mit Physiotherapeuten,
   - ❏ Hausaufgabenbetreuung und Nachhilfe,
   - ❏ Fahr- und Abholdienste,
   - ❏ Arbeitsplatzvermittlung, evtl. mit Teilzeit,
   - ❏ Vermittlung von Wohnungen.

9. *Sind sinnvolle Teilziele zu verwirklichen?*
   - ❏ Z. B. Beginn in *einer* Jugendklasse (D-Jugend), später Ausweitung auf weitere Altersgruppen,
   - ❏ z. B. Konsolidierung in einer Spielklasse, dann Aufstieg.

10. *Wie können die Teilschritte des Projekts kontrolliert und ggf. modifiziert werden?*
    ❏ Checklisten,
    ❏ periodische Planungs- und Kontrollgespräche,
    ❏ Soll-Ist-Wert-Vergleiche.

Die individuelle Perspektivplanung eines Spielers berücksichtigt insbesondere:
❏ das sportliche Talent, besonders Schnelligkeit und Qualität des Bewegungslernens,
❏ den Ist-Wert der konditionellen Leistungsfaktoren,
❏ notwendige und realisierbare Maßnahmen im Rahmen des Aufbaus konditioneller Faktoren,
❏ die gegenwärtige und zu erwartende Körpergröße,
❏ die schulische und familiäre Situation,
❏ die Intelligenz des Spielers,
❏ die soziale Kompetenz des Sportlers,
❏ psychische Faktoren wie Fleiß, Durchhaltevermögen und Frustrationstoleranz.

Bezogen auf eine gesamte Mannschaft münden die individuellen Perspektiven eines Spielers in eine Mehrjahresplanung für Spieler und Team. Hierzu müssen Trainings- und Lernziele (sowohl im individuellen als auch im mannschaftlichen Bereich) für bestimmte Altersgruppen definiert und konkrete Maßnahmen geplant werden. Sinnvoll ist das Erstellen von Rahmentrainingsplänen, in denen die Arbeit der Trainer in den einzelnen Altersgruppen koordiniert wird.

6.2 Jahresplanung und Periodisierung

Die Jahresplanung im Amateurbereich orientiert sich an zwei Größen, nämlich an den vom Verband vorgegebenen Punktspiel- und Meisterschaftsterminen und den im jeweiligen Bundesland gültigen Ferienzeiten für Schüler und Studenten. Als grobe Einteilung des Wettkampfjahres ist es nach wie vor sinnvoll, von einer *Vorbereitungs-, Wettkampf- und Übergangsperiode* zu sprechen. Die Anpassung an die konkreten Gegebenheiten des jeweiligen Spielbetriebs erfordert jedoch eine Modifikation und weitere Differenzierung dieser Grobeinteilung:
Viele Bundesländer haben bis in den August, teils bis zum September Sommerferien; daher muß die Vorbereitungsperiode zweigeteilt werden (vor und nach den Ferien).
Im Jugendbereich schließt sich an die Rundenspiele die Meisterschaft an, die auf DBB-Ebene und in vielen Bundesländern in Turnierform ausgetragen wird. Bei Erreichen der Endrunde der deutschen Meisterschaft dauert die Wettkampfzeit von September/Oktober bis Mitte Mai des folgenden Jahres. Daher hat es sich bewährt, die Wettkampfperiode in WKP I (Punktrunde) und WKP II (weiterführende Meisterschaft) aufzuteilen.

Für den Jugendbereich ergibt sich somit bei einer Mannschaft mittlerer Leistungsstärke (Landesverbandsniveau) folgende Jahreseinteilung (Sommerferien im August):

- ❏ Juni/Juli   Vorbereitungsperiode I (VP I)
- ❏ September   Vorbereitungsperiode II (VP II)
- ❏ Oktober–Januar   Wettkampfperiode I (WKP I)
- ❏ Februar–April   Wettkampfperiode II (WKP II)
- ❏ Mai   Übergangsperiode

6.2.1 Die Vorbereitungsperiode

Bei 2–3 Trainingseinheiten pro Woche stehen für die Vorbereitungsperiode ca. 25–35 Trainings zur Verfügung, die in drei Makrozyklen (Trainingsblöcke) unterteilt werden können.

Die Vorbereitungsperiode dient dem Aufbau bestimmter Leistungsmerkmale, z. B. Kraft, Ausdauer, Dribbling, Manndeckung, Angriffssystem. Trainingseinheiten in dieser Phase werden so geplant, daß die vorgesehenen Trainingsziele möglichst effektiv und schnell verwirklicht werden können. Das bedeutet das Setzen von 1–3 Schwerpunkten pro Training und die Verwendung effektiver Trainingsformen, um Zeitverluste zu vermeiden. Besonders wichtig ist es, nicht zu viele Trainingsziele gleichzeitig ansteuern zu wollen, sondern eher deutliche Fortschritte in ausgewählten Bereichen zu erzielen. Generell sind die Trainingsziele am Anfang der Vorbereitungsperiode eher grundlegend (z. B. Verbesserung der aeroben Ausdauer) und individuell (z. B. Verbesserung der Wurftechnik), während sie gegen Ende der Vorbereitungsperiode spezifisch (z. B. spielnahe aerob-anaerobe Energiebereitstellung) und kollektiv (z. B. Angriffs- oder Verteidigungstaktik) ausgerichtet sind.

Da in der Vorbereitungsperiode keine offiziellen Wettkämpfe ausgetragen werden und somit kaum Rücksicht auf Spiele am Wochenende genommen werden muß, ist die Trainingsintensität insgesamt hoch.

6.2.2 Die Wettkampfperiode

Im Seniorenbereich (unterhalb der Bundesliga) finden in der Saison ca. 25 offizielle Spiele statt, die Wettkampfperiode dauert also ungefähr sechs Monate. Weihnachten mit den Feiertagen, Silvester und evtl. die Winterferien erzwingen einen Einschnitt in der Trainings- und Spielkontinuität. Deshalb bietet es sich an, die Wettkampfperiode in vier Blöcke zu unterteilen: zwei Blöcke (mit ca. 6 Wochen) vor und zwei nach Weihnachten. Jeder Block beinhaltet bei drei Trainingseinheiten in der Woche ca. 18 Trainingseinheiten bzw. drei bis vier Schwerpunktthemen.

Anders stellt sich die Wettkampfperiode im Jugendbasketball dar: Wenn die Mannschaft um Landes- und Bundesmeisterschaften spielt, dann verlängert sich die Saison bis Mai oder sogar Juni. Daher muß der Trainer sein Team exakt einschätzen und die Saisonlänge realistisch planen. Da bei der Teilnahme an weiterführenden Meisterschaften, also bei Spitzenjugendmannschaften, der vorangegangene Punktspielbetrieb oft nur wenige anspruchsvolle Gegner bietet, ist es sinnvoll, bei solchen Jugendmannschaften von einer Wettkampfperiode I (Rundenspielbetrieb) und einer Wettkampfperiode II (Meisterschaft) zu sprechen. In der Regel bildet dann die Wettkampfperiode II einen großen Trainingsblock, bei einer Teilnahme an der deutschen Meisterschaft wohl zwei Trainingsblöcke von ca. vier bis sechs Wochen.

Mit Beginn der Wettkampfperiode, d. h. mit dem ersten Punktspiel, rücken kollektive Trainingsziele in den Mittelpunkt der Planung. Mannschaftstaktik in Angriff und Verteidigung, Feinabstimmung aller kollektiven Maßnahmen, die Vorbereitung auf den oder die nächsten Gegner, Wurftraining und die Erhaltung des konditionellen Leistungsniveaus bilden die Schwerpunkte. Im Nachwuchstraining wird außerdem das Techniklernen fortgesetzt.

Da kein Sportler sechs Monate oder mehr am Gipfel seiner Form sein kann, ist es wichtig, die Trainingsbelastung so zu dosieren, daß die Spieler zu den entscheidenden Spielen fit sind. Dies erfordert eine realistische Einschätzung der eigenen Leistungsfähigkeit und gute Kenntnisse der Gegner. Da die sportliche Form in Wellenform verläuft, empfiehlt es sich, entlastende Trainingswochen (weniger Training, geringere Intensität, lockerere Trainingsinhalte) einzuschieben, wenn der Spielplan dies zuläßt. Dieses Vorgehen wird aber um so schwieriger, je mehr das Team jedes Wochenende ein «entscheidendes» Spiel hat (z. B. im Abstiegskampf).

6.2.3 Die Übergangsperiode

Die Übergangsperiode beginnt nach dem letzten Spiel der Saison. Unabhängig von der Spielklasse einer Mannschaft ist eine Wettkampfsaison immer belastend: Neben der körperlichen Ermüdung, die um so größer ist, je höherklassig die Mannschaft spielt und je öfter sie daher trainiert hat, steht die psychische Anspannung, die durch die Doppelbelastung Beruf / Schule – Leistungssport und die regelmäßige Verpflichtung zur Trainings- und Spielteilnahme hervorgerufen wird. Mannschaftssport fordert die Sportler auch in sozialer Hinsicht stark: Der einzelne ist ständig gezwungen, seine Individualinteressen den Mannschaftsinteressen unterzuordnen. Mit der Familie oder dem Partner kann es zu Konflikten kommen, wenn der Sportler mehr Tage in der Halle als zu Hause verbringt. Die Mannschaft wiederum besteht nur in den seltensten Fällen aus «zehn Freunden», besonders höherklassige Teams sind oft reine Zweckgemeinschaften. Aus diesen Gründen ist im Amateurbereich das oberste Ziel der Übergangsperiode die *physische, psychische und soziale Erholung*.

Abhängig von Saisonverlauf und Leistungsniveau dauert die Übergangsperiode drei bis sechs Wochen. Erste Maßnahme ist die Reduktion der Trainingsbelastung. Eine totale Trainingspause von drei bis vier Wochen erlaubt den Sportlern, völlig abzuschalten und sich ganz auf andere wichtige Ziele (z. B. Schule) zu konzentrieren. Im zweiten Teil der Übergangsperiode wird das Training in reduzierter Form wiederaufgenommen. Ein hoher Grad an Freiwilligkeit und eine Absprache mit den Spielern

über Art und Umfang des Trainings kann jetzt die Voraussetzung schaffen für hohe In-
anspruchnahme in der kommenden Vorbereitung und in der neuen Saison. Dennoch
ist es wichtig, im zweiten Teil der Übergangsperiode (ca. drei bis vier Wochen) wieder
in das regelmäßige Training einzusteigen; Inhalte sind alternative Sportarten (z. B.
Fußball), aber auch die gezielte Arbeit an individuellen Schwächen (z. B. Wurftechnik). Spieler, die verletzt waren oder dauernde Beschwerden haben, sollten in der
Übergangsperiode intensiv sportmedizinisch und physiotherapeutisch betreut werden, so daß sie die neue Saison völlig gesund beginnen können.

6.3   Makrozyklen und Blockperiodisierung

In einem Makrozyklus oder Trainingsblock von ca. vier Wochen (ca. 10 – 12 Trainingseinheiten) werden komplexere Trainings- und/oder Wettkampfziele angesteuert und
umgesetzt. Grundlegendes Kriterium eines erfolgreichen Makrozyklus ist ein objekti-
vierbarer (meßbarer) Leistungsfortschritt im trainierten Teilbereich. Das bedeutet,
daß ein Trainingsblock immer mit einer möglichst objektiven Ist-Wert-Analyse
(Tests) eingeleitet wird und die Effektivität der Trainingsmaßnahmen nach ca. vier
Wochen wiederum überprüft wird (Soll-Wert-Kontrolle) (siehe auch Kapitel 8.2).
Dies ist relativ einfach bei konditionellen Merkmalen (Verbesserung der Geschwindigkeit, der Kraft, des Bewegungsumfanges), problematischer im Bereich der Technik-
schulung und der Taktik. Hier sind oft die Beobachtung durch den Trainer, Scouting-
ergebnisse und Videoanalysen die einzige Möglichkeit, den Trainingserfolg
einzuschätzen.
Innerhalb eines Makrozyklus können drei bis vier komplexe Trainingsziele angesteuert, d. h. meßbar verbessert werden. Daher erfordert die Planung des Makrozyklus-
Blockes vom Trainer eine sehr genaue Auswahl der Trainingsziele, die sich wiederum
systematisch in die Jahresplanung einfügen müssen.

6.4   Mikrozyklen

Ein Mikrozyklus umfaßt die Feinplanung aller Trainings-, Wettkampf- und Erho-
lungsmaßnahmen innerhalb einer Woche – in der Wettkampfzeit also den Zeitraum
zwischen zwei Spieltagen. Betroffen sind somit eine bis fünf Trainingseinheiten, in der
Regel wohl zwei bis drei. Typische Funktionen und Ziele des Mikrozyklus sind:
❑ Konkrete Planung und Umsetzung aktueller Trainings- und Steuerungsschritte
   sowie Wettkampfmaßnahmen,
❑ Setzen von angemessenen Belastungsreizen unter Berücksichtigung physiologi-
   scher Erholungszeiten,

- ❏ Ermöglichen notwendiger, aber evtl. nicht vorhergesehener Erholung bzw. reduzierter Trainingsbelastung,
- ❏ Ansteuerung kurzfristig umsetzbarer Trainingsziele, auch als Teilziele eines Makrozyklus,
- ❏ Reaktion auf aktuelle Wettkampfergebnisse und Trainingsleistungen als Steuerungsmechanismus innerhalb der mittel- und langfristigen Leistungssteuerung,
- ❏ Auswertung und Korrektur der Spielleistung im letzten Spiel,
- ❏ taktische Vorbereitung auf das nächste Spiel.

6.5 Die Trainingseinheit

Eine Trainingseinheit dauert in der Regel 90 Minuten und ist im allgemeinen in folgende Abschnitte aufgegliedert (vgl. Kapitel 8.1):

1. Aufwärmen   20 Minuten
2. Schwerpunkt 1   20 Minuten
3. Zwischenblock 1   10 Minuten
4. Schwerpunkt 2   20 Minuten
5. Zwischenblock 2   05 Minuten
6. Spiel   15 Minuten
7. Erholungsfördernde Maßnahmen

Aus dieser Standardgliederung geht hervor, daß der Zeitdruck in einer 90minütigen Trainingseinheit sehr groß ist (besonders bei nur zwei bis drei Einheiten/Woche) und schwerlich mehr als zwei Trainingsziele sinnvoll angesteuert werden können. Dies bedeutet für den Trainer, daß er sein Training sehr straff durchführen muß, für die Spieler die Verpflichtung zu großer Disziplin. Allgemeine Maßnahmen wie Seilspringen, Stretching oder Cool-down sollten nach Möglichkeit außerhalb der 90-Minuten-Einheit liegen, um Hallenzeit einzusparen (Stretchen kann man auch auf dem Gang). Je selbständiger und zuverlässiger die Spieler in dieser Hinsicht sind, desto effektiver kann der Trainer die Trainingszeit nutzen! In die Trainingseinheiten integriert werden zweckmäßige Verfahren zur Kontrolle des Trainingserfolges bzw. Leistungsfortschritts (Operationalisierung).

6.5.1 Das Aufwärmen

Aufwärmen verfolgt den Zweck, den Sportler optimal physisch und psychisch auf die kommenden Trainingsanforderungen vorzubereiten und die Verletzungsgefahr zu reduzieren. Aufwärmen zielt besonders auf folgende Bereiche ab:

- ❏ Herz-Kreislauf-System,
- ❏ aktiver Bewegungsapparat (Muskulatur),

- passiver Bewegungsapparat (Bänder, Gelenke),
- Stoffwechsel,
- Zentralnervensystem,
- Psyche.

Das Aufwärmen erfolgt in drei Phasen (jeweils 5 – 10 Minuten):
- allgemeines Aufwärmen,
- Stretching- und Kräftigungsübungen,
- spezielles Aufwärmen.

Trainingsformen für das allgemeine Aufwärmen
- *Seilspringen* (aus dem Fußgelenk):
  100 beidbeinig, 50 links, 50 rechts, 100 beidbeinig.
- *Laufschulung* (jeweils vier Hallenbahnen):
  - Fußgelenklauf,
  - Kniehebelauf,
  - Anfersen,
  - Hopserlauf,
  - Schritthoch- und Schrittweitsprünge,
  - Seitwärtslauf,
  - Kombinationen der o. g. Aufgaben,
  - Variationen in Tempo, Rhythmus und Richtung.

Das Stretchingprogramm
Alle Stretchingübungen werden 2 – 3× durchgeführt und 10 – 15 Sekunden in der Dehnposition gehalten. Nach dem Training oder Spiel kann die Dehnung bis ca. 30 Sekunden gehalten werden.

DEHNUNG DER SEITLICHEN HALS- UND NACKENMUSKULATUR

Stabiler Stand, Blick nach vorne.
Der linke Arm zieht Richtung Boden.

DEHNUNG DER SEITLICHEN RUMPFMUSKULATUR UND DER ARMSTRECKMUSKULATUR

Beide Beine gleichmäßig belasten
(Hüfte gerade).

DEHNUNG DER SEITLICHEN HÜFT- UND UNTEREN RÜCKEN- MUSKULATUR

Rücken gerade halten
(Brust zum Knie).
Über die Schulter
nach hinten schauen.

DEHNUNG DER KNIEGELENKBEUGER UND DER GESÄSS-MUSKULATUR

Das passive Bein ganz strecken (Ferse am Boden).
Das Knie soweit wie möglich zur Schulter ziehen und erst dann strecken.

DEHNUNG DER HÜFTBEUGER UND DER GERADEN OBERSCHENKEL-MUSKULATUR

Erst die Hüfte über-strecken (Hüftknochen nach vorne schieben), dann die Ferse zum Gesäß ziehen.
Nicht ins Hohlkreuz gehen.

DEHNUNG DER WADENMUSKULATUR

Die Fußspitzen zeigen zur Wand.
Hinteres Bein ist vollkommen gestreckt.

Das Kräftigungsprogramm

KRÄFTIGUNG DER ARMSTRECK- UND SCHULTERMUSKULATUR

Mit leicht nach hinten gedrehten Händen aufstützen, die Beine liegen knapp oberhalb der Knie auf; der Rücken ist gerade. Arme beugen und strecken.
❏ In 5 Sätzen jeweils 10× die Arme strecken.

KRÄFTIGUNG DER ARMBEUGE- UND SCHULTERMUSKULATUR

Liegestütz rückwärts. Arme beugen und strecken. Die Hüfte gestreckt lassen.
❏ In 5 Sätzen jeweils 10× die Arme beugen.

KRÄFTIGUNG DER GERADEN BAUCHMUSKULATUR

Kopf mit den Händen stützen und den Oberkörper unter maximaler Bauchspannung leicht einrollen.

❑ Die Übung 5× langsam ausführen und in der Endstellung 6–10 Sek. halten.

KRÄFTIGUNG DER SCHRÄGEN BAUCHMUSKULATUR

Kopf und Schulter mit einer leichten Einwärtsdrehung anheben und in Richtung des gegenüberliegenden Knies führen. Nicht ruckartig am Kopf ziehen.

❑ Die Übung in fünf Sätzen langsam 10× in jede Richtung ausführen.

KRÄFTIGUNG DER RÜCKEN-, SCHULTER- UND GESÄSSMUSKULATUR

Mit nach vorn gestreckten Armen den Oberkörper anheben (kein Hohlkreuz!). Versuchen, besonders viel Spannung im Gesäß aufzubauen.

❏ Den Oberkörper 5× leicht anheben und 6–10 Sek. in dieser Position halten.

KRÄFTIGUNG DER GESÄSS-, RÜCKEN- UND HINTEREN OBERSCHENKELMUSKULATUR

Das Becken heben und senken. Das Becken nur so weit anheben, daß es in der Körperlängsachse liegt. Kein Hohlkreuz!

❏ Das Becken 5× nach oben drücken und 6–10 Sek. halten.

KRÄFTIGUNG DER RUMPF-, HÜFT- UND SCHULTERGÜRTELMUSKULATUR

Becken vom Boden heben und das obere Bein abspreizen. Die Fußspitzen zeigen nach vorn.

❏ Die Position 5×6–20 Sek. halten.

KRÄFTIGUNG DER GESÄSS-, RUMPF- UND SCHULTERMUSKULATUR

Gesäß mit gestreckten Beinen anheben, bis der Rumpf eine Linie bildet. Nun rechtes Bein nach oben führen und wieder senken.

❏ Jedes Bein 5× anheben und 6–10 Sek. halten.

Trainingsformen für das spezielle Aufwärmen

1. Korblegezirkel (große Kreise).
2. Pendelwürfe.
3. Achterlauf.
4. 2-0 Schnellangriff.
5. Dribbelbahnen mit besonderen Aufgaben (jeweils links und rechts):
   - mit geschlossenen Augen dribbeln,
   - Hopserlauf,
   - Tempowechsel (4, 3, 2 Schritte schnell / langsam),
   - Handwechsel an Mittellinie und Freiwurflinien:
     - ❏ vor dem Körper, hinter dem Körper,
     - ❏ zwischen den Beinen, mit Drehung,
     - ❏ Mehrfach-Handwechsel,
     - ❏ Dribbling paarweise in Gegenüberaufstellung: Handwechsel mit Gegner.
6. Tippen ans Brett (Absprung ein- / beidbeinig).
7. Überzahlkontinuum 3-2 (submaximales Tempo).
8. Spiel 5-5 ohne Dribbling.

6.5.2 Die Trainingsschwerpunkte

Mit Ausnahme des gänzlich konzentrisch orientierten Anfängertrainings oder einer konzentrischen Trainingseinheit in der Übergangsperiode werden im Wettkampfsport immer Trainingsziele angesteuert, die sich in den Trainingsschwerpunkten wiederfinden. In der Regel können in einer Einheit zwei Schwerpunkte sinnvoll trainiert werden. Die Beschränkung auf nur einen Trainingsschwerpunkt ist nicht zu empfehlen, da die Motivation der Spieler bei zu langer Arbeit an einem Thema oft nachläßt. Das Thema eines Trainingsschwerpunktes wird bei der Vorbereitung so formuliert, daß es innerhalb des zur Verfügung stehenden zeitlichen Rahmens bewältigt werden kann. Hierzu plant der Trainer verschiedene Trainingsformen («Übungen»), die in methodisch sinnvoller Reihung zum Trainingsziel führen. Abhängig vom Trainingsziel werden meist zwei bis fünf Trainingsformen für einen Schwerpunkt methodisch aneinandergereiht.

6.5.3 Die Zwischenblöcke

Unabhängig vom gegenwärtigen Trainingsziel und den Schwerpunkten gibt es Trainingselemente, die in nahezu jedem Training unverzichtbar sind und daher als «Zwischenblöcke» zwischen die Hauptblöcke der Trainingseinheit geschoben werden. Hierunter fallen besonders Wurfserien (Sprungwürfe, Freiwürfe), Standardsituationen (z.B. Schnellangriff), konditionelle Elemente (z.B. Linienläufe) und motivationsfördernde Elemente wie Staffeln, kleine Spiele oder Wurfwettbewerbe (siehe auch Kap. 10.5 – 10.7). Zwischenblöcke spielen bei der Konzeption der gesamten Trainingseinheit eine wichtige Rolle: Ist ein Trainingsschwerpunkt konditionell anspruchslos (z. B. Neulernen einer Technik), dann kann ein Zwischenblock in Form einer Schnellangriffübung (z. B. 3-2/2-1) die Spieler konditionell beanspruchen. Wird schwerpunktmäßig Verteidigung trainiert, dann bieten sich offensive Elemente wie Wurftraining an. Fordert das Training die Spieler kognitiv (z. B. Erlernen eines Spielsystems) und besteht daher die Gefahr, daß die Spieler unkonzentriert werden, können Staffeln oder kleine Wettbewerbe (z. B. Freiwurf-*shoot-out*) der aufkommenden Langeweile entgegenwirken.

6.5.4 Das Spiel im Training

Kein Training ohne Spiel! Spielen bedeutet aber nicht planloses Auf- und Ablaufen, sondern sollte immer mit den vorher trainierten Trainingsschwerpunkten in Verbindung stehen. Dafür eignet sich allerdings oft das Spiel 5-5 über das ganze Feld weniger als andere Spielformen wie z. B. 3-3. Durch gezielte Regeländerungen (siehe 2.2.5) können *methodische Spiele* konstruiert werden, die den Charakter des Basketballspiels wahren und gleichzeitig eine effektive Trainingsform für die verschiedensten Trainingsziele darstellen.

6.5.5 Die erholungsfördernden Maßnahmen

Je größer die Trainings- und Spielbelastung (z. B. Turniere) ist, desto mehr gewinnen erholungsfördernde Trainingsinhalte an Bedeutung. Tägliches Training oder sogar mehrere Trainingseinheiten an einem Tag (z. B. in einem Trainingslager) oder mehrere Spiele an einem Tag (z. B. Jugendmeisterschaften) sind ohne Erholungsförderung nicht mit voller Leistungsfähigkeit durchführbar.

Erste und einfachste Maßnahme ist das *Auslaufen*: Nach Belastungsende traben die Spieler (evtl. ohne Schuhe) fünf bis 10 Minuten locker bei niedrigem Tempo weiter. Ziel ist die Regulation des Stoffwechsels und des Kreislaufs und der beschleunigte Abtransport von störenden Stoffwechselprodukten aus der Muskulatur.

Ebenfalls einfach und nach jeder Belastung durchführbar ist *Stretching*. Das beschriebene Stretchingprogramm (s. S. 172, 173) eignet sich auch zur Einleitung der Erholung. Dabei wird die Dehnung der Muskulatur nicht bis zum Maximum vorangetrieben, sondern vielmehr 30 Sekunden und mehr in einer angenehmen und entspannenden Lage gehalten. Schwerpunktmäßig sollte die besonders belastete und zur Verkürzung neigende Beinmuskulatur gestretcht werden. Stretching bewirkt außerdem eine Erhöhung der Muskeltemperatur, wodurch die Regulation des Muskelstoffwechsels unterstützt wird.

Besonders im Rahmen von Trainingslagern oder bei Meisterschaftsturnieren sollte die *Massage* in der Erholungsplanung miteinbezogen werden. Neben der unmittelbaren Entspannung kann durch Massage auch einer allmählichen Verschlechterung des Muskelfunktionsstandes vorgebeugt werden.

Ideal zu Entspannung und Erholung nach einer anstrengenden Trainings- oder Spielwoche ist der Besuch einer *Sauna*. In der Sauna werden Durchblutung und Entspannung gefördert. Außerdem stärken regelmäßige Saunabesuche die Abwehrkräfte des Körpers.

Im Rahmen der Erziehung durch Sport und zum Sport müssen besonders jugendliche Sportler lernen, daß das, was sie aus ihrem Körper als Leistung «herausholen», nur so gut sein kann, wie das, was an *Ernährung* «hineingesteckt» wird.

Die wichtigsten Gesichtspunkte sind dabei:

- ❏ voll- und hochwertige Nahrungsmittel bevorzugen,
- ❏ auf eine ausgewogene mineral- und ballaststoffreiche Ernährung achten,
- ❏ viel Obst und Gemüse, wenig Fleisch und Fett essen,
- ❏ Süßigkeiten und Fast food reduzieren,
- ❏ Alkohol und Nikotin meiden.

7 BREITEN- UND FREIZEITSPORT

Im gesamten organisierten deutschen Sport wird deutlich, daß in den Sportvereinen der Breiten- und Freizeitsport mehr und mehr an Bedeutung gewinnt. Diese Entwicklung fordert die Ausbildung qualifizierter Gruppenleiter für die Betreuung von Breiten- und Freizeitsportlern.

Gleichzeitig verdeutlichen die Entwicklung von «Basketball auf der Straße» sowie die steigenden Mitgliederzahlen in den Basketballvereinen das immer größer werdende Interesse am Sportspiel Basketball – vor allem bei Jugendlichen, so daß auch die Sportlehrer angesprochen sind, die gegenwärtige Begeisterung im Schulsport zu fördern.

In den folgenden Kapiteln sollen theoretische Aspekte der Breitensportarbeit im Sportspiel Basketball untersucht (Kapitel 7) und praktische Vorschläge für Breitensportgruppen (Kapitel 8 – 10) im Schulsport, in Basketballvereinen und im nichtorganisierten Sport gemacht werden. Den Abschluß bilden Informationen zur Mitgliedergewinnung aus dem Ressort «Breiten- und Freizeitsport» im DBB (Kapitel 11).

7.1 Entwicklungen und Veränderungen im Sport

Das ursprünglich vorhandene einheitliche Gesamtbild des Sports, des Sportverständnisses sowie die Überschaubarkeit und Eindeutigkeit des Sports existieren nicht mehr – ebensowenig wie die einstmalige Monopolstellung des organisierten Sports als Anbieter von Bewegungsaktivitäten.

Zwar prägt auch heute noch der traditionelle Sport mit seiner Vielzahl von Sportdisziplinen und seiner wettkampf- und leistungsbezogenen Ausrichtung die Sportlandschaft in den Sportvereinen und auch in den Medien, aber das Erscheinungsbild des Sports hat sich verändert: Die ehemals scharfen Konturen und Definitionen dessen, was Sport ist, verwischen immer mehr, und dafür gibt es verschiedene Ursachen.

So ist z. B. die Zahl der Sportanbieter erheblich gestiegen durch:

❏ kommerzielle Sporteinrichtungen, wie z. B. Sportschulen, Fitneßzentren, Sportzentren, Urlaubsangebote mit Sport,

❏ karitative Einrichtungen mit Sportangeboten, wie etwa Feuerwehr, Pfadfinder, kirchliche Gruppen,

❏ kommunale Sportangebote, z. B. in der offenen Jugendarbeit, Sportfreizeiten,

❏ Sportangebote in Erwachseneneinrichtungen, wie z.B. in Volkshochschulen, Bildungswerken, Krankenkassen.

Selbstverständlich hat sich der organisierte Sport selbst auch entwickelt und entscheidend zur Ausbreitung des Sports beigetragen:
❏ die Zahl der Sportdisziplinen im Deutschen Sportbund ist erheblich größer geworden und umfaßte 1994 56 Fachverbände (vgl. DSB 1994),
❏ die Zahl der Sportvereine ist kontinuierlich gestiegen: 1994 waren es genau 83 342 (vgl. DSB 1994),
❏ das Sportartenangebot ist in vielen, nicht in allen, Sportvereinen größer geworden,
❏ die neuen Sportangebote berücksichtigen nicht nur neue Sportarten, sondern auch die Bedürfnisse der Adressaten, so z.B. im Seniorensport,
❏ die Mitgliederzahl im gesamten Vereinssport ist erheblich gestiegen: 1994 wurden 24 861 038 Mitglieder gezählt, das entsprach einem Organisationsgrad in unserer Bevölkerung von fast 27 % (vgl. DSB 1994),
❏ es scheint allmählich zu gelingen, mehr und mehr Sportvereine und Sparten für ursprünglich im organisierten Sport unterrepräsentierte Bevölkerungsgruppen, wie z.B. Frauen und ältere Menschen, zu öffnen,
❏ die Zahl der Sportstätten, die für den Vereinssport zur Verfügung stehen, ist erheblich größer geworden, ohne daß jedoch heute eine vollständig zufriedenstellende Versorgung erreicht wäre; in den neuen Bundesländern ist die Situation äußerst unzureichend.

Sportaktive und Sportinteressenten sind für das Betreiben ihres Sports nicht nur auf die Sportorganisationen oder kommerzielle Sportanbieter angewiesen, sondern können ihr Hobby mehr und mehr selbständig und in eigener Verantwortung ausführen:
❏ Laufen/Jogging, Schwimmen/Baden, Radfahren, Wandern, aber auch Skilaufen und Surfen sind Beispiele für selbständig organisierten Sport, der von vielen Sportlern unabhängig von jeglicher Institution betrieben wird.

Parallel zu der Vielfalt der sportlichen Betätigungen hat sich eine Vielfalt von unterschiedlichen Sportverständnissen entwickelt. Es ist zu einer Differenzierung und Erweiterung der Motive für das Sporttreiben gekommen.

Aufgrund der vielfältigen Veränderungen und Entwicklungen
❏ im organisierten und kommerziellen Sport,
❏ im Sport außerhalb von Institutionen und Verbänden,
❏ der Sportmaterialien und Sportgeräte und
❏ der Sportstätten
ist der Begriff «Sport» für manche Menschen einseitig geworden, weil er in erster Linie den traditionellen, vor allem durch die Medien geprägten wettkampf- und leistungsorientierten Sport charakterisiert. Dieses einseitige Bild des Sports entspricht

nicht mehr dem Gesamtbild des heutigen Sports und berücksichtigt die beschriebenen neueren Entwicklungen nicht, sondern stellt nur noch einen Teilausschnitt eines sehr umfassenden Sportgeschehens dar.

Die Übergänge zwischen Sport – weichem oder sanftem Sport, entsportlichtem Sport – und «Nichtsport» sind fließend. Exakte Trennungslinien und Unterscheidungsmerkmale zu identifizieren ist fast unmöglich.

Für Sportaktive und Sportinteressenten sind in den vergangenen Jahren völlig neue sportliche Angebote entstanden, und schon bestehende haben sich weiterentwickelt und an Bedeutung gewonnen: Abenteuersport mit Klettern, Free-climbing, Survivaltraining, Fliegen in den verschiedensten Formen, Natursport wie Surfen und Rafting, fernöstliche Kampfsportarten mit Budo, Kendo, Taekwondo und Karate, Gesundheitssport, Entspannungsverfahren, körper- und bewegungstherapeutische Verfahren usw. sind Beispiele für besonders auffällige Entwicklungen.

Einige dieser neuen Sportarten und sportlichen Betätigungen haben sich außerhalb des Vereinssports etabliert und sind zur Konkurrenz für den organisierten Sport geworden.

Immer häufiger fragen Sportaktive und Sportinteressenten nach den Vorteilen, die sie haben, wenn sie ihren Sport als Mitglied in einem Sportverein betreiben. Und nicht immer können Vereinsvertreter darauf eine zufriedenstellende Antwort geben.

7.2 Entwicklung von Sportarten, Sportstätten und Sportgeräten

Die folgenden Beispiele für die vielfältigen Sportartenveränderungen und Neuentwicklungen von Sportgeräten konkretisieren und «materialisieren» Veränderungen im Sport und sollen den engen Zusammenhang mit den veränderten Sportverständnissen verdeutlichen.

Während die organisierte Leichtathletik innerhalb des letzten Jahrzehnts massive Mitgliederverluste erlitten hat, verzeichnet ein Teilbereich, und das ist die Lauf- oder Joggingbewegung, einen erheblichen Zustrom außerhalb des Vereinssports.

Ähnliche Entwicklungen hat die Sportart Schwimmen erlebt. Während die Schwimmvereine zurückgehende Mitgliederzahlen verzeichnen, erfährt das Baden in sogenannten Spaß- und Erlebnisbädern eine große Nachfrage und steht bei Befragungen nach den am häufigsten ausgeübten Sportaktivitäten oft an erster Stelle. Das traditionelle, gleichförmige, auf Fertigkeits- und Konditionstraining ausgerichtete, aber extrem erlebnisarme Hin- und Herschwimmen in Bahnen von sterilen und genormten Schwimmhallen hat einen weitaus geringeren Stellenwert.

Im Bereich des Krafttrainings bzw. Gewichthebens haben sich ebenfalls neue Formen der sportlichen Betätigung entwickelt: mit Bodystyling, Bodybuilding und Bodyshaping werden allerdings auch völlig andere Zielsetzungen verbunden. Allgemeines Fitneßtraining an oder mit Kraftmaschinen und -geräten ist die modernisierte Variante des traditionellen Krafttrainings und hat viele Sportinteressenten zu Sportaktiven werden lassen.

Auch für das Sportspiel Basketball finden gegenwärtig umfassende Erneuerungen mit dem zunächst aus kommerziellem Interesse propagierten «Streetball» statt. «Straßenbasketball» entwickelt sich im Augenblick hauptsächlich auf der Straße. Schließlich sind die in vielen Städten von einigen Sportartikelherstellern angebotenen Streetballturniere (1994 mit insgesamt etwa 90 Veranstaltungen und mit ca. 17 000 Teams) der große Renner – vor allem bei Jugendlichen. Streetball und das dazugehörige «Outfit» sind Bestandteile der Jugendkultur. Ob «Streetball» bei uns eine ähnliche Bedeutung wie in den USA erreichen wird, kann heute noch nicht gesagt werden. Der Deutsche Basketball Bund und seine Vereine sollten auf jeden Fall sowohl die «freie» Entwicklung «auf der Straße» unterstützen als auch mit der notwendigen Vorsicht versuchen, Streetball in das Vereins- und Verbandssystem zu integrieren, da dieses Spiel für die Ausbreitung der Sportart Basketball hervorragend geeignet ist. Und selbstverständlich gehört Streetball auch in die Schulen!

Eine ganz neue Entwicklung stellt Beach-Basketball dar: Vor wenigen Jahren ins Leben gerufen, sind mehr und mehr junge Menschen von diesem Spiel begeistert, das auf zwei Körbe 3 : 3 im Sand und daher ohne Dribbling gespielt wird.

Mit Hilfe der ideellen und materiellen Differenzierungen des traditionellen Sports wurden neue Gruppen von Sportinteressenten an Sportaktivitäten herangeführt.

7.3   Veränderungen in unserer Gesellschaft als Ursachen für Veränderungen im Sport

Die Ursachen für die beschriebenen Veränderungen im Sport sind durch Veränderungen in unserer Gesellschaft zu erklären und auf diese zurückzuführen. Dabei handelt es sich unter anderem um:

❑ eine nicht unerhebliche Zunahme der frei verfügbaren Zeit pro Tag, pro Woche, pro Jahr, bedingt durch die Verkürzung der Arbeitszeit,

❑ eine ausgeprägte Zunahme an passiven und aktiven Freizeitbeschäftigungen,

❑ eine für weite, aber nicht für alle, Teile der Bevölkerung verbesserte finanzielle Situation, die sich auch auf die Finanzierung der Freizeit auswirkt,

❑ eine erhöhte individuelle Mobilität durch private und öffentliche Transportmittel, die ebenfalls zur Förderung von Freizeitaktivitäten beigetragen hat,

❑ Veränderungen in unserer Bevölkerungsentwicklung, mit dem Ergebnis, daß es weniger jüngere und mehr ältere Menschen gibt,

❑ zunehmende Sorge um den eigenen Körper und das individuelle Wohlbefinden infolge ökologischer Beeinträchtigungen und Bedrohungen,

❑ die gesellschaftspolitische Anerkennung und Förderung des Sports.

7.4 Situation der Basketballvereine

Der Deutsche Basketball Bund steht mit seinen 175 195 Mitgliedern (vgl. DSB 1994) in fast 2000 Vereinen und Abteilungen vor denselben Problemen wie viele andere Sportvereine und -abteilungen auch. Sowohl die tatsächlichen Mitglieder als auch etwaige Sportinteressierte sehen sich immer wieder vor der Qual der Wahl, ob sie sich für das Basketballspielen im Verein entscheiden sollen – denn das Angebot an Freizeitaktivitäten ist groß.

Allerdings gibt es auch einige Besonderheiten, die Basketballvereine von anderen Sportvereinen unterscheiden:

❏ Der Deutsche Basketball Bund hat einen ausgesprochen hohen Anteil an «jüngeren» Vereinsmitgliedern; macht man einen – zugegebenermaßen willkürlichen – Schnitt im Alter von 35 Jahren und teilt in «ältere» und «jüngere» Mitglieder auf, ergibt sich folgende Gesamtverteilung:
  – 85 % aller Mitglieder sind bis zu 35 Jahre alt (148 000),
  – 17 % der Mitglieder sind über 35 Jahre alt (27 000),
  – die Vergleichszahlen mit allen Mitgliedern im Deutschen Sport Bund ergeben ein Verhältnis von 73 % «jüngerer» zu 27 % «älterer» Vereinsmitglieder (alle Zahlenangaben vgl. DSB 1994).

❏ In den letzten Jahren hat der DBB einen starken Mitgliederzuwachs erlebt: So sind beispielsweise die Mitgliederzahlen von 1993 nach 1994 um 12,95 % – und das entspricht 20 090 Mitgliedern – gestiegen. Im Jahr 1994 hat es außerdem 170 Neugründungen von Basketballvereinen bzw. Basketballabteilungen gegeben. Das ist ein Aufschwung, den man vor 10 Jahren kaum für möglich gehalten hat, als nach der Europameisterschaft eine Initiative «Basketball 200 000» entstand.

❏ Über den Anteil an Gruppen, die in Vereinen und Abteilungen Basketball unter breiten- und freizeitsportlicher Orientierung spielen, gibt es keine Zahlenangaben; allerdings ist davon auszugehen, daß das Modell «Wettkampfsport» eindeutig dominiert. Dazu trägt das verbandliche System der Spielberechtigungen mit Spielermarken und Spielerpässen ebenso bei wie die ausgeprägte Wettkampforientierung der zumeist jüngeren Mitglieder.

❏ Diese Feststellungen lassen auf eine hohe Identifikation der weitaus größeren Zahl der Mitglieder im DBB mit dem Wettkampfsport schließen. Das beinhaltet die Bereitschaft zu einem längerfristigen Engagement in der Mannschaft, im Verein bzw. in der Abteilung und in der Sportart und nicht zuletzt die hohe Akzeptanz der für die Durchführung des Wettkampfsports charakteristischen Rahmenbedingungen.

❏ Dennoch bleibt anzumerken, daß sowohl im Jugend- als auch im höheren Erwachsenenalter eine stetig steigende Nachfrage nach Basketballspielen ohne den hohen von außen vorgegebenen Verbindlichkeitsgrad hinsichtlich Spielregeln, Verbandsnormen und Rahmenbedingungen besteht. Der beste Beweis dafür sind die enorm hohen jährlichen Zuwachsraten im Streetball.

❏ Älteren Mitgliedern und Sportinteressenten bietet das Wettkampfspiel Basketball nicht die mit zunehmendem Alter immer wichtiger werdende gesundheitliche Ausrichtung des Sporttreibens. Hier liegen möglicherweise wichtige Ursachen für den verschwindend geringen Anteil an «älteren» Vereinsmitgliedern.

Schließlich ist nicht nur für Jugendliche, sondern auch für Erwachsene (jeden Alters) die Einflußnahme auf die mit dem Sporttreiben verbundenen Bedingungen wichtig, «…nämlich auf:
❏ die Zeit, zu der das Sporttreiben stattfindet,
❏ die sportliche Aktivität, die betrieben werden soll, (…) und
❏ den Personenkreis, mit dem Sport getrieben werden soll» (Schröder 1991, 91).

Die Organisationsstrukturen des Vereinssports lassen diese Möglichkeiten der Mitbestimmung in aller Regel nicht zu. Dennoch sollten sich Basketballvereine überlegen, wie sie den Bedürfnissen einer immer größer werdenden Zahl von Spielern und Spielinteressenten entgegenkommen können, indem sie die Rahmenbedingungen öffnen und die Teilnahme am Spielbetrieb erleichtern.
Die hier und da bereits eingeleitete Ergänzung der wettkampfsportlichen Angebote durch Freizeitsportgruppen ist zwingend notwendig und bedarf der nachhaltigen Unterstützung in den Vereinen und durch die Verbände.

7.5 Gründung neuer Basketballvereine und -abteilungen

Das Sportspiel Basketball ist bundesweit nicht flächendeckend in Sportvereinen oder Abteilungen verbreitet. Auch heute noch existieren sogenannte weiße Flecken, das heißt, daß in bestimmten Gegenden der Bundesrepublik keine Möglichkeit besteht, in einem Verein Basketball zu spielen – weder unter freizeitsportlichen noch unter wettkampfsportlichen Bedingungen. Die Gründung neuer Basketballvereine oder neuer Basketballabteilungen und die Mitgliederwerbung sind aus folgenden Gründen zum gegenwärtigen Zeitpunkt besonders günstig:
❏ Die Erfolge des sogenannten *Dream Teams*, aber auch die hervorragenden Leistungen der deutschen Nationalmannschaft während der Olympischen Spiele 1992 und während der Europameisterschaft 1993 haben viele Zuschauer vom Sportspiel Basketball fasziniert.
❏ Basketball wird heute mehr denn je in Fernsehübertragungen berücksichtigt: Sowohl kommerzielle Sender als auch die öffentlich-rechtlichen Fernsehanstalten zeigen vermehrt Basketballspiele aus der deutschen Bundesliga, der Europaliga und der Basketball-Profiliga aus den USA; interessierte Zuschauer können jede Woche mehrere Übertragungen von Basketballspielen in voller Länge verfolgen.
❏ Basketball gehört heutzutage zum Lebensstil von Jugendlichen und ist aus dem Le-

ben vieler junger Menschen nicht mehr wegzudenken. Streetball ist inzwischen zu einem festen Bestandteil der Jugendkultur in unserem Land geworden.
❑ Die Basketball-Ausrüstung mit Schuhen, Trikots, Hosen, Jacken, Mützen vorwiegend amerikanischer Profivereine und Profispieler ist bei vielen Jugendlichen zu einem beliebten Modeaccessoire geworden.

Neben diesen äußerst günstigen Voraussetzungen existieren jedoch immer noch Hindernisse, die der Ausbreitung des Spiels mit dem roten Ball entgegenstehen: Es fehle an Geld, an Übungsleitern und an Sporthallen, ist immer wieder zu hören. Diese Argumente sollen im folgenden genauer untersucht werden.

Finanzsituation

Eines der Ziele der Aktion «Basketball 200 000» des DBB aus dem Jahr 1985 ist, dazu beizutragen, daß fehlende Finanzen kein Hinderungsgrund sind, mit einer neuen Mannschaft den Spielbetrieb zu beginnen: Für die Ausstellung der Spielerpässe muß der Verein in den ersten beiden Jahren kein Geld zahlen (vgl. Kapitel 11.1.5). Für den Breiten- und Freizeitsport ist die Situation noch einfacher, denn es werden keine Spielerpässe benötigt, es entstehen keine Fahrtkosten und keine besonderen finanziellen Aufwendungen für die Sportkleidung. Mit den Vereinsbeiträgen der Freizeitsportler werden im allgemeinen sogar die Wettkampfsportler subventioniert. An den fehlenden Finanzen sollte also die Einrichtung einer Basketball-Sportgruppe nicht scheitern.
Für die Einrichtung einer Basketball- oder Streetball-Arbeitsgemeinschaft in der Schule wird ein Lehrer oder älterer Schüler gebraucht, der selbstverständlich selbst mitspielen kann.

Trainer/Übungsleiter

Das Fehlen eines Trainers oder Übungsleiters mag ein größeres Problem sein, aber auch hier bieten sich Lösungsmöglichkeiten an:
❑ möglicherweise wird man zunächst auf einen ausgebildeten Trainer/Übungsleiter verzichten müssen,
❑ eventuell läßt sich ein Teilnehmer aus der Gruppe finden, der eine Teilverantwortung übernimmt; das ist für den Wettkampfsport schwieriger und zeitlich aufwendiger als für den Breitensport; wichtig ist, daß sich dieser «Freiwillige» weiterhin in der Gruppe auch selbst sportlich betätigen kann und nicht zum «Funktionär» wird, denn dann ist die Bereitschaft zur Übernahme einer solchen Aufgabe geringer,
❑ wenn vielfältige Aufgaben wahrzunehmen sind, sollten die Gruppenmitglieder versuchen, diese gleichmäßig auf mehrere Personen zu verteilen und nicht eine einzige Person überlasten,
❑ auch im Bekanntenkreis sollte man nach Interessenten suchen, die die Gruppenleitung übernehmen könnten; natürlich liegt es nahe, unter Sportlehrern Ausschau zu

halten; der Hinweis darauf, daß weiterhin eigene sportliche Aktivitäten des Gruppenleiters möglich und erwünscht sind und daß es sich um eine sympathische Gruppe handelt, ist wichtig und kann die Bereitschaft erhöhen,

❏ im Breitensport wird man für eine Übergangzeit auch ohne festen Gruppenleiter auskommen; das Beispiel Streetball zeigt, daß die beteiligten Spieler in der Lage sind, sich auch längerfristig ohne Trainer / Übungsleiter zu organisieren.

Hallensituation

Selbstverständlich ist es schwierig, mit einer neu gegründeten Basketballgruppe eine Hallenzeit zu erhalten, aber auch hier liegt in vielen Fällen kein unüberwindbares Hindernis vor:

❏ man muß sich die Mühe machen und z.B. mit dem Vereinsvorstand, den Abteilungsleitern, dem Sport- und Bäderamt, dem Schulleiter, dem Hallenwart usw. sprechen; gelegentlich blockieren (zu) wenige Sportler eine Sporthalle oder ein Hallendrittel – das wird man aber nur durch eigene Recherchen in Erfahrung bringen,

❏ durch die Auflösung von Kasernen der Bundeswehr werden in aller Regel Sportstätten und Sporthallen frei; außerdem läßt die Bundeswehr externe Gruppen in ihren Sportanlagen zu; auch hier kann man sich erkundigen, ob freie Kapazitäten vorhanden sind,

❏ der Hallenbedarf muß unbedingt «offiziell» über den Verein, die Abteilung beim kommunalen Sport- und Bäderamt oder im Fall einer Schulsport-AG beim Schulleiter angemeldet werden,

❏ möglicherweise wird man sich zunächst damit begnügen müssen, auf einen Außenplatz auszuweichen, z.B. auf den Pausenhof einer Schule; das ist keine gute Lösung, weil es aus Witterungsgründen zu gelegentlichen Ausfällen kommt, aber es ist besser, als gar nicht zu spielen.

8 PLANUNG VON SPIEL- UND ÜBUNGSEINHEITEN

Ähnlich wie bei der Begriffsbestimmung «Sport» gibt es erhebliche Schwierigkeiten, eine zutreffende Beschreibung für den «Spielabend», «Übungsabend» oder die «Übungseinheit» im Freizeitsport zu finden. Im Wettkampfsport ist die Definition selbstverständlich: das ist die «Trainingseinheit», in der Schule ist es die «Sportstunde». Für den Freizeitsport fehlt aber ein entsprechender Begriff, der bereits auch Auskunft über die inhaltliche Gestaltung geben könnte. Hier sollen Zusammensetzungen mit dem Bestandteil «Übung» oder «Spiel» verwendet werden, obwohl der Schwerpunkt «Üben» nicht zwangsläufig die sportlichen Aktivitäten im Freizeitsport bestimmen muß.

In den folgenden Abschnitten sollen sowohl Vorschläge für die Planung einzelner «Übungs»- oder Spieleinheiten als auch längerfristige Planungsüberlegungen gemacht werden.

8.1 Aufbau von Spiel- und Übungseinheiten

Das traditionelle Konzept des Stundenaufbaus im Sport, d. h. im Schulsport und im Vereinstraining, hat auch im Breiten- und Freizeitsport Gültigkeit (vgl. Kapitel 6.5 ff):

Einführung, Hauptteil und Schluß.

Allerdings entspricht die Gewichtung der einzelnen Abschnitte im Freizeitsport nicht dem traditionellen Muster.

Die Spiel- oder Übungsabende im Breiten- und Freizeitsport sollten zu mehr als der Hälfte der insgesamt zur Verfügung stehenden Zeit aus spielerischen Elementen bestehen. Das heißt, daß in diesem Abschnitt entweder Basketball gespielt wird oder basketballähnliche bzw. basketballverwandte Spiele im Mittelpunkt stehen.

Sowohl im einleitenden als auch im Hauptteil können Spiele oder Spielformen angeboten werden, mit deren Hilfe die Verbesserung basketballspezifischer technischer Fertigkeiten möglich ist, z. B. das Dribbling. Selbstverständlich sind bei solchen Spielen auch Korrekturen des Bewegungsablaufs durch den Gruppenleiter «gestattet».

Bevor jedoch teilnehmerorientiertes und nicht verbandsspezifisches Basketball im Hauptteil des «Übungsabends» gespielt wird, muß auf jeden Fall eine *Aufwärmphase* stattfinden.

Laufen mit Ball und konkreter Aufgabenstellung oder Laufschule ohne Ball, mit dem Ziel, daß der ganze Körper bewegt wird, könnte am Anfang des Aufwärmprogramms stehen. Es ist problematisch, schon in dieser Phase wettkampforientierte Spiele oder Spiele mit Leistungsvergleich einzuführen, weil diese Ausrichtung des Sporttreibens leicht zu erhöhten und möglicherweise unkontrollierten vor allem muskulären Belastungen und damit auch zu Verletzungen führen kann.

Im Anschluß an Bewegungen, die die wichtigsten und größten Teile der Muskulatur des gesamten Körpers erfaßt und erwärmt haben, bietet es sich an, ein Stretching- und Kräftigungsprogramm durchzuführen (vgl. Kapitel 6.5.1). Die Kräftigungsübungen dienen vor allem dazu, die Haltemuskulatur des Stütz- und Bewegungsapparats zu verbessern – mit dem Schwerpunkt Wirbelsäule. Die Dehnübungen sollen zu einer verbesserten Beweglichkeit führen und der Verkürzung der Muskeln entgegenwirken.

Wenn «ältere» Erwachsene in den Freizeitspielgruppen zu finden sind, könnte in dieser Phase gezielt der allgemeine Fitneßzustand verbessert werden. Für Personen mit sitzender beruflicher Tätigkeit erscheint es wichtig, dabei folgende Muskelgruppen zu berücksichtigen: Schulter-, Hals-, Nackenbereich, Rücken-/Wirbelsäulenbereich, Lendenwirbelbereich, Bauch und Oberschenkel.

Wenn es sich vorwiegend um jugendliche Freizeitsportler handelt, sollte auf ein ausführliches «Gesundheitsprogramm» zugunsten spielerischer Betätigungen mit dem Basketball verzichtet werden.

Aus der Sicht basketballspezifischer Anforderungen sollten jedoch grundsätzlich Übungen angeboten werden, die die Muskulatur der Fußgelenke kräftigen und damit die Fußgelenke selbst stabilisieren und Distorsionen vorbeugen. Wichtig ist auch, Hände und Finger durch entsprechende Übungen auf den Umgang mit dem harten und prallen Basketball vorzubereiten.

Sieht man die Einführung weniger unter sportlichen, sondern mehr unter didaktischen Aspekten, so sollte der Fachübungsleiter zu Beginn der Übungseinheit seine Überlegungen und Planungen vorstellen, begründen und mit den Freizeitsportlern besprechen, so daß diese Gelegenheit haben, den Ablauf zu beeinflussen. Das einleitende Gespräch sollte im Normalfall nicht aus einer ausführlichen Diskussion bestehen, sondern eher kurz sein und sich auf das Notwendigste beschränken.

Den *Schlußteil* des Spiel- oder Übungsabends sollte das «*Cool down*» bilden. Das heißt, daß nach dem Basketballspiel nicht abrupt aufgehört und der Umkleideraum aufgesucht wird, sondern daß die Spieler Gelegenheit haben, ihren Organismus durch langsames Laufen oder durch Gehen allmählich zu beruhigen. Das hat auch den großen Vorteil, daß man noch in der Halle nachschwitzt und nicht erst beim oder nach dem Umkleiden.

Wenn die Teilnehmer es wünschen – und davon kann man häufig ausgehen –, sollte der Gruppenleiter anschließend Zeit für einen geselligen Ausklang des Spiel- und Übungsabends mit seiner Gruppe einplanen.

8.2 Längerfristige Planungsabschnitte

Im Breiten- und Freizeitsport wird es in aller Regel keine systematisch aufeinander aufbauenden, längerfristig angelegten Übungseinheiten geben, die das Ziel haben, bestimmte, sportartspezifische Bewegungsfertigkeiten nach einem vorab festgelegten Plan innerhalb einer festgelegten Zeit zu vermitteln (vgl. Kapitel 6.2)

Diese Art von Planung ist charakteristisch für das Training im Wettkampfsport und wird im allgemeinen von den Teilnehmern am Breiten- und Freizeitsport abgelehnt. Die längerfristige und kontinuierliche Verbesserung sportlicher Aktivitäten im Freizeitsport wird durch die Interessen und das Verhalten der Teilnehmer begrenzt. Sollten die Freizeitsportler einer Gruppe dennoch Wünsche nach systematischer Leistungsverbesserung äußern, dann sollten diese durch den Übungsleiter erfüllt werden. Die Vorbereitung auf ein Freizeitbasketballturnier könnte ein Beispiel sein. In diesem Fall müßte der Gruppenleiter ähnlich wie im Wettkampfsport und dem dazugehörigen Training systematisch und längerfristig trainingsorientiert planen (vgl. Kapitel 6).

Diese Ausführungen dürfen jedoch nicht mißverstanden werden: Jeder Gruppenleiter muß ein längerfristig ausgerichtetes Planungskonzept für die Durchführung seiner Spielabende mit der Gruppe haben. Genauso wie im Wettkampfsport sind auch im Breiten- und Freizeitsport die gründliche Vorbereitung der Einzelstunden wie auch die längerfristige Planung des Sportangebots unentbehrlich. Nur dann können die Spiel- und Übungseinheiten durch die Berücksichtigung der verschiedenen Spiele und Spielformen abwechslungsreich, vielfältig und ohne häufige Wiederholungen gestaltet werden. Auch im Fitneß- und Gymnastikbereich können im übrigen individuelle Leistungsfortschritte nur dann erzielt werden, wenn die Lernprozesse längerfristig angelegt sind.

So sollte ebenfalls die Einführung und Veränderung von Spielregeln über einen längeren Zeitraum geplant werden, damit die Grundlage für die Entwicklung eines teilnehmergerechten Basketballspiels sichergestellt ist. Flexibles Reagieren und Veränderungen der Planung bei der Durchführung der Spiel- und Übungseinheiten und in entsprechenden Spielsituationen sind damit nicht ausgeschlossen.

9 ALLTAGSSITUATIONEN IM BREITEN- UND FREIZEITSPORT

9.1 Betreuung einer Gruppe

Die Voraussetzungen für die Betreuung von Gruppen sind im Wettkampfsport grundsätzlich anders als im Breiten- und Freizeitsport und in Zusammenhang damit auch die Aufgaben des Trainers bzw. das Fachübungsleiters. Bei der Gruppenbetreuung spielt die Bindung der Mitglieder an die Gruppe, an den Verein und an den Sport eine zentrale Rolle, und genau hier existieren wichtige Unterschiede zwischen Wettkampfsport und Freizeitsport.

Im Wettkampfsport erfolgt die in aller Regel langfristige Bindung der Mitglieder an ihre Gruppe oder die Mannschaft durch die zentralen Elemente des Wettkampfsports. Ausschlaggebend sind dabei die für den Wettkampfsport typischen Zielsetzungen, wie z. B. den Klassenerhalt sichern, in die nächsthöhere Klasse aufsteigen, das nächste Spiel gewinnen, den «Erzrivalen» besiegen usw. Ein weiterer, äußerst wichtiger Faktor für die enge Bindung der Mitglieder an ihre Gruppe ist der sportliche Erfolg: «Die Jugendlichen, die erfolgreich Wettkampfsport getrieben haben, sind mit ihrem Verein besonders zufrieden: sie haben mehr Spaß am Sport, trauen sich mehr zu, nehmen häufiger an Wettkämpfen teil und stellen eine bessere Stimmung und einen engeren Zusammenhalt in ihrer Übungsgruppe fest. Erfolge im Wettkampfsport sind nach wie vor eine wichtige Motivation für die weitere Teilnahme am Wettkampfsport und machen die Bindung der Jugendlichen an Verein, Sportart und Übungsgruppe noch enger» (Schröder 1991, 86). Diese auf Jugendliche bezogenen Ergebnisse treffen sicherlich auch auf Erwachsene zu.

Außerdem tragen die für den Wettkampfsport charakteristischen Rahmenbedingungen zur Identifikation mit der Gruppe oder der Mannschaft bei: regelmäßige Teilnahme am Training und an den Wettkämpfen, Verpflichtung zur Teilnahme über eine ganze Wettkampfsaison – gelegentlich noch länger –, mehr oder weniger «enthaltsames» Leben mit dem Ziel der Leistungssteigerung, sportliches Engagement und entschiedenes Eintreten für die Mannschaft, Identifikation mit dem Sportverein usw.

Die Spieler einer Mannschaft stimmen im Idealfall alle mit den gemeinsam verabredeten Zielsetzungen, die kurz- und auch langfristig erreicht werden sollen, überein, und jede einzelne Trainingseinheit stellt einen wichtigen Schritt zum Erreichen des Etappen- oder Saisonziels dar. Die enge Verzahnung kurz- und längerfristiger Zielperspektiven und deren schrittweise Umsetzung erhöhen das Engagement der Beteiligten.

Auch die Rahmenbedingungen von Training und Wettkampf werden von den Mitgliedern der Wettkampfmannschaften in der Regel akzeptiert. Die Konsequenzen aus diesen Feststellungen sind für den Vereinssport von weittragender Bedeutung: «Längere Aktivität wie auch Wettkampferfolge stärken gewiß die Bindung an den Sport wie an den Verein. Damit wird für den Aktiven ein weiteres Engagement, auch als Gruppenleiter, wahrscheinlicher, und für die Vereinsleitung wird eine solche Person als Gruppenleiter interessanter» (Mrazek/Rittner 1991, 75).

Im Breiten- und Freizeitsport gibt es diese Art von Bindung an die Gruppe oder an die Mannschaft nicht, weil sich die Zielsetzungen für das Sporttreiben im Rahmen des Breitensports von denen des Wettkampfsports grundsätzlich unterscheiden. Die Identifikation mit den Zielen des wettkampforientierten Sports und die langfristige Perspektive zum Erreichen der Ziele sind im Breitensport nur in Ausnahmefällen vorhanden. Außerdem sind «objektive» Leistungserfolge, wie z.B. das gegen den «Angstgegner» gewonnene Spiel, der Gewinn der Herbstmeisterschaft oder das Erreichen des 1. Tabellenplatzes, nicht vorhanden. Damit fehlen dem Breitensport wichtige Elemente für persönliche Zufriedenheit im Sport und mit der Sportgruppe, wie sie für den Wettkampfsport ganz selbstverständlich sind.

Die im Wettkampfsport existierenden und tatsächlich auch verwendeten Sanktionsmittel bei Verstößen gegen die vereinbarten «Regeln» gibt es im Breitensport ebensowenig, und sie dürften wohl kaum akzeptiert werden: Das Bezahlen einer Strafgebühr bei verspätetem Erscheinen im Training oder bei Abwesenheit vom Training, die Nichtberücksichtigung für die Mannschaftsaufstellung bei unentschuldigtem Fehlen, die Verkürzung der Spielzeit bei mangelndem Trainingsengagement usw. sind Druckmittel, die im Wettkampfsport verwendet werden. Diese Strafen tragen aber auch dort kaum dazu bei, ein längerfristiges Engagement für die Mannschaft zu sichern. Im Freizeitsport sind sie noch weniger sinnvoll.

Es ist eine der wichtigen Aufgaben des Übungsleiters im Breitensport, sich darum zu bemühen, andere Voraussetzungen für die längerfristige Bindung des einzelnen Mitglieds an die Gruppe und den Verein zu entwickeln.

Wie bereits angesprochen, ist die Zufriedenheit in und mit der Gruppe ein wichtiges Merkmal, das die Bindung an die Gruppe sicherstellen kann. Der Grad der Zufriedenheit des Gruppenmitglieds in seiner Gruppe hängt davon ab, ob es gelingt, daß die Mitglieder

❑ sich auf gemeinsame Zielsetzungen einigen,
❑ die Zielsetzungen gemeinsam verfolgen,
❑ die Zielsetzungen möglichst erfolgreich verwirklichen und
❑ ihre Gruppe in einem positiven und zufriedenstellenden sozialen Klima erleben.

Gemeinsame sportliche Ziele können z.B. die Vorbereitung auf die Teilnahme an einem Freizeit-Basketballturnier, die Veranstaltung eines vereinsinternen Mixed-Basketballturniers, die Teilnahme an einem Turnier im Ausland sein. Diese Beispiele sind an den Wettkampfsport angelehnt, sind aber auch im Breiten- und Freizeitsport von Bedeutung.

Das Herausstellen individueller Leistungen oder Leistungsfortschritte während der Spiel- und Übungseinheiten durch den Übungsleiter oder durch andere Gruppenmitglieder kann ebenfalls das Gruppenklima positiv beeinflussen: «Heute hast du dich besonders angestrengt», «Heute hast du wirklich hervorragend mitgemacht» oder «Heute warst du besonders erfolgreich». Diese Beispiele unterstreichen im übrigen die Bedeutung sportlicher Leistungen bzw. individueller sportlicher Leistungsfortschritte auch im Breiten- und Freizeitsport.

Für ältere Mitglieder kann die Gruppenbindung auch dadurch erreicht werden, daß persönliche «Vorteile» für die Teilnahme am Gruppensport deutlich gemacht werden: Ein zweiter Schwerpunkt neben dem Basketballspielen während ein und derselben Übungseinheit könnte z. B. ein allgemeines Fitneßtraining mit krankengymnastischen Übungen sein. Damit soll den steigenden gesundheitlichen Bedürfnissen ebenso wie den Individualisierungstendenzen im Sport einiger älterer Mitglieder im Rahmen eines fachspezifischen Angebots entsprochen werden.

Neben diesen eher sportlichen Orientierungen entscheiden außerdem Angebote und Veranstaltungen mit geselligem Charakter, die das soziale Klima positiv beeinflussen, darüber, ob eine langfristige Bindung an die Sportgruppe gelingt (vgl. Kurz 1993, 48). Nicht nur im höheren Erwachsenenalter, sondern auch im Jugendalter hat die Erfüllung der sozialen Wünsche einen besonders hohen Stellenwert für die Sportvereinsmitglieder.

Der Trainer im Wettkampfsport wirkt auf seine Trainingsgruppe und möglicherweise auch nach außen aufgrund der ihm durch das «Amt» übertragenen Autorität, seiner fachlichen Kompetenz und des sportlichen Erfolgs. Im Unterschied dazu überzeugt der Fachübungsleiter Breitensport eher durch sein persönliches Engagement für die Gruppenmitglieder, die Berücksichtigung ihrer Interessen, das Verständnis für jeden einzelnen in der Gruppe, den freundschaftlichen Umgang mit den Mitgliedern und seine fachliche theoretische und sportliche Kompetenz im Breitensport.

Eine selbstverständliche Voraussetzung für sozial-affektive Bindungen und ein gutes Verhältnis zwischen Übungsleiter und der betreuten Gruppe ist darin zu sehen, daß sich die Gruppenmitglieder untereinander kennen. Das bedeutet für den Übungsleiter z. B. zu wissen, welche persönlichen Schwierigkeiten, beruflichen Belastungen, Freizeitinteressen usw. die Mitglieder der betreuten Gruppe haben. Je besser das Verständnis zwischen Übungsleiter und jedem einzelnen Teilnehmer und unter den Teilnehmern selbst ist, desto besser wird das soziale Klima in der Gruppe sein.

Der Übungsleiter Breitensport und auch jeder Trainer sollten sich der Tatsache bewußt sein, daß die Vereinsmitglieder freiwillig am Sport teilnehmen und dies außerdem in ihrer Freizeit tun. Sie müssen sich immer wieder neu entscheiden, in der Sportgruppe mitzumachen und nicht anderen Freizeitaktivitäten nachzugehen.

«Spaß am Sport» ist das – vielleicht diffuse – Hauptmotiv für sportliche Aktivitäten, unabhängig vom Alter der Sporttreibenden. Die Verständigung über gemeinsame Zielsetzungen und der Versuch, diese mit der Gruppe tatsächlich zu verwirklichen, sind wichtige Voraussetzungen für ein akzeptables Gruppenklima. Aber auch das Erfahren nicht alltäglicher, herausgehobener sportlicher Ereignisse sowie individuelle sportliche Erfolgserlebnisse sind wichtige Elemente für den Zusammenhalt der Gruppe und damit für langfristige Bindungen an die Breitensportgruppe.

Übungsleiter sollten sich darüber im klaren sein, daß berufliche und familiäre Belastungen zwar zu gewissen Zeiten zu objektiven zeitlichen Einschränkungen und zur zeitlich begrenzten Aufgabe der Sportaktivitäten führen können. Es ist jedoch nicht immer auszuschließen, daß eine solche Argumentation nur vorgeschoben wird: In Wirklichkeit spielen andere Gründe eine viel wichtigere Rolle für das Einstellen der sportlichen Betätigung. Nicht selten liegen diese im Vereinssport selbst, z.B. in den Rahmenbedingungen, im Sportangebot und auch in der Person des Übungsleiters.

Es ist wichtig, daß Übungsleiter ihr Handeln an den Interessen und subjektiven Möglichkeiten der Gruppenmitglieder ausrichten und diese zum Maßstab für ihren Umgang mit den Sportaktiven erheben. Wenn Sport im Sportverein mit denselben Begleitumständen verbunden ist wie eine berufliche Ausbildung oder eine berufliche Tätigkeit, wird die Bindung an die Sportgruppe oder an den Vereinssport nicht lange andauern. Fremdbestimmung, Streßsituationen, Frustrationen, Enttäuschungen, Konflikte, Auseinandersetzungen und Ärgernisse sind keine Basis für eine längerfristige Teilnahme an Freizeitaktivitäten, sondern bereiten den baldigen Ausstieg aus dem Sport vor.

Das Gruppenklima ist also neben der Übereinstimmung und Verwirklichung gemeinsamer Zielsetzungen die dritte wichtige Bedingung für die Zufriedenheit in der Gruppe. Das Herstellen eines für alle akzeptablen sozialen Klimas ist damit eine wichtige Aufgabe für den Gruppenbetreuer.

Insbesondere im Jugendbereich können auch nichtsportliche oder sogenannte «überfachliche» Aufgaben, wie sie für die Jugendarbeit der Sportjugend typisch sind, das Bindungsverhalten der Gruppenmitglieder günstig beeinflussen. Themen könnten sein: «Wir drehen einen Videofilm über unsere Basketballmannschaft» oder «Wir machen einen Film über unseren Basketballverein» oder «Wir organisieren einen ‹Spieltreff Basketball›». Solche Aktivitäten sollen nicht das sportliche Engagement der Beteiligten ersetzen, sondern eine zusätzliche Betätigungsmöglichkeit sein, mit der sich die Jugendlichen über einen längeren Zeitraum auseinandersetzen können.

9.2 Gruppengröße und Teilnehmerwechsel

Im Unterschied zu Wettkampfsportgruppen, die im allgemeinen über eine gesamte Wettkampfsaison stabil und ohne größere personelle Veränderungen bleiben, wird es im Freizeitsport immer «Bewegungen» geben. Das bedeutet, daß der Gruppenleiter für seine Planungen weder von einer festen Gruppengröße noch von einer im voraus bestimmbaren Personengruppe ausgehen kann.

Diese Tatsache hat nicht nur für die Vorbereitung, sondern auch für die Gestaltung der «Übungseinheiten» direkte Konsequenzen: Da er nicht weiß, wieviel und welchen Teilnehmern er gegenüberstehen wird, muß er seine Vorbereitungen auf die Übungseinheiten flexibel ausrichten, damit er sich der jeweiligen tatsächlichen Situation anpassen kann.

Es ist wichtig, daß die Teilnehmerzahl in der Gruppe von Anfang an so groß gewählt wird, daß Gruppenmitglieder fehlen können, ohne daß den anwesenden Spielern irgendwelche Nachteile entstehen, und auf jeden Fall immer spielfähige Gruppen zusammengestellt werden können. Beim Basketballspiel mit veränderten Spielregeln und Spielbedingungen ist das kein Problem und in anderen Sportarten viel schwieriger zu erreichen. Die Flexibilität, die den Teilnehmern im Freizeitsport zu gewähren ist, verlangt ein großes Maß an Offenheit und Anpassungsfähigkeit auf seiten des Übungsleiters.

Den Teilnehmern darf nicht der Eindruck vermittelt werden, daß sich ihre gelegentliche Abwesenheit vom Spiel- oder Übungsabend nachteilig auf ihr weiteres Sportengagement oder ihr Leistungsvermögen in der Gruppe auswirkt und damit einer indirekten «Bestrafung» gleichkommt.

9.3   Integration von «Einsteigern»

Sportvereine und Sportgruppen im Freizeitsport bieten denkbar günstige Voraussetzungen zur Integration von «Einsteigern» und «Außenseitern», und damit sind in diesem Zusammenhang z. B. auch ausländische Mitbürger oder Angehörige von Randgruppen gemeint.

«Einsteiger» sind Personen,

❏ denen der Zugang zu einer bereits bestehenden Sportgruppe als neue Mitglieder schwerfällt oder

❏ die aufgrund fehlender spielerischer Erfahrungen, konditioneller oder konstitutioneller Voraussetzungen Schwierigkeiten haben, als vollwertige Gruppenmitglieder akzeptiert zu werden.

Im Unterschied zu Mannschaften im Wettkampfsport, die nach Alter, Geschlecht und sportlichem Können differenziert werden, sind Freizeitsportgruppen im allgemeinen bunt gemischt zusammengesetzt. Die Gruppenmitglieder sollten immer so offen sein, daß jeder neue Sportinteressierte eine Chance hat, Mitglied der Gruppe und in diese integriert zu werden. Das bedeutet, daß der Übungsleiter Chancengleichheit für alle durch veränderte Spielbedingungen herstellen und insbesondere den weniger erfahrenen Spielern Erfolgserlebnisse vermitteln muß.

Die Akzeptanz der «Neuen» in der Sportgruppe muß durch das Verhalten jedes einzelnen Gruppenmitglieds deutlich werden. Neben den Veränderungen von Spielregeln sind vor allem auch Gespräche unter den Beteiligten hilfreich, denn nur so wird sich die erforderliche Offenheit der Gruppe und eine liberale Einstellung jedes einzelnen Gruppenmitglieds erreichen lassen.

Mit Hilfe von Patenschaften zwischen einem Neumitglied und einem erfahrenen Gruppenteilnehmer können sich Anfangsschwierigkeiten für die «Neuen» überwinden lassen. «Patenschaft» heißt, daß sich das «alte» um das «neue» Mitglied kümmert, und bezieht sich auf alle sportlichen und geselligen Aktivitäten, die die Gruppe unternimmt.

Die interne «Gruppendynamik» darf sich keinesfalls so entwickeln, daß sich die Freizeitsportgruppe gegenüber neuen Teilnehmern abkapselt und deren Integration verhindert. Es ist die Aufgabe des Übungsleiters, solche unerwünschten Verselbständigungsprozesse in der Gruppe zu unterbinden. Wenn allerdings aufgrund zu großer Teilnehmerzahlen keine neuen Mitglieder mehr aufgenommen werden können, sollte der Übungsleiter versuchen, eine neue Gruppe einzurichten.

9.4 Umgang mit dominierenden Teilnehmern

Die hier gemeinte Überlegenheit von Teilnehmern wird sich in aller Regel auf sportlich-spielerische Aspekte beziehen und bedeutet zugleich Unterlegenheit und in Zusammenhang damit Unzufriedenheit der anderen Gruppenmitglieder. Die Einführung neuer und die Veränderung bestehender Spielregeln und «Spielgepflogenheiten» können Abhilfe schaffen. Die zugrundeliegenden Probleme sollten aber nicht stillschweigend «weggeregelt» werden.

Wenn sich einzelne Gruppenmitglieder betroffen fühlen, sind Gespräche notwendig, und diese sind von allen Beteiligten ernst zu nehmen, denn sie sollten Überlegungen auslösen und «Einsichten» vermitteln, die zu Verhaltensänderungen führen. Offenheit im Umgang miteinander sollte zu einem festen Grundsatz in der Gruppe werden.

Während im Wettkampfsport Auseinandersetzungen oder Unzufriedenheit häufig durch den Pfiff des Schiedsrichters oder Trainers auch ohne Sprache «geregelt» werden, müssen im Freizeitsport andere, nämlich kommunikativere Formen der Problemlösung gefunden werden.

Selbstverständlich kann dominierendes Verhalten auch vom Gruppenleiter selbst ausgehen. Es ist dann noch problematischer, weil nämlich die Gruppe oder ein Gruppenmitglied gefordert ist, eine Lösung herbeizuführen.

Übungsleiter sollten sich ihres Handelns bewußt sein und darüber nachdenken, inwieweit ihr Verhalten dazu führt, daß der Handlungs- und Bewegungsspielraum der Gruppe oder einzelner Teilnehmer eingeschränkt wird. Der Übungsleiter hat eine Art «Hilfsfunktion» im Freizeitsport, indem er anregt, organisiert und seine fachliche und persönliche Unterstützung anbietet. Aber nicht er steht im Mittelpunkt der Sportveranstaltungen, sondern die Gruppe und jedes einzelne Mitglied. Aus diesem Grund und weil es die anderen Teilnehmer begrenzt und ihren Handlungs-, Bewegungs- und Spielraum einschränkt, ist dominierendes Verhalten unerwünscht. Auch Trainer im Wettkampfsport sollten ein solches Selbstverständnis von ihrer Tätigkeit mit Sportgruppen haben.

10 «BASKETBALL SPIELEN» IM BREITENSPORT

Die im folgenden ausgewählten Spiele und Spielformen verfolgen nicht den Zweck, auf das regelgerechte Basketballspiel vorzubereiten (vgl. dazu u. a. Kapitel 3). Sie können entweder als relativ eigenständige Spiele zur Verbesserung der allgemeinen Spielfähigkeit oder als Spielformen zur Anwendung und Verbesserung technischer Fertigkeiten im Freizeitbasketball verwendet werden. Sie können aber auch eingesetzt werden, weil sie einfach Spaß machen, ohne daß ein gezielter Lern- oder Übungserfolg beabsichtigt ist. Die hier vorgestellten Spiele erfüllen in sich selbst ihren Zweck und verstehen sich keineswegs als Zwischen- oder Übergangslösungen für das «richtige» oder «eigentliche» Basketballspielen.

Es wurden ausschließlich Spiele mit Ball ausgewählt, wobei diese aber nicht unbedingt mit einem Basketball durchgeführt werden müssen, es kann z. B. auch ein Volleyball, ein Schaumstoffball, ein Gummi-Fußball oder ein American Football sein. Es handelt sich um Spiele und Spielformen, die den Kleinen Spielen oder den Kleinen Sportspielen zuzuordnen sind und hier Elemente des Basketballspiels enthalten. Aber auch bei der Vermittlung des regelgerechten Basketballspiels (vgl. besonders Kapitel 3–5) kann zumindest ergänzend auf die hier vorgestellten Spiele zurückgegriffen werden.

10.1 Allgemeine Überlegungen

Übungsleiter müssen sich zunächst die Frage stellen, welche Eindrücke und möglicherweise auch Vorurteile «Unerfahrene» in Bezug auf das Basketballspiel haben und mit welchen Schwierigkeiten, die durch das Basketballspiel selbst entstehen, sie bei der Betreuung von Freizeitsportlern zu rechnen haben:

❏ Das zumeist auch aus den Medien bekannte Basketballspiel als Wettkampfsport hat ein überaus kompliziertes und komplexes Regelwerk.
❏ Es handelt sich um ein äußerst dynamisches Spiel, das eher jungen, sportlichen und vor allem großgewachsenen Menschen vorbehalten zu sein scheint.
❏ Unmittelbar unter dem Korb in Ballnähe ist der Spielraum sehr gedrängt, da sich viele Spieler auf engem Raum befinden.
❏ Der Korb hängt für «normal» große Spieler sehr hoch, und die Öffnung des Korbes ist zu klein, so daß ein Korberfolg nur schwer zu erzielen ist.
❏ Der ballführende Spieler wird von seinem Gegenspieler eingeengt und auch kör-

perlich hart bedrängt, so daß es schwierig ist, die Übersicht zu behalten und den Ball einem freien Mitspieler zuzuspielen.

❏ Der Basketball selbst ist hart, beim Fangen kann man sich leicht die Finger verstauchen, und bei Fangfehlern tun Körpertreffer weh.

❏ Die Wurftechniken, die zum Korberfolg führen, wie z. B. Freiwurf, Korbleger, Sprungwurf, sind in der Ausführung kompliziert.

❏ Für angreifende – vor allem für kleinere – Spieler ist der Wurf auf den Korb schwierig, weil sie durch die Abwehrspieler in ihren Spielaktionen beeinträchtigt werden.

Unter Berücksichtigung dieser Vorbehalte, Vorurteile und Anfängerschwierigkeiten soll die Auswahl des Spielangebots erfolgen. Bevor nun Spiele und Spielformen beschrieben werden, sollen konkrete Forderungen an Basketball als Freizeitspiel genannt werden:

❏ Die Spielregeln müssen vereinfacht werden: alle Zeiteinschränkungen des regelgerechten Basketballspiels können z. B. wegfallen; die Kontakt- bzw. Schrittregeln und die Regeln zu Dribbling und Sternschritt müssen großzügig ausgelegt werden; das Ein- und Auswechseln von Spielern erfolgt ohne Auflagen; ein Wurf auf den Korb kann auch dann als Erfolg anerkannt werden, wenn der Ball den Ring oder das Netz berührt hat; Spielen unter einem Korb ist möglich, und die Anzahl der Spieler kann variabel gehandhabt werden.

❏ Das beim Spielen entstehende Gedränge unmittelbar unter dem Korb muß entzerrt werden: damit die unerfahrenen Spieler mehr Übersicht haben, kann die Anzahl der angreifenden und verteidigenden Spieler direkt unter dem Korb begrenzt werden.

❏ Erfolgreiche Würfe auf den Korb müssen gefördert und begünstigt werden, damit die Spieler Erfolgserlebnisse haben: der Gegenspieler darf beim Korbwurf eines Angreifers nicht mit hochspringen, sondern muß stehenbleiben und darf nur die Arme hochheben; die Angreifer unter dem Korb sollen außerdem in der Überzahl (z. B. 3:2) sein.

❏ Der ursprünglich (zu) hoch angebrachte Korb kann durch weniger hohe, leichter erreichbare Ziele ersetzt werden, z. B. in Bodennähe oder mit einem größeren Durchmesser: ein nach oben offener kleiner Kasten, ein Anspieler steht auf einem Kasten usw.; damit wird das erfolgreiche Werfen auf ein leichter erreichbares Ziel unterstützt.

❏ Alle Angriffsspieler müssen in der gegnerischen Hälfte vor dem ersten Korbwurf Ballkontakt gehabt haben; somit werden zwangsläufig alle Spieler in das Spiel einbezogen.

❏ Der harte Basketball wird z. B. durch einen nicht zu leichten Softball ersetzt, mit dem Ziel, den Spielern die Angst vor dem harten Ball zu nehmen.

❏ Der Basketball wird durch einen amerikanischen Football ausgetauscht, damit die Vorteile der erfahrenen Spieler vor allem bei Dribbling und Korbwurf eingeschränkt werden und mehr Chancengleichheit hergestellt wird.

- Bei allen Spielen, Spielformen und Übungsformen ist es wichtig, kleine Gruppen zu bilden, damit mehr Übersichtlichkeit und intensivere Bewegungs- und Erfahrungsmöglichkeiten bestehen.
- Zugunsten des ballführenden Spielers werden Sonderkonditionen eingeführt: der direkte Gegner muß einen Abstand von einer Armlänge einhalten, damit der Ballbesitzer mehr Übersicht hat und nicht in Bedrängnis gerät; außerdem wird so jeglicher Körperkontakt unterbunden.
- Für erfahrene Spieler bzw. ehemalige Vereinsspieler werden z. B. folgende Handicaps vereinbart: regelgerechtes Dribbling und Begrenzung der Häufigkeit des Dribblings; der vom Gegenspieler einzuhaltende Abstand beim Dribbling fällt weg; der Gegner darf beim Korbwurf hochspringen; der Ball muß durch den Ring hindurch geworfen werden; Korbwürfe dürfen nur aus dem Stand und nicht aus der Bewegung erzielt werden; Korbwürfe dürfen nur mit beiden Händen am Ball erzielt werden; Korbwürfe dürfen nur mit der «Nichtwurfhand» erzielt werden; Ziel ist, die technischen Vorteile der erfahrenen Spieler einzuschränken und damit gleichzeitig den weniger erfahrenen Spielern mehr Chancen einzuräumen.

Die Verabredung von sogenannten Handicaps für erfahrene Spieler oder Erleichterungen für Spielungewohnte dürfen nicht als Diskriminierungen aufgefaßt werden. So ist z. B. die Regel, daß in gemischten Mannschaften die von Frauen erzielten Korberfolge doppelt oder dreifach zählen, nicht unproblematisch.

Für die Verabredung und Vereinbarung aller Regel- und Spieländerungen ist strikt darauf zu achten, daß den betroffenen Teilnehmern ein Mitentscheidungsrecht einzuräumen ist und auch während des laufenden Spiels Regelveränderungen abgesprochen werden können. Sollte sich im Verlauf des Spiels herausstellen, daß eine Mannschaft mit erheblichem Punktabstand überlegen ist, sollten entweder die Regeln verändert oder die Mannschaften neu zusammengestellt werden. Ein Spielergebnis von 40:5 sollte weder für die Verlierer noch die Sieger ein Grund zur Freude sein.

10.2 Einführung und Veränderung von Spielregeln

Dieses Kapitel stellt den engen Zusammenhang zwischen personellen und methodischen Aspekten dar. Die Formulierung der folgenden Grundsätze für Spiele und Spielformen im Freizeitsport schließt dabei an die vorausgegangenen Überlegungen an (vgl. auch Kapitel 9):

- Jeder kann spielen und mitspielen – unabhängig von Alter, Geschlecht und sportlichem Können; es müssen nur entsprechende Spielregeln ausgewählt, verabredet und eingehalten werden.
- Aufgrund der Spielregeln sollte kein Spieler ausscheiden – weder dauerhaft noch zeitlich begrenzt, es sei denn, er stellt eine «Gefahr» für seine Mitspieler dar.

- Die Spielregeln müssen Chancengleichheit für alle im Spiel gewährleisten.
- Die Spielregeln und ihre Konsequenzen sollten unter den beteiligten Spielern diskutiert und endgültige Vereinbarungen gemeinsam getroffen werden.
- Die Spielregeln und die Mannschaftszusammensetzung sollten so ausgewählt werden, daß das Spielergebnis möglichst lange offenbleibt.
- Mit Hilfe der Spielregeln muß sichergestellt werden, daß auch die unerfahrenen Spieler vollständig in das Spiel und in die Mannschaft integriert werden.
- Die Spielregeln, die den direkten «Umgang» mit dem Gegenspieler regeln und im allgemeinen als «Foulregeln» bezeichnet werden, sollten frühzeitig eingeführt, konsequent beachtet und eingehalten werden.
- Körperbetonte Auseinandersetzungen im Spiel sollten ganz vermieden oder auf ein Mindestmaß beschränkt werden.
- Insbesondere für Anfänger ist es wichtig, daß zunächst in kleineren, überschaubaren Gruppen gespielt wird.
- Die Spielregeln sollten jederzeit verändert werden können.
- Jeder einzelne Mitspieler sollte Einfluß auf das verwendete Regelwerk nehmen können.
- Neue Spielregeln sollten immer dann eingeführt werden, wenn eine konkret erfahrene Situation unter den Spielern einen Anlaß zur Regelveränderung gibt.
- Wenn genügend Spielerfahrungen mit einem einmal vereinbarten Regelwerk vorliegen, kann auf dieses gruppenspezifische Standardregelwerk zurückgegriffen werden.
- Spielregeln im Freizeitsport haben verschiedene Funktionen: sie
  - strukturieren und ordnen das Spiel,
  - vereinheitlichen das Spiel,
  - bestimmen Spielhandlungen und legen erlaubte und nichterlaubte Aktionen fest,
  - stellen soziale Vereinbarungen unter den Spielern dar,
  - berücksichtigen die unterschiedlichen Voraussetzungen der Mitspieler,
  - schützen und beschützen die Spieler.
- Jedes Spiel ist regelungsbedürftig.
- Das *Erlebnis* im Spiel ist wichtiger als das *Ergebnis*.

10.3 Alternative Wettkämpfe

Neben den sogenannten «harten» Formen des traditionellen Wettkampfbetriebs haben sich «weiche» Varianten entwickelt, die nicht in den Satzungen und Spiel- und Wettkampfordnungen der Fachverbände zu finden sind und zum Teil sogar außerhalb des Verbandswesens in sogenannten «wilden Ligen» angewendet werden. Minirunden oder 24-Stunden-Basketball – «Nacht der langen Messer» –, Quadroball, Familienrunden (vgl. Geggus 1989, 26) sind Beispiele für alternative Wettkämpfe aus dem verbandlichen Bereich, die im folgenden besprochen werden sollen.

Sportliche Leistung, Leistungsvergleich und damit Konkurrenz, Überbietung und Wettkampf sind wesentliche Elemente des gesamten Sports, der Sportspiele und auch des Basketballspiels und zugleich wichtige Motive für die sportliche Betätigung. Deshalb liegt es nahe, über Grundsätze und Bedingungen «weicher» Wettkampfformen zu sprechen und diese als Ergänzungen (aber nicht als Ersatz) des herkömmlichen Wettkampfbetriebs vorzustellen. Es sei jedoch erneut darauf hingewiesen, daß es neben dem Leistungsmotiv auch andere Motive für die sportliche Betätigung gibt, wie z. B. Geselligkeit, Gesundheit, Ästhetik usw.

Die Einführung «weicher» Wettkampfsysteme im Breitensport soll die Forderung nach «Sport für alle» verwirklichen helfen. Dabei sollen die folgenden Überlegungen möglichst vielen Sportinteressierten die Teilnahme erleichtern. Neben den sportlichen Veränderungen und Vereinfachungen müssen «weiche» Wettkampfsysteme Erleichterungen für das Zeitbudget der Teilnehmer gewähren und teilnehmerfreundliche Termine für die Durchführung von Wettkämpfen bieten, wie z. B. der vollständige Verzicht auf «Auswärtsspiele», nur geringe Fahrzeiten zum Spielgegner, das Aussparen von Feiertagen oder eines gesamten Wochenendes für Vergleichsspiele usw.

Bei der Gestaltung der alternativen Wettkampfsysteme sollen die vorab beschriebenen Prinzipien berücksichtigt werden, da sie dazu beitragen können, diese neue Art der wettkampfsportlichen Betätigung für möglichst viele Sporttreibende attraktiver zu machen.

Basketball unter vereinfachten Bedingungen

Die einfachste und elementarste Form des «weichen» Wettkampfbetriebs ist das Basketballspielen untereinander, d. h.:

❏ innerhalb der Übungsgruppe,
❏ während der festgelegten Übungszeiten,
❏ mit veränderten, gruppenspezifischen Spielregeln und
❏ unter Verzicht auf die Teilnahme am offiziellen, verbandlichen Wettkampfbetrieb.

Gespielt werden kann in gemischten Mannschaften von Männern (Jungen) und Frauen (Mädchen), aber auch in getrennten Männer- und Frauenmannschaften. Die Entscheidung darüber müssen die Beteiligten selbst treffen.

In diesem Rahmen, den heute schon die Mehrzahl der Freizeitbasketballmannschaften nutzt, sind die verbandlichen Vorgaben außer Kraft gesetzt. Die Teilnehmer treffen alle Festlegungen, die für die Durchführung des Spiels notwendig sind, nach Absprache und in eigener Verantwortung. Die organisatorischen Voraussetzungen für die Durchführung der Spiele unter- und gegeneinander sind äußerst gering, es entstehen keine zusätzlichen zeitlichen Belastungen. Das Spielen in «festen» Mannschaften über einen längeren Zeitraum ist ebenso möglich wie die Neuformierung von Teams für jeden «Spielabend» oder auch im Verlauf der einzelnen Spiel- und Übungsabende.

Existieren feste Spielgruppen über eine längere Zeit, besteht die Gefahr, daß sich die Teilnehmer abkapseln und außenstehende Sportinteressenten keine Chance mehr haben, sich der Gruppe anzuschließen, gleichberechtigt mitzuspielen und Vereinsmitglieder zu werden. Freizeitsportgruppen müssen so liberal sein, daß sie jederzeit neue Mitglieder mit offenen Armen aufnehmen!

Organisatorisch und zeitlich aufwendiger sind gelegentlich stattfindende Wettkämpfe mit externen Mannschaften – außerhalb des regulären Spielbetriebs. Solche Wettkampfspiele sind aufgrund des direkten Leistungsvergleichs mit anderen Mannschaften für manche Teilnehmer mit einem erhöhten Anreiz verbunden. Folgende Spiel- und Vergleichsmöglichkeiten bieten sich an:

- ❏ Freundschaftsspiele während der eigenen Übungszeit in der ohnehin zur Verfügung stehenden Halle,
- ❏ Freundschaftsspiele bei benachbarten Gastmannschaften,
- ❏ Freundschaftsturniere an einem einzelnen Wochenend- oder Feiertag oder während eines gesamten Wochenendes; Ausrichter kann die eigene oder die Gastmannschaft sein,
- ❏ Freundschaftsspiele oder ein Turnier im Ausland – möglicherweise in Zusammenhang mit einer Jugend- oder Familienfreizeit o. ä.

Über Regelmäßigkeit und Häufigkeit sowie den zeitlichen Umfang dieser Begegnungen sollten die Betroffenen selbst befragt werden und gemeinsam entscheiden.

Sollen nicht so sehr organisatorische, sondern mehr sportlich-spielerische Aspekte im Mittelpunkt des veränderten Wettkampfsystems stehen, kann auf folgende Vergleichswettkämpfe zurückgegriffen werden (Geggus 1989, 26–28):

«Drei-gegen-drei-Turnier/-Runde

Beim Drei-gegen-drei-Spiel ist die Zahl der Spieler pro Mannschaft von fünf auf drei reduziert. Gespielt wird auf einen Korb, auch ‹Full-Court-Spiele› – sehr konditionsintensiv – sind möglich. Durch die Reduzierung auf drei Spieler sind leichter Mannschaftsbildungen möglich; durch kürzere Spielzeiten – durch die hohe konditionelle Belastung bedingt – können sich viele Mannschaften an einem Spieltag beteiligen. Regelvarianten können eingebaut und vereinbart werden: z. B. Werfen innerhalb der Zone verboten; vor jedem Wurf muß jeder Mitspieler den Ball während des laufenden Angriffs gespielt haben (…) (In den USA gibt es sehr aufwendig organisierte 3-3-Meisterschaften auf Stadt- und Regionalebene.)

24-Stunden-Basketball

Zehn bis zwölf Teams (Freizeit- oder Breitensportgruppen, auch Mixed-Teams) spielen 24 Stunden Basketball in der Form ‹jeder gegen jeden›. Einlagewettbewerbe

(Handicapspiel: Mannschaft A in Skikleidung mit Handschuhen gegen Mannschaft B in Normalausrüstung), gesellschaftliche Programmteile, gemeinsame Verpflegung, Basketballkino, selbstgestaltete Tanz- und Showeinlagen machen diese Form zu einer äußerst attraktiven Veranstaltung, die den Teams als Saisonergänzung oder Saison-höhepunkt angeboten wird.

Minibasketballrunden in Turnierform

In vier bis sechs Spieltagen tragen die Minibasketballspieler ihre Meisterschaften aus. Dabei findet jeder Spieltag bei einem anderen Verein statt; notwendige Übernach-tungen erfolgen auf Zeltplätzen und in den Umkleideräumen der Sporthallen. Bei unterschiedlich leistungsstarken Mannschaften können die Mannschaften auch ge-mixt/ausgelost werden. Die Sieger werden nicht nur nach den Ergebnissen beim Bas-ketballspiel festgestellt; ergänzende Wettbewerbe kommen dazu, die vom Schwimmen (Staffel) bis zum Gesangswettbewerb reichen können. Diese für Kinder erprobte An-gebotsform soll einer zu frühzeitigen Spezialisierung ohne breite sportliche Erfah-rungsbasis entgegenwirken. Durch den Abenteuercharakter (Zeltübernachtung in der Gruppe) wird den altersgemäßen Wünschen Rechnung getragen.

D-Jugend-Meisterschaft als Dreikampf

Diese in Baden-Württemberg seit Jahren erprobte Form für eher leistungsorientierte Jugendmannschaften (Altersgruppe 11- bis 13jährige Kinder) sieht eine D-Jugend-Meisterschaft für ein Bundesland als Kombinationswettbewerb zwischen Basketball, Leichtathletik und Schwimmen vor. Einer zu einseitigen Ausrichtung von talentierten D-Jugendlichen wird dabei vorgebeugt; auch in diesem Alter sehr häufige große Kör-pergrößendifferenzen werden dadurch ausgeglichen.

Sportabzeichen Hessen

In Hessen ist die Teilnahme an den D-Jugend-Meisterschaften an den Erwerb des Sportabzeichens des DSB in der entsprechenden Alterskategorie gekoppelt. Die Ziel-setzungen entsprechen den oben angegebenen.

Gemischte Schul- und Vereinsrunden

Eine Meisterschaft auf Stadt- oder Bezirksebene wird bei einer gemischten Runde mit Vereins- und Schulmannschaften ausgespielt. Gespielt wird nach offiziellen Basket-ballregeln; die offiziellen Vorgaben für Kampfgericht und Schiedsgericht werden vereinfacht und reduziert (z.B. ein Schiedsrichter pro Spiel). In Gebieten mit wenig Basketballmannschaften ermöglicht diese Form einen Spielbetrieb; die Gewinnung neuer Basketballgruppen wird erleichtert; bei ‹Jugend trainiert für Olympia› ausge-schiedene Mannschaften können weiter Basketball spielen.

Quadroball

Im Sommer 1989 hatte diese Angebotsform Premiere: Ausgehend von der Überlegung, daß in Individualsportarten ‹lange Distanzen› Hochkonjunktur haben, sollen beim Quadroball zwei Mannschaften direkt hintereinander Basketball, Fußball, Handball und Volleyball spielen. Eine veränderte Zählweise soll Chancengleichheit herstellen; gemischte Mannschaften sind möglich. Variationen hinsichtlich der beteiligten Sportspiele sind örtlichen Gegebenheiten anzupassen; bei großen Gebieten mit wenig Basketballvereinen ist ein Rundenspielbetrieb denkbar und in der Planung. Auch für Hochschulen und in allen Schulformen eine denkbare und vielleicht attraktiv werdende Veranstaltungsform. Da der Basketballsport in diesem Quartett der kleinste Verband ist, können vielleicht in einer ‹Sportartwanderungsbilanz› Zuwächse erzielt werden.

(Konkret ist geplant, zugunsten einer Hilfsorganisation in Karlsruhe ein ‹Super-Quadroball› mit vier hochkarätigen Mannschaften zu starten. Die Verhandlungen laufen. In Berlin werden Zählweisen etc. im Moment bei einem Hochschulturnier erprobt. ‹Variatio delectat…› Triathlon hat Hochkonjunktur, und nach ‹Tri› kommt ‹Quadro›.)

Familienrunden

Spielrunden für Familien sollen das ‹Breitensportangebot› erweitern. Viele Basketballspielerinnen und -spieler der ersten und zweiten Generation können mit ihren Kindern eine Mannschaft bilden und dem Trend zu einer familienbezogenen Freizeitbeschäftigung entsprechen. Durch die geringe Zahl von Mitspielern pro Mannschaft (5!!) ist die Bildung von Familienmannschaften natürlich im Basketball viel einfacher als in den anderen Spielsportarten» (Geggus 1989, 26–28).

Organisation von Freundschaftsspielen durch den DBB

Der DBB verfügt über ein «Anschriftenverzeichnis bestehender Basketball Freizeitmannschaften». Dieses enthält – nach den einzelnen Ländern aufgegliedert:

❑ Adressen und Telefonnummern des jeweils Verantwortlichen,
❑ Angaben über eine Vereinszugehörigkeit und
❑ Angaben über die Belegungsmöglichkeit einer Sporthalle (vgl. Kapitel 11.1.4).

Somit ist es jeder interessierten Mannschaft möglich, direkte Kontakte mit anderen Freizeitmannschaften aufzunehmen und Freundschaftsspiele oder -turniere zu verabreden. Das Anschriftenverzeichnis wird jedes Jahr aktualisiert. Sicherlich haben Basketballvereine keine Einwände, wenn auch nichtorganisierte Freizeitmannschaften oder Schulmannschaften teilnehmen wollen.

In jedem Jahr erstellt der DBB einen Veranstaltungskalender, aus dem hervorgeht, welche Mannschaften zu welchem Zeitpunkt und an welchem Ort Freundschaftsspiele oder -turniere organisieren. Hier haben Freizeitmannschaften die Möglichkeit, sich zu beteiligen.

Neben der sportlichen Ausrichtung solcher Spiele oder Turniere sollte immer auch an ein Rahmenprogramm gedacht werden, das den Bedürfnissen der Teilnehmer nach

Geselligkeit entgegenkommt. Es ist möglich, daß sich ältere Spieler nach längerer Zeit wiedersehen, Erinnerungen austauschen wollen und einen entsprechenden organisatorischen und zeitlichen Rahmen wünschen.

Für jüngere Spieler sollten jugendgemäße Veranstaltungen, wie z.B. eine Disco, die sportlichen Vergleichskämpfe ergänzen. Auf jeden Fall sollten die Verantwortlichen das Rahmenprogramm mit den Beteiligten aus ihrem eigenen Verein möglichst gemeinsam planen und absprechen, da in diesem Fall eine größere Akzeptanz der Veranstaltungen gewährleistet ist.

Selbstverständlich müssen sich Freizeitbasketballer genau überlegen und miteinander verabreden, wie häufig sie Freundschaftsspiele oder -turniere besuchen oder an welchen sie teilnehmen wollen. Es ist wichtig, daß es nicht zu zeitlichen Überforderungen kommt, die dann mit denselben unliebsamen Konsequenzen verbunden wären wie die Teilnahme am regulären Spielbetrieb des Verbandes.

10.4 Streetball

10.4.1 Entwicklung in Deutschland

Am 22. und 23. August 1992 hat die Firma Adidas erstmalig auf dem Marx-Engels-Platz in Berlin ein Streetball-Turnier mit mehr als 300 Teams und ca. 1200 Spielern durchgeführt (vgl. «Adidas Streetball Challenge» 1992).

1993 haben in 18 Ländern Europas 75000 Spieler in 19000 Teams und 1 Million Zuschauer am Adidas-Streetball-Challenge 93 teilgenommen (vgl. Pressemeldung der Adidas PR-Abteilung 1993). Während des Deutschland-Finales in Berlin vom 13.–15. August 1993 haben 788 Teams vor insgesamt 70000 Zuschauern gespielt.

1994 sind in der Bundesrepublik Deutschland etwa 90 Turniere mit ca. 17000 Teams durchgeführt worden. Das Europa-Streetball-Finale fand in Berlin mit 1000 Teams und 4000 Spielern statt. Der DBB hat am 2./3. Oktober 1994 mit 121 Teams die ersten offiziellen Deutschen Streetball-Meisterschaften in Bochum veranstaltet.

Für 1995 stehen bereits mehr als 300 Streetball-Turniere im Planungskalender des DBB (Stand April 1995).

Da Streetball ein sehr stark vereinfachtes Basketballspiel ist und das Interesse an diesem Spiel und an den Turnieren in weiten Teilen unserer jüngeren Bevölkerung gegenwärtig besonders groß ist, müssen dem «Streetball» für die nächsten Jahre hervorragende Entwicklungschancen eingeräumt werden.

Streetball hat ein vereinfachtes Regelwerk, enthält aber gleichzeitig die wesentlichen Elemente des traditionellen Basketballspiels. Eine längerfristige Bindung an das Streetballspiel oder an eine feste Mannschaft ist nicht erforderlich, da im «offiziellen» Wettkampfbereich meist an Wochenenden in Turnierform gespielt wird. Die größeren Turniere finden immer als Streetball-Ereignisse mit Rahmenprogramm statt. Streetball entspricht dem Bedürfnis mancher Spieler nach Wettkampf und Leistungsvergleich.

Daß es sich nicht um ein für uns ganz neues Spiel handelt, haben die Ausführungen über «Drei-gegen-drei-Turnier / -Runde» deutlich gemacht (vgl. Kapitel 10.3).

10.4.2 Spielregeln

Die hier vorgestellten Spielregeln beziehen sich mit geringfügigen Änderungen auf die Regeln, die während der Adidas-Streetballturniere gültig sind. Das Spielfeld ist 10 × 10 m groß, benötigt wird ein einziger Korb, auf den beide Mannschaften spielen. Jedes Team besteht aus drei Spielern und einem Ersatzspieler.

❑ Der erste Ballbesitz wird vor Spielbeginn durch Münzwurf entschieden.

❑ Vor einem Korberfolg müssen mindestens zwei Spieler der angreifenden Mannschaft in Ballbesitz gewesen sein. Nach jedem Korberfolg wechselt der Ballbesitz. Bevor weitergespielt werden kann, muß der Ball von einem Gegenspieler «gecheckt», d.h. berührt werden. Nach jedem Wechsel (also auch während des Spiels) muß der Ball hinter die Distanz-Linie zurückgespielt werden, sonst kommt der Gegner wieder in Ballbesitz. Erfolgt das Zurückspiel nicht, werden anschließende Punkte aus diesem Angriff nicht gezählt.

❑ Jedes Team kann zwei 60-Sekunden-*Time-outs* bei laufender Uhr nehmen. Bei *Time-outs* in den letzten drei Minuten wird die Uhr gestoppt.

❑ Der Ersatzspieler kann beliebig oft ausgewechselt werden, aber nur dann, wenn gerade ein Korb geworfen wurde oder der Ball ruht.

❑ Zeitspiel verstößt gegen das Fairneß-Prinzip des Turniers. Deswegen läuft eine «gedachte» 30-Sekunden-Uhr. Wird der Angriff nicht innerhalb von 30 Sekunden abgeschlossen, bedeutet das Ballverlust.

❑ Nur der Mannschaftskapitän darf sich im Falle von Unstimmigkeiten stellvertretend für sein Team beschweren. Ist das Spiel nach einer Unstimmigkeit wiederaufgenommen, gilt sie als geklärt.

❑ Der *Court*-Beobachter hat im Falle von Unstimmigkeiten zwischen zwei Mannschaften das letzte Wort. Er ist jedoch kein Schiedsrichter. Falls der *Court*-Beobachter, aus welchen Gründen auch immer, keine Entscheidung fällen kann, muß eine Münze geworfen werden.

❑ Jede Nichtbeachtung von Entscheidungen des *Court*-Beobachters führt zum Ballverlust.

❑ Statt des üblichen Sprungballs erhält in Zweifelsfällen die verteidigende Mannschaft den Ball.

❑ Nach jedem Foul oder Ball im «Aus» erhält die gegnerische Mannschaft den Ball hinter der Distanz-Linie.

❑ Jeder erfolgreiche Korbwurf zählt einen Punkt. *Zwei-Punkte-Linie*: Ähnlich wie die Drei-Punkte-Linie beim normalen Basketball zählt ein Wurf von der 6,20-m-Linie beim Streetball zwei Punkte. Dabei dürfen beide Füße des Spielers nicht auf der Linie stehen, sondern deutlich dahinter. In Zweifelsfällen entscheidet der *Court*-Beobachter.

- Gespielt wird bis zu 16 Punkten oder 20 Minuten.
- Fouls:
    - Handgreiflichkeiten ziehen einen Turnierausschluß für beide Teams nach sich. Absichtliche Fouls – vom *Court*-Beobachter zu entscheiden – führen zum Freiwurf mit anschließendem Ballbesitz für die gefoulte Mannschaft. Alle gelungenen Freiwürfe zählen einen Punkt. Bei zwei absichtlichen Fouls innerhalb eines Spiels muß der Spieler für die verbleibende Spielzeit vom Feld.
    - Wenn ein Spieler während des Wurfes gefoult wird und der Ball ins Netz geht, zählt der Korb, und die andere Mannschaft kommt in Ballbesitz.
    - Alle Fouls werden von dem foulenden Spieler selbst angezeigt. Fairneß wird erwartet.

Gespielt werden kann in Mädchen(Frauen)-Teams, Jungen(Männer)-Teams und Mixed-Mannschaften. Nach einem Punkte-System werden alle Teilnehmer in gleich starke Gruppen nach Alter, Größe und Spielerfahrung eingeteilt. Damit ist Chancengleichheit gewahrt, und die Spielergebnisse sind offengehalten.

10.4.3 Sportpädagogische Aspekte

Da es beim Streetball keinen Schiedsrichter, sondern bei den großen Turnieren nur einen Court-Beobachter gibt, der in Zweifels- oder Streitfällen eingreift, liegt die sportpädagogische Bedeutung des Spiels vor allem darin, daß die Spieler selbst ihr Spiel regulieren. In den Sportspielen wird traditionellerweise zwischen der Rolle als Spieler und der Rolle als Schiedsrichter streng getrennt. Beim Streetball wird nicht mehr differenziert: Der Spieler ist gleichzeitig Schiedsrichter, und der Schiedsrichter ist gleichzeitig Spieler. Das bedeutet, daß die Spieler sich einigen müssen, denn jeder einzelne ist aufgefordert, Regelverstöße (z.B. Fouls) selbst anzuzeigen. Aber auch die Definition «ein Foul ist jede Körperberührung, durch die der ballführende Spieler benachteiligt wird» eröffnet Entscheidungsmöglichkeiten und damit Verantwortung für alle Beteiligten. Fairneß wird erwartet.

Im Streetball kommt es aufgrund der Spielregeln zu häufigen Ballwechseln zwischen den Mannschaften: z.B. bei Korberfolg, Ballverlust, Ausball, Wurf mit Netz- oder Ringberührung. Das Spielen des Balles hinter die Distanzlinie und das zusätzliche Checken durch den Gegner führen darüber hinaus zu einem kontrollierten Angriffsaufbau. Schließlich müssen vor einem Korbwurf mindestens zwei Mitspieler Ballkontakt gehabt haben. Durch diese Regeln wird die Chancengleichheit zwischen den Mannschaften und die Integration der Spieler innerhalb einer Mannschaft erhöht.

Insbesondere bei Anfängern sollte darauf geachtet werden, daß sie im Spiel nicht überfordert und durch das strikte Einhalten der entsprechenden Spielregeln geschützt werden. Hier kann ein Court-Beobachter hilfreich sein. Dieser sollte das Spiel aufmerksam verfolgen und zunächst auch häufiger eingreifen. Unter allen Umständen sollten die Foulregeln eingehalten und keine Körperkontakte zugelassen werden, die einen Spieler mit Ball benachteiligen. Mit allen anderen Regeln kann und sollte man großzügiger umgehen, so z. B. mit Kontaktfehlern, Doppeldribbling usw. Selbstverständlich kann auf den Court-Beobachter auch verzichtet werden.

Die bei den Streetball-Turnieren vorgesehene Aufteilung der Mannschaften nach Alter, Größe und Spielerfahrung soll Chancengleichheit und offene Spielergebnisse und Leistungsvergleiche unter den beteiligten Mannschaften herstellen. Insgesamt sind die Zugangsmöglichkeiten zum Streetball vereinfacht, und es gibt nur in Ausnahmefällen Selektions- und Ausschlußmechanismen für die Teilnahme an den Veranstaltungen. Für die Verwirklichung der Forderung nach «Basketball für alle» bietet Streetball denkbar günstige Voraussetzungen.

Sicherlich wird es keinem Basketballverein und auch keiner Schule möglich sein, ein Streetball-Turnier in einem größeren Rahmen mit umfangreichem Programm wie bei kommerziellen Veranstaltungen durchzuführen. Das kann auch nicht das Anliegen sein.

Fester Bestandteil eines Streetball-Turniers sollte ein im Sinn der Jugendlichen attraktives Rahmenprogramm (Musik, Wettbewerbe, Stände, Aktionen etc.) für alle Teilnehmer sein. Auf einer solchen (eher bescheidenen) Ebene ist Streetball ein hervorragendes, nachahmenswertes Beispiel, das eine Belebung für den Breiten- und Freizeitsport darstellen kann.

10.4.4 Vorteile des Streetballspiels

❑ Die Hälfte der Turnierteilnehmer/innen spielt regelmäßig jede Woche Streetball – unabhängig von einer Sportvereinszugehörigkeit.

❑ Die bevorzugte «Sportstätte» ist der Freiplatz. Das heißt, daß die Jugendlichen selbst organisiert, ohne Aufsicht durch Erwachsene (Trainer/innen, Übungsleiter/innen, Sportlehrer/innen) ihren Sportaktivitäten nachgehen können. Sie können selbst bestimmen, wann, mit wem, wie lange und nach welchem Regelwerk sie spielen wollen. In großem Umfang müssen die Jugendlichen hier selbst und selbständig Entscheidungen über die Rahmenbedingungen, aber auch über den «regelgerechten» Ablauf des Spiels treffen. Immer wieder ist es notwendig, daß man sich einigt – stillschweigend oder nach Diskussionen –, um das Einhalten von wichtigen Spielregeln zu sichern. Das Spielen auf dem Freiplatz eröffnet den Jugendlichen wichtige soziale Erfahrungs- und Entscheidungsfelder, die ihnen in der Schule und auch im Sportverein im allgemeinen vorenthalten werden. Auf der «Straße» werden sie gefordert, sich – im positiven Sinn – mit anderen Jugendlichen auseinanderzusetzen und zu Übereinstimmungen zu kommen, ohne daß sie durch die Erwachsenen, wie das im allgemeinen der Fall ist, fremdbestimmt werden.

❑ Die Kommunen haben mit Streetball die hervorragende Chance, ein Sportspiel zu fördern und auf eine breitere Basis zu stellen, das bei bestimmten Jugendlichen äußerst beliebt ist und außerdem ein wichtiges soziales Erlebnis- und Erfahrungs-feld zur Verfügung stellt.

❑ Streetball müßte im Schulsport sowohl unterrichtlich, aber noch mehr außer-unterrichtlich eine wesentlich größere Rolle spielen – ohne daß die typischen Rah-menbedingungen dieses Spiels durch den Einfluß der Schule verfälscht werden. Die Schule hat die Chance, noch mehr Jugendliche auf diese Sportart aufmerksam zu machen und an dieses Sportspiel heranzuführen – vor allen Dingen auch Mädchen. Die Vermittlung von Modellen zur sinnvollen Freizeitgestaltung ist eine der wichti-gen Aufgaben des Schulsports – hier besteht die Möglichkeit, einen konstruktiven Beitrag zu leisten.

10.4.5 Streetball in Vereinen und Schulen

Streetball wird inzwischen in Hochschulen, Schulen, Jugendzentren, Freizeitvereinen, auf Freiplätzen und in Basketballvereinen gespielt.

Ganz entscheidend für die Akzeptanz von Streetball ist der geringe Grad an Verpflich-tungen für die Einbindung der Teilnehmer: «Wie die Sozialforschung herausgefunden hat, lehnt ein großer Teil der Jugendlichen ‹gezwungenen Sport› ab. Sie wollen selbst entscheiden, wann, mit wem und wie sie Sport treiben. Streetball kennt keinen Zwang!» (Adidas 1992, 3).

Streetball-Freundschaftsspiele und -Turniere lassen sich auch im Basketballverein, in der Basketballabteilung, in der Schule und in Zusammenarbeit mit der Kommune or-ganisieren. Insbesondere bietet sich die Kooperation zwischen Basketballverein und Schulsport an; die geringe Zahl von Spielern in einer Mannschaft hilft über viele Schwierigkeiten hinweg. Da die Spiele auf der Straße stattfinden sollen, gibt es auch keine Hallenprobleme.

Der DBB hat Anfang 1995 einen «Streetball-Kalender» erstellt, aus dem die zu diesem Zeitpunkt bekannten und im Verlauf des Jahres veranstalteten Streetball-Turniere hervorgehen. Neben Datum und Veranstaltungsort wird auch jeweils ein persönlicher Ansprechpartner mit Adresse und Telefonnummer benannt. Hier haben Streetball-Mannschaften die günstige Gelegenheit, sich für die Teilnahme an Turnieren anzu-melden.

10.5 Variationen des traditionellen Basketballspiels

Die vorangegangenen Vorschläge über «alternative Wettkämpfe» (Kapitel 10.3) haben das traditionelle Basketballspiel als Wettkampfspiel variiert, ohne die zentralen Be-standteile des Spiels zu verändern. Im folgenden werden Spielvarianten vorgestellt, die sich zwar in ihren Grundzügen immer noch am traditionellen Basketballspiel orientie-ren, bei denen aber die Spielbedingungen verändert sind: Spielen in der Überzahl bzw.

in der Gleichzahl, Spielen auf einen oder auf mehrere Körbe, Spielen mit oder ohne Dribbling, Spielen mit oder ohne Helfer. Innerhalb dieser Spielsystematik soll der Übungsleiter oder Sportlehrer mit seiner Gruppe entscheiden, welche der zur Verfügung stehenden Kombinationen sinnvoll erscheinen. Die vorgeschlagenen Variationen können selbstverständlich mit den verschiedensten Spielregeln kombiniert werden.

So ist es beispielsweise möglich, daß die Punktezählung vereinfacht wird und jeder Treffer einen Punkt zählt oder ein Korb- oder Punkterfolg anerkannt wird, wenn der Ball den Ring, das Netz oder Teile des Basketballbrettes berührt hat. Und natürlich können auch zwei Mannschaften auf drei Körbe spielen und um Punkte kämpfen.

Anfänger oder wenig spielerfahrene Freizeitsportler sollten wegen der größeren Erfolgschancen und des damit verbundenen Motivationsschubs zunächst im Angriff in der Überzahl spielen, und möglicherweise sollten auch mehrere Angriffe nacheinander erfolgen – selbst bei Ballverlust. Die Überzahl kann dadurch relativiert werden, daß der zusätzliche Spieler als Helfer oder Anspieler zur Verfügung steht, ohne vollständig in das Spiel integriert zu werden. Er kann z. B. einen festen Platz hinter den Angriffsspielern auf dem Spielfeld einnehmen und darf nicht auf den Korb werfen: 3:3+1 bedeutet hier eine Überzahl der Angriffsspieler einschließlich Helfer (vgl. Schema S. 213).

Das Spielen mit / ohne Dribbling verzögert oder beschleunigt das Spiel und kann z. B. für erfahrene Spieler eine zusätzliche Leistungsanforderung oder ein Handicap sein.

10.6 Spiele mit dem Basketball

10.6.1 Spiele mit Zielwurf

Die hier vorgestellten Spiele haben noch eine große Nähe zum eigentlichen Basketballspiel, da die Spielsituationen und die technischen Elemente denen des Basketballspiels gleichen (vgl. Kapitel 3):
- ❑ das Überwinden des Raumes mit dem Ball,
- ❑ das Herausspielen einer Wurfgelegenheit und
- ❑ das möglichst präzise Werfen und das Treffen des Zieles.

Das Ziel selbst kann und soll im Freizeitsport variiert werden, d. h., es muß beispielsweise nicht statisch, sondern kann beweglich sein, es muß nicht hoch aufgehängt, sondern kann auch niedrig angebracht sein. Die Spiele Korbball, Turmball, Kastenball und Kapitänsball sowie die jeweiligen Veränderungen beinhalten das Werfen auf ein hohes Ziel, so daß eine größere Nähe zum Korbwurf beim Basketball besteht oder hergestellt werden kann; bei den Zielwurfspielen Jägerball, Tschoukball und ihren Variationen geht es zwar immer noch um den Wurf auf ein Ziel, aber dieser hat keine oder kaum noch Ähnlichkeit mit dem Bewegungsablauf beim gezielten Wurf auf den Basketballkorb.

	Spiel auf einen Korb	Spiel auf zwei Körbe	Spiel auf > zwei Körbe	Spiel mit einer Mannschaft	Spiel mit zwei Mannschaften	Spiel mit > zwei Mannschaften
Ü	2 : 1					
B	2 : 2 + 1					
E	3 : 2					
R	3 : 3 + 1					
Z	4 : 3					
A	4 : 4 + 1					
H	5 : 4					
L	5 : 4 + 1					
	6 : 5					
	…					
G						
L						
E	1 : 1					
I	2 : 2					
C	3 : 3					
H	4 : 4					
Z	5 : 5					
A	6 : 6					
H	…					
L						

Korbball

Beschreibung des Spiels:
Ähnlich wie beim Basketball spielen auch beim Korbball zwei Mannschaften von je 4 bis 6 Spielern gegeneinander. Die Mannschaft in Ballbesitz versucht, den Basketball in den Korb zu werfen, bzw. die verteidigende Mannschaft, die Angriffsaktionen zu verhindern. Der Korb steht auf einem 2 m bis 2,50 m hohen Ständer in der Mitte einer Schutzzone von 3–4 m Durchmesser, die nur ein (Verteidigungs-)Spieler (das ist der Korbhüter oder Korbwächter) betreten darf, um in Ballbesitz zu gelangen.

Erläuterungen zum Spiel:
Korbball ist ein typisches Turnerspiel, das sogar bis zur Deutschen Meisterschaft und auch international ausgetragen worden ist. Seine Bedeutung ist heute bei uns eher rückläufig, kann aber für den Freizeitsport eine Bereicherung sein. In anderen europäischen Ländern, so z. B. in Großbritannien, ist Korbball als «Netball» bekannt und sehr verbreitet und wird vor allem von Frauen gespielt. Das Spiel enthält viele basketballähnliche oder sogar -spezifische Elemente. Ein wesentlicher Unterschied zum Basketballspiel ergibt sich durch das Fehlen des Brettes und das Spielen um die Schutzzone bzw. den Korb herum, der von allen Seiten zugänglich ist. Hieraus ergeben sich wichtige spieltaktische Unterschiede zum traditionellen Basketballspiel.
Möglichst ohne oder mit wenig Körperkontakt spielen.

Veränderungen des Spiels:
❑ Die Anzahl der Spieler kann verändert werden.
❑ Spielen auf 1, 2 oder mehrere Ziele (Körbe) ist möglich.
❑ Das Entwickeln eines gruppenspezifischen Regelwerks ist zu empfehlen.
❑ Es kann unterschiedliches Ballmaterial verwendet werden (z. B. Basketbälle, Volleybälle, Softbälle, Fußbälle, Rugbybälle).
❑ Die Spielfeldmaße, die Korbhöhe und der Durchmesser der Schutzzone sind variabel.
❑ Man kann draußen und in der Halle spielen.

Turmball

Beschreibung des Spiels:
Die 3–6 Spieler der angreifenden Mannschaft versuchen, «ihrem» Turmwächter, der im gegnerischen Feld auf einer Erhöhung steht (z. B. auf einem kleinen Kasten), den Ball so zuzuspielen, daß er ihn fangen kann, ohne den Kasten zu verlassen. Die Spieler der verteidigenden Mannschaft versuchen, das Zuspiel im Rahmen der Spielregeln zu verhindern und in Ballbesitz zu gelangen. Nach erfolgreichem Zuspiel zum Turmwächter erhält die bisher verteidigende Mannschaft den Ball und bereitet ihren Angriff vor.

Erläuterungen zum Spiel:

Turmball enthält ebenfalls viele basketballspezifische Elemente (je nach Auswahl der Spielregeln). Der in gewissem Umfang «bewegliche Korb», der ungenaue Zielwürfe korrigieren kann, hat den großen Vorteil, daß es gerade Anfängern leichter fällt, Punkte zu erzielen und erfolgreich zu sein. Ähnlich wie beim Korbball wird auch hier um den Turm herum gespielt, so daß sich ebenfalls wichtige spieltaktische Unterschiede zum Basketballspiel ergeben.

Möglichst ohne oder mit wenig Körperkontakt spielen.

Veränderungen des Spiels:

❏ Die Anzahl der Spieler kann verändert werden.
❏ Spielen auf 1, 2 oder mehrere Ziele (Türme) ist möglich.
❏ Um den Turm herum wird eine Schutzzone eingerichtet, die kein Spieler betreten darf.
❏ Das Zuspiel zum Turmwächter muß rückwärts durch die Beine erfolgen.
❏ Das Zuspiel zum Turmwächter muß durch einen Bodenpaß erfolgen.
❏ Die Höhe des Turms, auf dem der «Wächter» steht, kann verändert werden: Ein hoher Turm (z. B. ein Kasten) erleichtert das Zuspiel, ein niedriger Turm (z. B. ein Kastendeckel oder eine Matte) erschwert das Anspiel des Turmwächters.
❏ Das Spielen auf einen Turm mit neutralem Turmwächter nach Zeit und mit Rollenwechsel ist möglich.
❏ Das Spielen mit mehr als zwei Turmwächtern, mehreren Bällen und mehreren Mannschaften ist möglich.
❏ Das Entwickeln eines gruppenspezifischen Regelwerks ist zu empfehlen.
❏ Es kann unterschiedliches Ballmaterial verwendet werden (z. B. Basketbälle, Volleybälle, Softbälle, Fußbälle, Rugbybälle).
❏ Man kann draußen und in der Halle spielen.

Kastenball

Beschreibung des Spiels:

Die angreifende Mannschaft versucht, den Ball in einen offenen, auf dem Boden in einer Schutzzone stehenden Kasten so hineinzuwerfen, daß er im Kasten liegenbleibt. Die Mannschaft ohne Ball versucht, das zu verhindern, indem sie ihren eigenen Kasten verteidigt und sich bemüht, in Ballbesitz zu kommen. Die Schutzzone mit einem Durchmesser von ca. 5 Metern darf niemand betreten.

Erläuterungen zum Spiel:

Hier wird erneut das Wurfziel variiert, das nun statisch ist und einen einigermaßen großen Durchmesser hat. Erschwert wird der Zielwurf dadurch, daß der Ball im Kasten liegenbleiben muß, und das ist nur mit einem sehr gefühlvollen Wurf möglich, der aber nicht basketballspezifisch ist. Erst dann, wenn der Kasten erhöht angebracht

ist, besteht eine basketballähnliche Wurfmöglichkeit. Durch die Schutzzone wird ein zu nahes Herantreten an das Wurfziel verhindert. Das Spiel ist rund um die gesamte Wurfzone herum möglich und unterscheidet sich somit ganz erheblich von der Spieltaktik des Basketballspiels.
Möglichst ohne oder mit wenig Körperkontakt spielen.

Veränderungen des Spiels:
❑ Die Anzahl der Spieler kann verändert werden.
❑ Spielen auf 1, 2 oder mehrere Kästen ist möglich.
❑ Der offene Kasten wird erhöht aufgestellt.
❑ Die Schutzzone kann vergrößert oder verkleinert werden.
❑ Der Kasten kann hoch (großer Kasten) oder flach (kleiner Kasten oder Kastendeckel) sein; die Öffnung kann einen unterschiedlich großen Durchmesser haben, eckig (Kasten) oder rund (Ballkorb) sein.
❑ Der Kasten kann mobil sein: Zwei Spieler (Mitspieler, Gegenspieler oder Neutrale) tragen den kleinen Kasten, so daß ein bewegliches Wurfziel entsteht.
❑ Es kann mit mehr als zwei Mannschaften gespielt werden.
❑ Das Entwickeln eines gruppenspezifischen Regelwerks ist zu empfehlen.
❑ Es kann unterschiedliches Ballmaterial verwendet werden (z. B. Basketbälle, Volleybälle, Softbälle, Fußbälle, Rugbybälle).
❑ Man kann draußen und in der Halle spielen.

Kapitänsball

Beschreibung des Spiels:
Die 3–5 Spieler der Mannschaft mit Ball versuchen, ihrem deutlich gekennzeichneten «Kapitän» den Ball so zuzuspielen, daß dieser ihn fängt. Wenn die gegnerische Mannschaft das nicht verhindern kann, erhalten die Angreifer für jedes erfolgreiche Anspiel 1 Punkt. Der Wechsel von Angriff zu Verteidigung erfolgt bei Ballverlust.

Erläuterungen zum Spiel:
Dadurch, daß der «Kapitän» im gesamten Spielfeld herumlaufen kann, kommt viel Bewegung in das Spiel, und das Verteidigen wird schwieriger. Durch die Bestimmung der Spielfeldgröße können die Anforderungen an die Spieler erschwert oder erleichtert werden. Auch hier gibt es je nach Spielregeln Überschneidungen mit dem Basketballspiel. Ein Unterschied zum statischen und zugleich hoch über den Köpfen der Spieler angebrachten Korb besteht darin, daß durch das Ziel «auf Beinen» ein neues spieltaktisches Verhalten gefordert wird. Das Zuspiel zum «Kapitän» und damit der Spielerfolg ist leichter als beim Basketballspiel. Passen, Fangen, Dribbling, Freilaufen sind wichtige Elemente, die mit dem Basketballspiel übereinstimmen.
Möglichst ohne oder mit wenig Körperkontakt spielen.

Veränderungen des Spiels:
- ❑ Die Anzahl der Spieler kann verändert werden,
- ❑ Spielen mit 1, 2 oder mehreren Kapitänen (Zielen) ist möglich.
- ❑ Der Wechsel von Angriff zu Verteidigung erfolgt nach 10 oder 15 erfolgreichen Zuspielen an den «Kapitän» oder nach vorab festgelegter Zeit.
- ❑ Der «Kapitän», der sowohl Mitspieler, Gegenspieler als auch neutraler Spieler sein kann, hält mit beiden Händen einen Gymnastikreifen hoch, durch den der Ball hindurchgeworfen werden muß. Das Ziel in den hochgehaltenen Händen des «Kapitäns» kann auch eine Frisbeescheibe sein, die durch den Ball berührt werden muß.
- ❑ Der Kapitän wird von zwei Spielern (Mitspielern, Gegenspielern oder neutralen Spielern) getragen.
- ❑ Das Entwickeln eines gruppenspezifischen Regelwerks ist zu empfehlen.
- ❑ Es kann unterschiedliches Ballmaterial verwendet werden (z. B. Basketbälle, Volleybälle, Softbälle, Fußbälle, Rugbybälle).

Jägerball

Beschreibung des Spiels:
Zwei markierte Spieler sind die «Jäger», die jeden anderen Spieler bzw. «Hasen» mit einem (weichen) Ball treffen sollen. Die «Jäger» dürfen nur in günstige Wurfpositionen laufen, wenn sie nicht in Ballbesitz sind, d. h., daß mit dem Ball in der Hand nicht gelaufen werden darf. Jeder abgeworfene Spieler wird markiert und zum «Jäger»; Sieger ist der zuletzt übriggebliebene «Hase».

Erläuterungen zum Spiel:
In diesem Spiel gibt es zwar immer noch Passen, Fangen und Werfen auf ein Ziel, aber der Bewegungsablauf des Wurfes hat mit dem Korbwurf beim Basketballspiel keine Gemeinsamkeiten mehr. Im Mittelpunkt stehen das gezielte und situationsabhängige Laufen zum gegnerischen Spieler (nur ohne Ball), die Anspielbereitschaft sowie das Zuspielen und Fangen. In diesem Spiel fehlen daher wichtige basketballspezifische technische und auch taktische Elemente.

Veränderungen des Spiels:
- ❑ Zwei von der Anzahl der Spieler her gleich große Mannschaften von «Jägern» und «Hasen» spielen gegeneinander: Aufgabe ist, innerhalb einer vorgegebenen Zeit (1, 2 oder 3 Minuten) möglichst viele Treffer zu erzielen; nach der vereinbarten Zeit werden die Rollen getauscht.
- ❑ Es kann mit einem Ball oder mit mehreren Bällen gespielt werden.
- ❑ Es sollten weiche Bälle verwendet werden.
- ❑ Die Größe des Spielfeldes kann variiert werden.

Achtung: Körpertreffer können schmerzhaft sein und Spielern angst machen.

Tschoukball

Beschreibung des Spiels:
Die ballführende Mannschaft mit 4–6 Spielern versucht, gegen eine gleich große, verteidigende Mannschaft eine Wurfgelegenheit herauszuspielen und den Ball auf einen mit Gummibändern bespannten Rahmen (ähnlich dem Minitrampolin) zu werfen. Der bespannte Rahmen stellt sicher, daß der Ball zurückspringt, so daß das Spiel ohne Pause fortgesetzt wird. Die Mannschaft mit den meisten Treffern innerhalb einer festgelegten Zeit hat gewonnen.

Erläuterungen zum Spiel:
Auch hier liegt wieder ein Zielwurf vor, aber es handelt sich eher um einen handball- und weniger um einen basketballspezifischen Wurf. Alle anderen technischen Elemente des Basketballspiels, wie Dribbling, Passen und Fangen, können übernommen werden; das trifft auch für taktische Elemente im Angriff und in der Verteidigung zu. Das Spiel ist schnell und dann, wenn man auf Pausen nach dem Wurf auf den Rahmen verzichtet, sehr anstrengend.

Veränderungen des Spiels:
❑ Das Entwickeln eines gruppenspezifischen Regelwerks ist zu empfehlen: Körperkontakte mit Gegenspielern sollten unterbunden werden; Ziel sollte vor allem sein, Verletzungen zu verhindern bzw. körperlichen Schmerzen vorzubeugen.
❑ Alle Spieler müssen vor dem Wurf auf das Ziel zumindest einmal den Ball berührt haben.
❑ Es kann unterschiedliches Ballmaterial verwendet werden, allerdings darf der Ball nicht zu weich sein,
❑ Anstelle des Tschouk-Rahmens kann man einen quergestellten Kastendeckel verwenden, der allerdings den Nachteil hat, daß der Ball nicht so gut zurückspringt.
❑ Eine Wurfzone z. B. aus Turnmatten darf nicht betreten werden.
❑ Fällt der Ball in die Wurfzone, erfolgt ein Ballwechsel.
❑ Man kann draußen und in der Halle spielen.

10.6.2 Spiele ohne Zielwurf

In diesem Kapitel sollen Spiele vorgestellt werden, denen zwar ein wesentliches Element des Basketballspiels fehlt, nämlich der Wurf auf ein Ziel, die aber dennoch von großer Attraktivität für die Freizeitsportgruppe sein können. Schwerpunkt dieser Spiele ist aus basketballspezifischer Perspektive die Anwendung der Fertigkeiten Dribbling, Passen und Fangen und aus taktischer Sicht das Freilaufen, das Beobachten des Spielers, der den Ball führt, bzw. aus Sicht des Ballbesitzers die Beobachtung der Mitspieler. Das «Gedränge» unter dem Korb – da nicht auf den Basketballkorb gespielt wird – und die daraus resultierende Art der «Verdichtung» fehlen.

Mattenball

Beschreibung des Spiels:
Zwei Mannschaften von je 3 – 5 Spielern spielen gegeneinander. Die Mannschaft, die in Ballbesitz ist, versucht durch Zuspielen und Dribbling den Ball aus der eigenen in die gegnerische Hälfte zu spielen und dort auf der Weichbodenmatte des Gegners abzulegen. Die gegnerische Mannschaft soll das im Rahmen der verabredeten Spielregeln verhindern.

Erläuterungen zum Spiel:
Im Mittelpunkt dieses Spiels stehen die technischen Elemente Dribbling, Passen und Fangen. Im taktischen Bereich bestehen Unterschiede zum Basketballspiel, weil um die Matte herum gespielt werden kann. Und natürlich fehlt der Korbwurf, der Ball soll ja «nur» auf der Matte abgelegt werden.

Veränderungen des Spiels:
❑ Das Entwickeln eines gruppenspezifischen Regelwerks ist zu empfehlen.
❑ Der Spieler mit Ball darf dribbeln, aber der Ball darf nicht mehr als dreimal den Boden berühren und muß dann abgespielt werden.
❑ Jeder Spieler der Mannschaft, die in Ballbesitz ist, muß in der gegnerischen Hälfte angespielt worden sein, bevor der Ball auf der Matte abgelegt wird.
❑ Auf das Dribbling wird verzichtet, der Ball muß sofort weitergespielt werden; dadurch wird das Spiel schnell, und das Freilaufen wird zur zentralen Aufgabe.
❑ Nicht der Ball wird auf der Matte abgelegt, sondern der Ball muß einem Spieler, der hochgesprungen ist und nicht mehr den Boden berühren darf, zugepaßt werden. Der Spieler läßt sich dann mit dem Ball in der Hand auf die Weichbodenmatte fallen und erzielt einen Punkt. Körperberührungen sind nicht gestattet.
❑ Zwei Mannschaften von 3 – 4 Spielern spielen um eine einzige Matte herum. Die ballführende Mannschaft versucht, gegen die Verteidiger den Ball auf der Matte abzulegen.
❑ Auch bei diesem Spiel kann in Überzahl (Angriff) und Gleichzahl gespielt werden.
❑ Es wird auf mehr als auf zwei Matten gespielt.
❑ Es kann unterschiedliches Ballmaterial verwendet werden: Basketbälle, Softbälle, Fußbälle, Volleybälle, Gummibälle usw.
❑ Man kann mit mehreren Bällen spielen, allerdings wird dadurch das Spielen unübersichtlich – nicht nur für Anfänger.
❑ Man kann draußen und in der Halle spielen.

Hasenball

Beschreibung des Spiels:
Ein Spieler (Jäger) ohne Ball versucht, einen der 5 – 7 Hasen, von denen insgesamt 2 – 3

einen Ball haben, zu berühren; allerdings darf nur ein Spieler berührt werden, der nicht in Ballbesitz ist. Die Mitspieler können Hasen durch Zuspielen «retten».

Erläuterungen zum Spiel:
Die Spieler mit Ball müssen den «Jäger» genau beobachten und ihr Zuspiel entsprechend einrichten. Passen und Fangen erhalten hier einen hohen Stellenwert, das Dribbling ist eher untergeordnet. Die Spieler ohne Ball müssen sich gleichermaßen auf die ballführenden Spieler und den «Jäger» konzentrieren.

Veränderungen des Spiels:
❑ Das Entwickeln eines gruppenspezifischen Regelwerks ist zu empfehlen.
❑ Der Jäger darf nicht laufen, sondern nur (schnell) gehen.
❑ Es wird nach vorgegebener Zeit gespielt, und die Treffer des Jägers werden gezählt, oder nach jedem Berühren werden die Rollen getauscht.
❑ Spielregeln aus dem traditionellen Basketballspiel können herangezogen werden, z. B. zum Dribbling, Sternschritt.
❑ Es kann unterschiedliches Ballmaterial verwendet werden: Basketbälle, Softbälle, Fußbälle, Volleybälle, Gummibälle usw.
❑ Man kann draußen und in der Halle spielen.

Parteiball

Beschreibung des Spiels:
3–5 Spieler einer Mannschaft spielen sich den Ball zu, die gegnerischen Spieler versuchen, das Zuspiel zu verhindern; bei Ballberührung durch die Verteidiger tauschen Angreifer und Verteidiger ihre Rollen.

Erläuterungen zum Spiel:
Parteiball ist ein Spiel, bei dem es aus der Sicht der Ballbesitzer auf das genaue Zuspiel, das Fangen des Balles, das Freilaufen und Anbieten der Spieler ohne Ball ankommt. Verschiedene Wurftechniken können verwendet werden, z. B. Bodenpässe, Überkopfpässe, Brustpässe usw. Aus der Sicht der Verteidiger ist das Mitlaufen mit dem Gegenspieler oder das Abdecken des Raumes wichtig, so daß der Gegenspieler nicht oder nur unter erschwerten Bedingungen angespielt werden kann. Es existieren viele basketballähnliche Spielsituationen, es fehlt das «Gedränge» unter dem Korb, das Spiel ist je nach vereinbarter Spielfeldgröße weitläufiger und damit übersichtlicher. Ziel ist das möglichst häufige Zuspielen des Balles unter den angreifenden Spielern.

Veränderungen des Spiels:
❑ Das Entwickeln eines gruppenspezifischen Regelwerks ist zu empfehlen.
❑ Der Spieler mit Ball darf dribbeln, aber der Ball darf nicht mehr als dreimal den Boden berühren und muß dann abgespielt werden.

- Auf das Dribbling wird verzichtet, der Ball muß sofort weitergespielt werden; dadurch wird das Spiel schnell, und das Freilaufen wird zur zentralen Aufgabe.
- Jedes Zuspiel zählt einen Punkt; wer erreicht innerhalb einer vorgegebenen Zeit (z. B. 1 Minute) die meisten Punkte?
- Parteiball als Zehnerfang bedeutet, daß die Mannschaft in Ballbesitz einen Punkt erhält, wenn sie sich den Ball zehnmal zugespielt hat; nach vorher vereinbarter Zeit wird gewechselt.
- Körperberührungen sind nicht gestattet.
- Man kann innerhalb einer vorgegebenen Zeit (z. B. 1 Minute, 2 Minuten) die Anzahl der Zuspiele unter den Ballbesitzern zählen und erst dann die Rollen tauschen; man kann auch die Zahl der Zuspiele zählen und vergleichen.
- Es kann unterschiedliches Ballmaterial verwendet werden: Basketbälle, Softbälle, Fußbälle, Volleybälle, Gummibälle usw.
- Die Spielfeldgröße kann variiert werden.
- Die Angreifer können in der Überzahl spielen, so daß das Zuspielen erleichtert wird.
- Man kann draußen und in der Halle spielen.

Linienball

Beschreibung des Spiels:
Linienball ist eine Erweiterung des Parteiballspiels: Die Mannschaft in Ballbesitz spielt sich den Ball zu, und der ballführende Spieler versucht, über die Endlinie des gegnerischen Feldes zu dribbeln; wenn das gelingt, gibt es einen Punkt für diese Mannschaft.

Erläuterungen zum Spiel:
Bei diesem Spiel kommt dem Dribbling eine besondere Bedeutung zu. Ziel ist nun nicht mehr das möglichst häufige Zuspiel des Balles, sondern das Dribbeln über eine Ziellinie. Aus taktischer Sicht geht es für die Angreifer darum, den freistehenden Mitspieler zu sehen und anzuspielen, und für die Verteidiger darum, das Zuspiel an den günstig stehenden Angriffsspieler zu verhindern. Auch hier sind wichtige Elemente des Basketballspiels für Angriff und Verteidigung enthalten.

Veränderungen des Spiels:
- Das Entwickeln eines gruppenspezifischen Regelwerks ist zu empfehlen.
- Jeder Spieler darf den Ball nicht mehr als drei Sekunden dribbeln, dann muß abgespielt werden. Vor dem Überqueren der Ziellinie darf der Ball nicht mehr als drei- oder viermal gedribbelt werden; dadurch kann eigensinniges Spielen verhindert werden.
- Körperberührungen sind nicht gestattet.
- Es kann mit zwei Ziellinien für jede Mannschaft gespielt werden.

- Die Ziellinien können verkleinert oder vergrößert werden.
- Es kann unterschiedliches Ballmaterial verwendet werden: Basketbälle, Softbälle, Fußbälle, Volleybälle, Gummibälle, Rugbybälle usw.
- Die Spielfeldgröße kann variiert werden.
- Die Angreifer können in der Überzahl spielen, so daß ein Vorteil für sie entsteht.
- Man kann draußen und in der Halle spielen.

10.7 Spiele zur Anwendung und Verbesserung basketballspezifischer Fertigkeiten

Die folgenden Spiele sollen die Funktion erfüllen, die basketballspezifischen technischen Fertigkeiten Dribbling, Passen und Fangen sowie den Korbwurf gezielt anzuwenden und zu verbessern.

Selbstverständlich sind dabei jederzeit Korrekturhinweise des Gruppenleiters möglich. Im Mittelpunkt sollen jedoch spielerische Formen der Anwendung und auch der Verbesserung der genannten Techniken stehen und nicht systematisch aufbauende Lehr- und Lernprozesse zur Technikvermittlung.

Die im folgenden vorgestellten Spiele und Spielformen berücksichtigen jeweils isoliert die Anwendung einer einzigen Technik; selbstverständlich liegen Kombinationen und die Integration einzelner Techniken zu einem neuen komplexeren Spiel nahe. So kann z. B. das später vorgestellte Spiel «Mannschaftszielball» auch wie folgt gespielt werden:

Variation Mannschaftszielball

Zwei Mannschaften mit jeweils 4 Spielern stehen kurz hinter der Freiwurflinie mit je einem Ball. Der 1. Spieler der Mannschaft A dribbelt bis zu einer Markierung in Richtung Korb, wirft auf den Korb und versucht, den eigenen Ball zu fangen, ohne daß dieser den Boden berührt. Bei erfolgreichem Wurf paßt er den Ball dem nächsten Spieler seiner Mannschaft zu; trifft er nicht, muß er so lange versuchen, bis er einen Korberfolg erzielt, und kann erst dann den Ball zum nächsten Mitspieler weiterpassen.

Der Phantasie des Fachübungsleiters oder Sportlehrers sind keine Grenzen gesetzt, die einzelnen hier vorgestellten Spielformen miteinander in Verbindung zu bringen und dadurch komplexere Spiele zu entwickeln. Da die Kombinationsmöglichkeiten der beschriebenen Spielformen äußerst vielfältig sind, werden keine komplexeren Spiele aufgeführt.

Auf die Beschreibung von Staffelwettbewerben zu den hier vorgestellten technischen Elementen wird ebenfalls verzichtet, denn diese sind weniger Spiele und Spielformen, sondern eher Technikübungen unter Wettkampfbedingungen.

Das bedeutet natürlich nicht, daß der Gruppenleiter nicht auch solche Angebote machen kann.

10.7.1 Dribbling

Bei den folgenden Spielformen zum Dribbling kann (muß aber nicht) darauf geachtet werden, daß sowohl mit der rechten als auch mit der linken Hand gedribbelt wird. Einige der Spiele bewirken automatisch, daß der gedribbelte Ball durch den eigenen Körper abgedeckt und vor dem Eingreifen des Gegenspielers geschützt wird.

Partnerfangen

Beschreibung des Spiels:
Jeder Spieler dribbelt seinen Ball innerhalb eines abgegrenzten Feldes und versucht, den Ball jedes anderen gegnerischen Spielers zu berühren. Jede Berührung zählt 1 Punkt.

Erläuterungen zum Spiel:
Partnerfangen ist sehr «dribbelintensiv». Aufgrund der Spielidee lernen die Spieler fast automatisch, den Ball mit dem Körper abzudecken; außerdem wird das periphere Sehen geschult, da man die Gegenspieler im Auge behalten muß.

Veränderungen:
- ❑ Zu Beginn sollte die Anzahl der Spieler nicht zu groß sein – erst allmählich erweitern.
- ❑ Auf keinen Fall sollte der berührte Spieler aus dem Spiel ausscheiden müssen.
- ❑ Der zur Verfügung stehende Raum wird verkleinert oder vergrößert.
- ❑ Nicht der Ball muß berührt werden, sondern (mit der freien Hand) nur der Rücken der anderen Spieler.
- ❑ 2–3 Spieler ohne Ball versuchen, den 3–4 dribbelnden Spielern den Ball aus der Hand zu spielen. Jedes erfolgreiche Herausspielen führt zu einem Rollenwechsel; Körperberührungen sind nicht erlaubt.
- ❑ Es darf entweder nur seitwärts, rückwärts oder vorwärts gedribbelt werden.
- ❑ Wenn ein Spieler nicht mehr «verfolgt» werden will, kann er sich auf den Boden setzen und darf nicht mehr berührt werden; wenn ihn ein dribbelnder Mitspieler berührt, kann er wieder mitspielen.
- ❑ Jeder Spieler hat ein Markierungsband hinten in der Hose, das zu $1/3$ aus der Hose heraushängt. Jeder Spieler versucht, jedem anderen Spieler das Band aus der Hose zu stehlen; die gestohlenen Bänder müssen in die eigene Hose gesteckt werden. Wer hat nach einer vorab festgelegten Zeit die meisten Bänder in seiner Hose?

Schwarzer Mann (Schornsteinfeger)

Beschreibung des Spiels:
Alle Spieler haben einen Ball und stehen auf einer Seite des Spielfeldes. Ein Spieler

ohne Ball befindet sich auf der gegenüberliegenden Seite und ruft: «Wer hat Angst vorm Schwarzen Mann?» Die Spieler mit Ball rufen «Niemand» und dribbeln auf die Linie der gegenüberliegenden Seite zu. Der Spieler ohne Ball versucht, möglichst viele Spieler mit Ball vor Überschreiten der Linie zu berühren, die ihm anschließend bei einem neuen Durchgang beim Fangen helfen.

Veränderungen des Spiels:
❑ Der «Schwarze Mann» hat ebenfalls einen Ball und muß dribbeln.
❑ Die Spieler (auch die verfolgten) dürfen nur vorwärts oder seitwärts, aber nicht rückwärts dribbeln.
❑ Das Spielfeld besteht aus drei jeweils 5–6 Meter breiten Korridoren. Die Spieler mit Ball müssen durch den mittleren Korridor in den Korridor auf der anderen Seite dribbeln. Der Spieler ohne Ball fängt innerhalb des mittleren Korridors möglichst viele Spieler mit Ball; diese werden anschließend zu seinen Helfern.

Foppen und Fangen

Beschreibung des Spiels:
Im Abstand von 12–15 Metern stehen sich 4–7 Spieler zweier Mannschaften mit Ball auf der Grundlinie gegenüber. Ein Spieler der Mannschaft A dribbelt auf einen Spieler der Mannschaft B zu, von denen jeder einen Ball im Stand dribbelt und gleichzeitig die freie Hand nach vorn streckt. Spieler A berührt mit seiner freien Hand die Hand eines ersten und zweiten Spielers. Nachdem er den dritten Spieler berührt hat, versucht er, in Richtung Linie seiner eigenen Mannschaft zu dribbeln und diese zu überqueren. Der Spieler von Mannschaft B versucht, ihn dribbelnd einzuholen und zu berühren. Gelingt das, werden die Rollen getauscht, und der gefangene Spieler muß sich hinter den erfolgreichen Spieler stellen, der sich wieder zu seiner Mannschaft begibt; gelingt das nicht, muß sich der Spieler der Mannschaft B hinter seinen Gegner stellen; die Mannschaft A ist ein zweites Mal an der Reihe. Gewonnen hat die Mannschaft, die die andere «ausgehungert» hat, d. h., eine Mannschaft hat keine Spieler mehr.

Veränderungen des Spiels:
❑ Der Rollentausch erfolgt im regelmäßigen Wechsel – unabhängig davon, ob ein «Run» erfolgreich war.
❑ Der Rollentausch erfolgt automatisch nach drei Versuchen.
❑ Im Spielfeld stehen Hindernisse, um die herumgedribbelt werden muß und die den Verfolgern die «Arbeit» erschweren.

Platzwechsel

Beschreibung des Spiels:
Die Spieler zweier Mannschaften stehen sich jeweils auf den Grundlinien ihres Spiel-

feldes gegenüber. Auf ein Zeichen hin sollen die Spieler jeder Mannschaft möglichst schnell die gegenüberliegende Grundlinie dribbelnd erreichen. Die Mannschaft, die zuerst vollständig auf der gegnerischen Grundlinie steht, erhält 1 Punkt.

Veränderungen des Spiels:
- ❑ Die Dribbelhand kann für alle festgelegt werden.
- ❑ In beiden Spielfeldhälften können Hindernisse aufgestellt werden.
- ❑ Spieler ohne Ball von jeder Mannschaft können das Dribbling ihrer Gegenspieler stören und die Einnahme der Grundlinienpositionen verzögern.

Schwarz / weiß

Beschreibung des Spiels:
Die Spieler von zwei Mannschaften («weiß» und «schwarz») stehen auf einer Linie Rücken gegen Rücken und dribbeln ihren Ball. Sobald der Spielleiter «weiß» ruft, dribbeln alle Spieler der Mannschaft «weiß» weg; der direkte Gegenspieler jeder Zweierpaarung versucht nun dribbelnd, den weglaufenden Spieler vor einer vorher festgelegten Ziellinie (Abstand 8 – 10 m) zu berühren. Jede Berührung ergibt einen Punkt.

Veränderungen des Spiels:
- ❑ Die Spielerpaare sitzen Rücken gegen Rücken oder liegen auf dem Bauch / auf dem Rücken und müssen nach dem Aufstehen sofort mit dem Dribbling beginnen.
- ❑ Im Spielfeld stehen Hindernisse.

Atomspiel

Beschreibung des Spiels:
Jeder Spieler dribbelt mit seinem Ball über das Spielfeld. Wenn der Gruppenleiter eine Zahl aufruft (z. B. 4), sollen die Spieler möglichst schnell in der angegebenen Zahl (also zu viert) eine Gruppe bilden und dicht zusammenrücken. Bei diesem Spiel gibt es keinen Sieger oder Verlierer.

Veränderungen des Spiels:
- ❑ Das Dribbling findet im Gehen oder im Laufen statt.
- ❑ Anstelle einer Zahl müssen die Gruppen sich z. B. entsprechend ihrer Hemdenfarbe / Hosenfarbe / Haarfarbe zusammenstellen.
- ❑ Auf keinen Fall sollten Spieler, die sich bei der Gruppenbildung «verspäten», ausscheiden.
- ❑ Zusätzlich zur Gruppengröße kann der Spielleiter die Kontaktfläche für die Berührung vorgeben: z. B. Rücken, Knie, Hüfte berühren.

Grundlinie rettet

Beschreibung des Spiels:
Die Spieler der Mannschaft A stehen dribbelnd auf der Grundlinie ihres Spielfeldes; ein Spieler ohne Ball steht auf der gegenüberliegenden Grundlinie. Auf ein Zeichen hin dribbeln die Spieler zur gegenüberliegenden Grundlinie. Der Spieler ohne Ball läuft zur Mittellinie, nimmt den dort liegenden Basketball auf und versucht dribbelnd, einen Spieler der Mannschaft A zu berühren, bevor diese die Grundlinie überschritten haben. Die berührten Spieler werden im nächsten Durchgang zu Helfern; die Anzahl der Basketbälle auf der Mittellinie muß dabei entsprechend erhöht werden.

Veränderungen des Spiels:
- ❏ Der berührte Spieler übernimmt die Rolle des Fängers.
- ❏ Der Ball des Fängers liegt vor der Mittellinie.
- ❏ Im Spielfeld stehen Hindernisse.
- ❏ Die Dribbelhand kann festgelegt werden.

Dribbelhasche

Beschreibung des Spiels:
In jeder Spielhälfte dribbeln 4–6 Spieler einer Mannschaft. Aus Mannschaft A dribbelt ein Spieler in das Feld des Gegners und versucht, möglichst viele Gegenspieler zu berühren, die weiter mitspielen dürfen. Ein Spieler aus Mannschaft B versucht dasselbe im Spielfeld der Mannschaft A. Welcher Spieler hat in einer vorgegebenen Zeit die meisten Gegenspieler berührt?

Veränderungen des Spiels:
- ❏ Jeweils 2 Spieler sind Fänger.
- ❏ In den Spielfeldern werden Hindernisse aufgebaut.

10.7.2 Passen und Fangen

Bei den folgenden Spielen läßt sich aus technischer Sicht vor allem die Art des Zuspiels variieren: Brustpässe, Bodenpässe, Überkopfpässe und Einhandpässe sind je nach dem technischen Können der Spieler möglich und können in den einzelnen Spielen verbindlich gemacht werden.

Tigerball

Beschreibung des Spiels:
4–6 Spieler bilden einen Kreis und passen sich im Stand einen Basketball zu, ohne daß

sie ihre Positionen verlassen. Ein, zwei oder mehr «Tiger» versuchen, den Ball zu berühren.

Veränderungen des Spiels:
- ❑ Wenn der Ball berührt wurde, erfolgt ein Rollentausch zwischen den beiden beteiligten Spielern.
- ❑ Jede Ballberührung zählt einen Punkt. Welches «Tigerteam» erreicht in einer vorgegebenen Zeit die meisten Punkte?
- ❑ Bestimmte Formen des Paßspiels sind erlaubt oder vorgeschrieben.

Streßball

Beschreibung des Spiels:
5–7 Spieler bilden einen Kreis und passen sich den Ball zu. 1 Spieler außerhalb des Kreises läuft in Zuspielrichtung und versucht, immer auf Ballhöhe zu sein.

Veränderungen des Spiels:
- ❑ Der Spieler außerhalb des Kreises läuft um die Spieler herum und gibt damit die Ballposition vor: der Ball soll immer auf Höhe des Läufers sei.
- ❑ Beim Zuspiel darf ein/kein Spieler ausgelassen werden.
- ❑ Bestimmte Formen des Paßspiels sind erlaubt oder vorgeschrieben.

Zehnerfang

Beschreibung des Spiels (wie Parteiball):
Die Spieler einer Überzahlmannschaft passen sich den Ball zu; die Gegenspieler versuchen, den Ball zu berühren. Nach zehn erfolgreichen Zuspielen werden die Rollen getauscht; die Überzahl der Mannschaft in Ballbesitz soll erhalten bleiben. Die Mannschaft, die die kürzeste Zeit für die 10 Zuspiele benötigt, hat gewonnen. Zehnerfang ist eine Variante des Parteispiels, das allerdings komplexer ist.

Veränderungen des Spiels:
- ❑ Die Überzahl wird aufgelöst, und es wird in Gleichzahl gespielt.
- ❑ Die Anzahl der Spieler und die Spielfeldgröße können variiert werden.
- ❑ Der Ball darf nicht gedribbelt werden.
- ❑ Die Spieler der ballführenden Mannschaft werden durchnumeriert, und die Paßfolge ist nur in der vorgeschriebenen Reihenfolge erlaubt: 1, 2, 3, …

Paßball mit neutralem Spieler

Beschreibung des Spiels:
Die Spieler einer Mannschaft passen sich den Ball zu; auf einem kleinen Kasten steht

ihr «neutraler» Mitspieler, der ebenfalls angespielt werden kann. Die gegnerische Mannschaft versucht, die Zuspiele zu verhindern. Jedes gelungene Zuspiel zählt 1 Punkt, allerdings nicht das Anspielen des «neutralen» Mitspielers. Gewonnen hat die Mannschaft mit den meisten Zuspielen innerhalb einer vorgegebenen Zeit.

Veränderungen des Spiels:
❑ Wenn der Gegner den Ball berührt, werden die Rollen getauscht.
❑ Sieger ist die Mannschaft, die zuerst 10 Punkte (oder mehr) erreicht hat.
❑ Mehr als 1 neutraler Spieler spielt in jeder Mannschaft mit.

Wettwanderball

Beschreibung des Spiels:
In einem Kreis stehen Spieler von zwei Parteien direkt nebeneinander: 1 Spieler der Mannschaft A steht jeweils neben einem Spieler der Mannschaft B usw. Ein Spieler aus jeder Mannschaft steht Rücken an Rücken innerhalb des Kreises und paßt jedem nächsten Mitspieler den Ball zu. Welche Mannschaft kann die andere einholen?

Veränderungen des Spiels:
❑ Der Ball wird nur innerhalb der beiden Kreise zugespielt.
❑ Die Zuspielrichtung darf / darf nicht geändert werden.

10.7.3 Korbwurf

Der Übungsleiter muß mit seiner Gruppe entscheiden, ob der Ball tatsächlich durch den Korb hindurch geworfen werden soll oder ob Erleichterungen wie z. B. Korbberührung, Netzberührung oder Brettberührung zugelassen sind. Außerdem muß vereinbart werden, wie hoch das Ziel angebracht sein soll. Zu nutzen sind:
❑ ein an den Schaukelringen aufgehängter Reifen,
❑ ein Korbballständer,
❑ ein auf einem Kasten stehender kleiner Kasten,
❑ eine Markierung an der Wand,
❑ eine Hochsprungleine, die im Abstand von ca. 50 cm vor der Wand an den oberen Enden von zwei Hochsprungständern befestigt wird; der Ball muß zwischen Leine und Wand hindurchgeworfen werden,
❑ Basketballkörbe,
❑ in der Höhe verschiebbare Basketballkörbe (ideal!).

Zielball

Beschreibung des Spiels:
4–6 Spieler stehen jeder mit einem Ball in einer vorab festgelegten Entfernung unter

dem Korb und versuchen, so oft wie möglich auf den Korb zu werfen. Wer hat innerhalb einer vorher vereinbarten Zeit die meisten Treffer erzielt?

Veränderungen des Spiels:
❏ Es werden unterschiedliche Ziele gewählt.
❏ Die Wurfpositionen unter dem Korb (oder einem anderen Ziel) werden durch Hütchen vorgegeben.
❏ 4–6 Wurfpositionen in unterschiedlicher Entfernung zum Korb werden markiert, von jeder Position aus muß jeder Spieler der Reihe nach jeweils 5mal auf den Korb werfen. Welcher Spieler hat innerhalb einer festgelegten Zeit die meisten Körbe erzielt?
❏ Die Spieler stehen nebeneinander auf einer Linie; bei erfolgreichem Korbwurf darf jeder Spieler einen Schritt zurückgehen, bei Mißerfolg einen Schritt nach vorn. Wo stehen die einzelnen Spieler am Ende der vorher vereinbarten Zeit?
❏ Die Markierungen sind so aufgestellt, daß jeder Spieler zunächst aus der Distanz werfen muß und bei erfolgreichem Wurf immer näher an den Korb herangehen kann. Sieger ist der Spieler, der nach einer vorab vereinbarten Zeit dem Korb am nächsten ist.

Mannschaftszielball

Beschreibung des Spiels:
Jeweils 3–5 Spieler mit 2–3 Bällen bilden die Mannschaften A und B und befinden sich unter einem Korb. Welche Mannschaft hat zuerst 10 Körbe erzielt?

Veränderungen des Spiels:
❏ Die Positionen unter dem Korb werden verändert bzw. vorgegeben.
❏ Die Wurfzeit wird festgelegt und die Anzahl der erfolgreichen Korbwürfe ermittelt.
❏ Jeder Werfer muß nach erfolgtem Wurf seinen eigenen Ball auffangen und dem nächsten Spieler seiner Mannschaft zupassen; jeder Korberfolg zählt 1 Punkt.
❏ Die Spieler werden durchnumeriert und müssen in dieser Reihenfolge auf den Korb werfen. Bei erfolgreichem Wurf ist der nächste Spieler an der Reihe, bei Mißerfolg muß so lange geworfen werden, bis der Ball im Korb ist.
❏ Sieger ist die Mannschaft mit der längsten Serie ohne Fehlwurf.

Null-Spiel

Beschreibung des Spiels:
Unter jedem Korb steht eine Mannschaft von 4–6 Spielern, von denen möglichst jeder einen Ball hat. Jede Mannschaft verfügt über ein «Guthaben» von 21 Punkten. Bei jedem Korberfolg wird 1 Punkt abgezogen, bei jedem mißglückten Wurf 1 Punkt hinzugezählt. Welche Mannschaft hat zuerst 0 Punkte erreicht?

Veränderungen des Spiels:
- ❑ Das Spiel wird nicht als Mannschafts-, sondern als Einzelwettbewerb durchgeführt.
- ❑ Die Positionen unter dem Korb werden verändert bzw. vorgegeben.
- ❑ Die Ausgangspunktzahl wird verändert.
- ❑ Beim Einzelwettbewerb läuft jeder Spieler nach erfolgtem Korbwurf hinter seinem Ball her und wirft so schnell wie möglich erneut auf den Korb (Wurfmaschine).
- ❑ Beim Mannschaftswettbewerb läuft jeder Spieler nach erfolgtem Korbwurf hinter seinem Ball her und paßt seinem nächsten Mitspieler den Ball zu.
- ❑ Sieger ist die Mannschaft oder der Einzelspieler mit der längsten Serie ohne Fehlwurf.

Spieluhr

Beschreibung des Spiels:
Um den Korb herum werden im Halbkreis 12 numerierte Markierungen aufgestellt. Jeder Spieler wirft von seiner Position aus auf den Korb und rückt erst bei einem Korberfolg zur nächsten Position auf. Sieger ist, wer als erster von «jeder Ziffer» geworfen hat.

Veränderungen des Spiels:
- ❑ Es muß um die «Uhr» (Positionen) herum hin und her gespielt werden.
- ❑ Bei Mißerfolg muß der Spieler wieder von vorn beginnen. Hier sollten insbesondere für Anfänger Erleichterungen eingeführt werden, z.B.: der Wurf gilt auch dann als erfolgreich, wenn der Ball den Ring berührt.
- ❑ Die Markierungen unter dem Korb werden näher oder weiter herangestellt.

Esel

Beschreibung des Spiels:
Die Spieler werden durchnumeriert und werfen in der festgelegten Reihenfolge auf den Korb. Erzielt ein Spieler einen Korberfolg, muß auch der folgende Spieler (Spieler 2) treffen, sonst erhält er zur «Strafe» den Buchstaben «E», anschließend «S», «E» und «L». Trifft der Spieler 1 nicht, dann kann Spieler 2 die Wurfposition bestimmen. Verloren hat der Spieler, der zuerst einen vollständigen Spitznamen erhält.

Veränderungen des Spiels:
- ❑ Es können verschiedene Wörter oder Namen gewählt werden.
- ❑ Auf das Ausscheiden eines Spielers sollte auf jeden Fall verzichtet werden.

11 GEWINNEN NEUER MITGLIEDER FÜR DIE BASKETBALLVEREINE

Wie bereits angesprochen, sind die Voraussetzungen für die Ausbreitung des Basketballspiels gegenwärtig besonders günstig. Diese Situation zu nutzen ist nicht nur für den Deutschen Basketball Bund von Vorteil, sondern für alle, die sich für das Basketballspielen interessieren.

Dabei muß das Ziel nicht unbedingt darin bestehen, daß die Basketballvereine mehr Mitglieder haben wollen, sondern daß mehr Personen Basketball spielen: in der Schule, auf Freiplätzen, auf Pausenhöfen, auf der Straße, in Betriebssportgemeinschaften usw. Diese Auffassung wird hier deshalb vertreten, weil Basketball ein besonders attraktives Sportspiel ist, das möglichst viele Menschen kennenlernen sollten. Erst aufgrund konkreter persönlicher Erfahrungen mit dem Basketballspiel ist dann auch eine Entscheidung sinnvoll, sich z. B. einem Basketballverein anzuschließen oder aber eine andere Sportart auszuprobieren.

Wenn der Deutsche Basketball Bund die Ausbreitung des Sportspiels Basketball betreibt, tut er das einerseits, um neue Mitglieder zu werben, und andererseits, um die Sportart Basketball auf eine breitere Basis zu stellen. Adressaten sind also nicht nur Basketballvereine, sondern auch Schulen und nichtorganisierte Gruppen.

Die verschiedenen Aktionen und Aktivitäten des Verbandes werden im folgenden vorgestellt und aus verschiedenen Rundschreiben und Mitteilungen des DBB wörtlich übernommen. Da die Ausführungen für sich sprechen, erübrigt sich eine weitere Kommentierung.

11.1 Aktionen und Aktivitäten des Deutschen Basketball Bundes im Breiten- und Freizeitsport

11.1.1 Basketball-Spielmobil

Wenn Sie als Basketballverein oder -abteilung oder als Sportlehrer / Übungsleiter einer Sportgruppe die Durchführung
❑ eines Spieltreffs Basketball,
❑ eines Spielfestes,

❑ eines Tags der offenen Tür,

❑ einer Werbeaktion,

❑ eines Schul- oder Sportfestes

oder andere sportliche Aktionen planen und nicht wissen, wie Sie diese Aktionen organisieren sollen, dann können Sie bei der Bundesgeschäftsstelle des Deutschen Basketball Bundes ein

Basketball-Mobil

ausleihen. Das heißt, Sie müssen die Gerätschaften, die man für derartige Veranstaltungen benötigt, nicht alle einzeln beschaffen, sondern haben alle Materialien sofort zur Verfügung.

Basketball-Mobil – was ist das?

Das Basketball-Mobil ist ein Mercedes-/Ford-Bus mit allen notwendigen Geräten zur Durchführung der oben genannten Aktionen – insbesondere für «Out-door»-Veranstaltungen:

❑ 4 Vario-Basketball-Anlagen (von 2,00 m bis 3,05 m höhenverstellbare Basketballkörbe),

❑ Stereoanlage mit Mikrofon,

❑ Plakatwände (Displays) zum Aushängen von Informationen,

❑ Basketbälle unterschiedlicher Größe und

❑ Informationsmaterial zum Thema Basketball.

Das **Spielmobil** sowie ein Anhänger (POP-A-SHOT-Wurfmaschine) können beim Deutschen Basketball Bund (Adresse sowie Telefon- und Faxnummer siehe unter 11.1.2) angemietet werden (Preis ca. 150,– bis 200,– DM pro Wochenende).

11.1.2 Spieltreff Basketball

Anmeldestelle des Spieltreffs:

Deutscher Basketball Bund e. V. (DBB),
Schwanenstr. 6–10
58089 Hagen
Tel.: 0 23 31 / 106-161 bzw. 162, Fax: 0 23 31 / 106-169

Von der Anmeldestelle erhalten die Veranstalter eine Genehmigung; hier wird auch der Versand der Materialien und Abzeichen veranlaßt.

Veranstalter eines Spieltreffs:

Der Spieltreff Basketball kann von allen Mitgliedsorganisationen, also Vereinen, Abteilungen und allen Basketballverbänden auf Kreis-, Bezirks- oder Landesebene sowie von allen Schulen, Hochschulen, Betriebssportgruppen und sonstigen nichtorganisierten Sportgruppen in der Bundesrepublik durchgeführt werden.

Durchführungsmöglichkeiten:

- ❏ als Schnupper-, Informations- oder Mitmach-Angebot bei Verbrauchermessen,
- ❏ als Werbeaktion auf dem Vereinsgelände,
- ❏ beim Tag der offenen Tür,
- ❏ im Rahmen von schul- oder betriebssportlichen Aktionen,
- ❏ als Teil von Schul-, Sport- und Spielfesten,
- ❏ bei Altstadt- oder Stadtteilfesten,
- ❏ als besonderes Zuschauerangebot bei Basketballspielen,
- ❏ bei allen Freizeit- und Hobbyturnieren und
- ❏ überall dort, wo ein breites Publikum angesprochen werden kann.

Teilnehmer:
Der Spieltreff Basketball ist offen für jedermann / -frau. Am besten gleich die ganze Familie einladen. Gemeinsam ist Sport am schönsten!

Terminwahl eines Spieltreffs:
Der Spieltreff ist nicht termingebunden und ganzjährig durchführbar. Besonders geeignet ist ein Wochenendtag (Samstag oder Sonntagvormittag), im Rahmen schulischer Angebote ist auch ein Wochentag möglich.

Organisation und inhaltliche Auswahl:
Jeder Veranstalter ist in der Wahl der sportlichen Inhalte seiner Veranstaltung frei. Grundsätzlich gilt: Offene und situationsgemäße, dem Alter und dem Könnensstand der Teilnehmer angepaßte Inhalte erhöhen die Bereitschaft der Teilnehmer zum Mitmachen. Die Leistungsanforderungen sollten bewußt so niedrig angesetzt sein, daß jeder Teilnehmer ein Erfolgserlebnis hat und motiviert ist, sich auch weiterhin sportlich zu betätigen. Wichtig für den Anfänger, es soll Spaß machen und die Lust nach Bewegung fördern.

11.1.3 Spielabzeichen Basketball

Als ganz besonders motivationsfördernd bei der Durchführung eines Spieltreffs hat sich die *Abnahme des Spielabzeichens Basketball* in Bronze bewährt. Die Anforderungen sind so gehalten, daß wirklich jeder Teilnehmer ein Erfolgserlebnis hat und dies in Form einer Teilnehmerkarte und eines Abzeichens mit nach Hause nehmen kann.

Anforderungen zum Spielabzeichen Basketball in Bronze

1. Passen und Fangen
Passen und Fangen im Stand. 10 erfolgreiche Zuspiele mit Partner. Es können mehr als 10 Versuche gemacht werden. Abstand zwischen den Partnern ca. 3 m.

2. Dribbeln

Dribbeln über eine Strecke von ca. 10 m. Fortbewegung nur dribbelnd und möglichst einhändig. Unterbrechung des Dribbelns durch Auffangen des Balles ist erlaubt. Rollt der Ball weg, darf er zurückgeholt werden: Die Fortsetzung des Dribbelns erfolgt auf derselben Höhe, auf der der Ball verlorenging.

3. Standwurf

6 Würfe: mindestens zwei Ringberührungen oder Korberfolge. Abstand zum Korb ca. 2–3 m.

4. Spiel

Teilnahme an einem Basketballspiel nach stark vereinfachten Regeln. Spieldauer: mindestens 5 Min. Spiel auf einen oder zwei Körbe, je nach Mannschaftsgröße (mind. 3 Personen pro Mannschaft) und räumlichen Möglichkeiten. Erleichterung des Zusammenspiels durch Maßnahmen, wie Schaffung fester Anspielstationen und Überzahlsituationen. Jeder Korberfolg zählt einen Punkt.

Werbematerial und Organisationshilfen

Außer dem kostenlosen Werbematerial vom Deutschen Sportbund (Plakate, Handzettel usw.; bitte auf der Anmeldekarte eintragen) erhält jeder Veranstalter eines *Spieltreffs Basketball* vom Ressort für Breiten- und Freizeitsport im Deutschen Basketball Bund ein umfangreiches Materialpaket zur Unterstützung der Organisation und Durchführung.

Ebenfalls in dem Materialpaket enthalten ist eine ausführliche und in der Praxis bewährte Planungshilfe für die Vorbereitung und Durchführung eines Spieltreffs Basketball.

11.1.4 Basketball-Sommerliga für Freizeit- und Hobbymannschaften

Einladung und Ausschreibung

Teilnehmer:

Freizeitorientierte Basketballmannschaften, die nicht dem DBB oder seinen Landesverbänden angehören.

Ziel:

Durchführung einer Sommerliga für Freizeitmannschaften im lockeren Spielverkehr, wobei das «Miteinander aktiv sein» im Vordergrund steht. In dieser Freizeitliga wird kein Sieger ermittelt.

Veranstalter:
Der jeweilige Landesverband des DBB mit seinen Unterorganisationen.

Zeitraum der Spiele:
Juni–September.

Spielorte:
Diese sind abhängig von der Zahl der teilnehmenden Mannschaften und werden in Absprache festgelegt; Spieltage in Turnierform werden angestrebt.

Mannschaften:
Mannschaften können als Damen-, Herren- oder Mixed-Mannschaften teilnehmen; Spieler und Spielerinnen oberhalb der Bezirksliga sind nicht spielberechtigt.

Preise:
Alle teilnehmenden Mannschaften erhalten einen Gutschein für einen offiziellen Spielball des Deutschen Basketball Bundes.

Meldetermin:
Bitte mit Anmeldeformular bis Mitte April an:

Deutscher Basketball Bund
Bundesgeschäftsstelle
Schwanenstr. 6–10
58089 Hagen

Meldegebühren:
Keine

Kosten:
Die Kosten für An- und Abreise sowie Veranstaltungskosten tragen die teilnehmenden Mannschaften.

Auskünfte:
Auskünfte erteilt Ihnen gern die
Bundesgeschäftsstelle des DBB,
Telefon: 0 23 31 / 106-161, Fax: 0 23 31 / 106-169.

Meldeverfahren:
Nach Eingang der Meldungen werden die einzelnen Mannschaften regional in Gruppen zusammengefaßt; die Anfahrtswege sollten so kurz wie möglich sein. Bundesweit stehen den Freizeitgruppen Mitarbeiter zur Koordination des Ligenbetriebs zur Ver-

fügung. Sie erstellen den Wünschen der teilnehmenden Mannschaften entsprechend einen länderübergreifenden Spielplan und führen die Spiele mit den Ihnen noch zugehenden Ausführungsbestimmungen (vereinfachte Regeln, Wertungsmodus, Spieltermine) durch.

11.1.5 Gründung eines Basketballvereins/einer Basketballabteilung

Nicht in jedem Fall kann man davon ausgehen, daß in der Nähe des Wohnortes ein Basketballverein oder eine Basketball-Vereinsabteilung existiert. Um doch an einem Training teilzunehmen, fahren viele Sportbegeisterte jede Woche etliche Kilometer. Vielen ist der Anfahrtsweg zu lang, und sie bleiben deswegen zu Hause.

Wäre die Neugründung eines Vereins oder einer Basketballabteilung in einem bestehenden Großverein – vorausgesetzt, man findet Gleichgesinnte – eine Alternative? So mancher scheut davor zurück: «Da ist doch ein riesiger organisatorischer Berg zu überwinden.»

Hilfen des Verbandes

Der Deutsche Basketball Bund möchte alle interessierten Basketballer, die die ewige Fahrerei zum Training zu einem auswärtigen Verein leid sind und die den Mut haben, einen «Neuanfang» mit einem eigenen Verein bzw. einer eigenen Abteilung zu wagen, unterstützen.

Der DBB bietet bei der Aufbauarbeit Hilfen an, z. B. durch:

❑ die kostenlose Erstausstellung von Spielerpässen für die erste Spielsaison;
❑ ein umfangreiches Vereinsgründungspaket;
❑ kostenlose Beratungsgespräche mit Mitarbeitern des DBB und der Landesverbände;
❑ spezielle Informationsveranstaltungen und Seminare zur Problematik von Neugründungen (z. B. bei rechtlichen Fragen usw.);
❑ eine persönliche Patenschaft mit einem Mitglied des Präsidiums des Deutschen Basketball Bundes.

Dies sind nur einige Hilfen und Leistungen des DBB. Sie erleichtern die Aufbauarbeit enorm und entlasten den neuen Verein auch finanziell.

Auch die bürokratischen Hürden sind nicht so groß, wie gemeinhin angenommen wird. Im folgenden möchten wir Ihnen die fünf Schritte, die für eine Neugründung notwendig sind, aufzeigen.

Wegweiser zur Gründung eines Vereins/einer Abteilung

Mit Gleichgesinnten treffen Sie sich zum Basketballspiel. Es entsteht der Wunsch, Basketball in organisierter Form – wettkampfmäßig oder als Freizeitgruppe – zu betreiben.

Dabei ist zu unterscheiden, ob Sie

- einen neuen Basketballverein gründen möchten oder
- als neue Abteilung sich einem bereits bestehenden Verein anschließen möchten.

1. Schritt:

Vereinsneugründung

Wenn Sie mindestens sieben gründungswillige Mitstreiter haben, steht einer Vereinsneugründung nichts mehr im Wege. Sie gehen dabei folgendermaßen vor:

- Laden Sie schriftlich zu einer «Gründungsversammlung» ein, mit folgenden Tagesordnungspunkten:
  1. Begrüßung
  2. Gründungsbeschluß
  3. Verabschiedung einer Satzung
  4. Wahlen der Vereinsgremien
  5. Sonstiges
- Protokollieren Sie den Verlauf dieser Gründungsversammlung. Das Protokoll dieser Sitzung und die ausgearbeitete und verabschiedete Satzung muß von allen Gründungsmitgliedern unterschrieben sein. Die Unterschriften der Gründungsmitglieder müssen (durch Stadtverwaltung oder Notar) beglaubigt sein.
- Die gewählten Vorstandsmitglieder (nach BGB mindestens zwei) reichen mit beglaubigter Unterschrift diese Unterlagen beim zuständigen Amtsgericht zwecks Eintragung in das Vereinsregister ein.

  Nach Eintragung in das Vereinsregister beantragen Sie beim zuständigen Finanzamt die Gemeinnützigkeit in Form eines Freistellungsbescheides.

1. Schritt:

Abteilungsgründung

Sprechen Sie mit dem Sportverein an Ihrem Ort, und stellen Sie bei diesem einen Antrag auf Gründung einer neuen Abteilung.

Nach der Zustimmung des aufnehmenden Vereins geben Sie der neuen Abteilung eine Ordnung – nach Vorgabe des aufnehmenden Vereins. In dieser Ordnung regeln Sie die Rechte und Pflichten der Abteilungsmitglieder und die – satzungsabhängige – Vertretung im Gesamtverein.

2. Schritt:

Anmeldung bei Vereinsgründung / Abteilungsneugründung

Ihren neuen Verein bzw. Ihre neue Basketballabteilung melden Sie nun bitte an bei

1. der Stadt- oder Gemeindeverwaltung (Sportamt) wegen der Vergabe von Hallenzeiten und Zuschüssen,
2. dem zuständigen Basketball-Landesverband,
3. dem zuständigen Landessportbund.

Melden Sie sich zunächst formlos an. Von einigen Landesverbänden erhalten Sie dann Formblätter zur Aufnahme.

Nach Aufnahme in den zuständigen Basketball-Landesverband erhalten Sie eine achtstellige Vereins-EDV-Nummer, die außerdem angibt, welchem Basketball-Bezirk oder -Kreis Ihr neuer Verein bzw. Ihre neue Abteilung zugeordnet worden ist.

Zusätzlich zu den o. g. Hilfen des Deutschen Basketball Bundes erhalten Sie von einigen Landesverbänden umfangreiche Unterstützungspakete, z. T. mit Willkommensgeschenken.

3. Schritt:

Spielerpässe

Wenn Sie am Spielbetrieb teilnehmen möchten, benötigen alle Spielerinnen und Spieler – unabhängig vom Alter – einen Spielerpaß. Spielerpässe beantragen Sie bitte bei der **Geschäftsstelle des DBB, Schwanenstr. 6 – 10, 58089 Hagen,** auf den Ihnen nach Ihrer Anmeldung zugehenden Formblättern.

Bitte beachten Sie, daß alle Spielerpässe, die Sie beim DBB für die erste Spielsaison beantragen, kostenlos ausgestellt werden. Eine Berechnung erfolgt erst im zweiten Jahr des Bestehens Ihres Vereins bzw. Ihrer Abteilung.

4. Schritt:

Spielplan

Von dem Basketball-Kreis oder -Bezirk, dem Sie zugeordnet worden sind, erhalten Sie vor Beginn Ihrer ersten Spielzeit die Ausschreibung für die Spielrunden, an denen Ihr Verein / Ihre Abteilung teilnehmen kann.

Bitte beachten Sie diese Ausschreibungen genau. Ihr Verein wird in dieser Ausschreibung einer Liga zugeordnet; wenn Sie in dieser Liga mitspielen möchten, müssen Sie sich zu diesen Rundenspielen melden.

Nach dieser Meldung erhalten Sie dann einen Spielplan – und dann kann's losgehen. Aber halt…

5. Schritt:

Notwendiges Material

Bevor es losgeht, benötigen Sie zur Durchführung von Heimspielen

❑ einen offiziellen Anschreibeblock (zu beziehen bei:
   BWA Verkaufsbüro, Postfach 3 68, 58089 Hagen),

❑ eine Spielzeituhr – wenn möglich mit Horn,

❑ Foulanzeigetafeln mit den Ziffern 1 – 4 in schwarzer Farbe und der Ziffer 5 in roter Farbe (einfach aus Pappkarton selbst herstellen),

❑ als Spielball einen offiziell zugelassenen Basketball mit DBB-Siegel (zu beziehen über den Sportfachhandel).

Zu guter Letzt:

Satzungen und Ordnungen Ihres zuständigen Landesverbandes erhalten Sie in der Regel bei der Aufnahme. DBB-Satzungen und -Ordnungen sowie Anschriftenverzeichnisse und Tips für die tägliche Arbeit im Verein finden Sie im DBB-Jahrbuch (zu beziehen über):

BWA Verkaufsbüro
Postfach 3 68
58089 Hagen.

Sollten Sie jetzt noch Fragen zum Thema Neugründung haben, helfen Ihnen die Mitarbeiter des DBB und des zuständigen Landesverbandes gerne weiter.

12 ANHANG

12.1 Anschriften-verzeichnis

Deutscher Basketball Bund e. V.
Bundesgeschäftsstelle
Schwanenstr. 6 – 10
58089 Hagen
Tel.: 0 23 31 / 1 06-0
Fax: 0 23 31 / 1 06-189

Deutscher Sportbund e. V.
Otto-Fleck-Schneise 12
60528 Frankfurt / Main
Tel.: 0 69 / 67 00
Fax: 0 69 / 674 9 06

Basketball Verband Baden-Württemberg e. V.
Geschäftsstelle
Oppelner Str. 41
69124 Heidelberg
Tel.: 0 62 21 / 78 31 99
Fax: 0 62 21 / 78 61 94

Bayerischer Basketball Verband e. V.
Geschäftsstelle
Georg-Brauchle-Ring 93
80992 München
Tel.: 0 89 / 15 7 02-3 00
Fax: 0 89 / 15 7 02-3 36

Berliner Basketball Verband e. V.
Geschäftsstelle
Bismarckallee 2
Tel.: 0 30 / 8 91 95 10
Fax: 0 30 / 8 93 23 03

Brandenburgischer Basketball Verband e. V.
Geschäftsstelle
Waldesruh 6
16225 Eberswalde-Finow
Tel.: 0 33 34 / 28 10 90 (p.)
0 33 34 / 23 62 20 (d.)
Fax: 0 33 34 / 23 62 20

Bremer Basketball Verband e. V.
Geschäftsstelle
Würzburger Straße 5
28215 Bremen
Tel.: 04 21 / 3 77 87-13
Fax: 04 21 / 3 77 87-11

Hamburger Basketball Verband e. V.
Geschäftsstelle
Schäferkampsallee 1
20357 Hamburg
Tel.: 0 40 / 41 90 82 44
Fax: 0 40 / 41 90 82 44

Hessischer Basketball Verband e. V.
Geschäftsstelle
Odenwaldstraße 47
64310 Pfungstadt
Tel.: 0 61 57 / 74 30
Fax: 0 61 57 / 74 30

Basketball Verband Mecklenburg / Vorpommern e. V.
Geschäftsstelle
Rimelsweg 15
18069 Rostock
Tel.: 03 81 / 80 98 50 2 (p.)
03 81 / 4 94 95 04 (d.)

Niedersächsischer Basketball Verband e. V.
Geschäftsstelle
Bruchweg 22
21717 Fredenbeck-Wedel
Tel.: 0 41 49 / 89 88
Fax: 0 41 49 / 14 72

Basketball Verband Rheinland-Pfalz e. V.
Geschäftsstelle
Rheinau 11
56075 Koblenz-Oberwerth
Tel.: 02 61 / 13 51 19
Fax: 02 61 / 13 51 71

Basketball Verband Saar e. V.
Geschäftsstelle
Saaruferstraße 16
66117 Saarbrücken
Tel.: 06 81 / 5 86 03 47 (-49)
Fax: 06 81 / 5 86 03 48

Basketball Verband Sachsen e. V.
Geschäftsstelle
Reichenhainer Str. 154
09125 Chemnitz
Tel.: 03 71 / 51 10 40
Fax: 03 71 / 51 10 40

Basketball Verband Sachsen-Anhalt e. V.
Geschäftsstelle
Ludwigstraße 28
06110 Halle
Tel.: 03 45 / 2 03 16 56
Fax: 03 45 / 2 03 16 56

Basketball Verband Schleswig-Holstein e. V.
Geschäftsstelle
Schulstraße 14
24576 Hitzhusen
Tel.: 0 41 92 / 89 93 28
Fax: 0 41 92 / 89 93 29

Thüringer Basketball-Verband e. V.
Geschäftsstelle
Leinastr. 50
99867 Gotha
Tel.: 0 36 21 / 46 72 80
Fax: 0 36 21 / 46 72 80

Westdeutscher Basketball Verband e. V.
Geschäftsstelle
Friedrich-Alfred-Str. 25
47055 Duisburg
Tel.: 02 03 / 7 38 13 19
Fax: 02 03 / 7 38 16 36

12.2 Literaturverzeichnis

Adidas AG: *Adidas Streetball Challenge Coming to Berlin*. Maschinengeschriebenes Manuskript. Berlin 1992.

Adidas AG: *Adidas Streetball Challenge German Tour 1993*. Maschinengeschriebenes Manuskript. Herzogenaurach 1993.

Anderson, B.: *Stretching*. Waldeck-Deringhausen: Felicitas Hübner Verlag, 1980.

Bauer, Ch.: Methodenvergleich: Unterschiedliche Auswirkungen des Muskelaufbautrainings und des intramuskulären Koordinationstrainings auf die sportmotorische Fähigkeit Sprungkraft. Empirische Untersuchung an 15- bis 17jährigen Basketballspielern. *Zulassungsarbeit am Sportzentrum der TU München*. München (Ms.) 1987.

Bauer, Ch.: Zur trainingspraktischen Ausdauermessung durch den Cooper-Test. In: *Head Coach. Der informierte Basketballtrainer*. Nr. 17 (12/93). München (1993).

Baur, J.: *Nachwuchsrekrutierung und Nachwuchsförderung in Sportorganisationen*. Projektab-schlußbericht. Paderborn 1989.

Bonfadelli, H. u. a.: *Jugend und Medien*. Eine Studie der ARD-ZDF-Medienkommission und der Bertelsmann Stiftung. Frankfurt/Main 1986.

Bührle, M. (Hg.): *Grundlagen des Maximal- und Schnellkrafttrainings*. Schriftenreihe des Bundesinstituts für Sportwissenschaft, Bd. 56. Schorndorf: Hofmann, 1985.

Cousy, B., Power, F. G.: *Basketball. Concepts and Techniques*. Second edition. Boston–London–Sidney–Toronto: Allyn and Bacon, 1983.

De Mareés, H., Mester, J.: *Sportphysiologie*. Bd. 1. Studienbücher Sport. Frankfurt/Main: Diesterweg, 1982.

Deutscher Basketball Bund (Hg.): *Offizielle Basketballregeln 1994*. Aachen: Meyer & Meyer, 1994 a.

Deutscher Basketball Bund (Hg.): *Richtlinien für die Ausbildung und Prüfung von Trainern und Fachübungsleitern im DBB*. München: DBB, 1994 b.

Deutscher Basketball Bund (Hg.): *Rundschreiben und Mitteilungen aus dem Ressort IV Breiten- und Freizeitsport*. Hagen 1992 und 1993.

Deutscher Sportbund: *Bestandserhebung 1994*. Frankfurt/Main 1994.

Deutscher Sportbund: *Freizeitpolitische Konzeption des Deutschen Sportbundes*. Frankfurt/Main 1976.

Deutscher Sportbund: *Rahmenrichtlinien für die Ausbildung im Bereich des Deutschen Sportbundes*. Frankfurt/Main 1990.

Deutscher Verband für das Skilehrwesen (DSLV): *Skilehrplan 1*. München: BLV, 1981(5).

Dietrich, K., Landau, G.: *Sportpädagogik. Grundlagen, Positionen, Tendenzen*. rororo sport, 8623. Reinbek: Rowohlt, 1990.

Digel, H., Voknannt, S.: Der Deutsche Sportbund befragt seine Mitgliedsorganisationen – Befunde und mögliche Konsequenzen. 2. Entwurf. Maschinengeschriebenes Manuskript. Frankfurt/Main 1992.

Digel, H.: Perspektiven zukünftiger Entwicklung des Sports im Verein. In: Hartmann, H. (Hrsg.): *Sport für alle – Probleme des Breiten- und Freizeitsports in der Diskussion.* Darmstadt 1988.

Digel, H.: *Sport verstehen und gestalten.* rororo Schulsportpraxis, 7602. Reinbek: Rowohlt, 1982.

Ehlenz, H., Grosser, M., Zimmermann, E.: *Krafttraining. Grundlagen, Methoden, Übungen, Trainingsprogramme.* blv sportwissen, 407. München: BLV, 1983 (1991(4)).

Fischer, A., Petzold, E.: *Match up Defense.* vdbt paperback, 3. Berlin 1988.

Geggus, R.: Basketball. In: Kuhlmann, D. (Red.): *Wie können Spiel- und Wettkampfsysteme im Breitensport attraktiver gestaltet werden?* Frankfurt / Main 1989. 23 – 29.

Getrost, V., Wichmann, K.: Überzahl-Spielreihe. In: Hagedorn, G., Niedlich, D., Schmidt, G. (Hg.): *Basketball-Handbuch. Theorie, Methoden, Praxis.* Reinbek: Rowohlt, 1985. 315 – 321.

Gomelski, A.: *Baloncesto. La direccion del equipo.* Barcelona: Editorial Hispano Europea, 1990.

Grosser, M., Brüggemann, P., Zintl, F.: *Leistungssteuerung in Training und Wettkampf. Theorie und Praxis für alle Sportarten.* blv sportwissen, 414. München: BLV, 1986.

Grosser, M., Neumaier, A.: *Kontrollverfahren zur Leistungsoptimierung.* Studienbrief der Trainerakademie Köln des DSB, Bd. 17. Schorndorf: Hofmann, 1988.

Grosser, M., Starischka, S., Zimmermann, E., Zintl, F.: *Konditionstraining. Theorie und Praxis aller Sportarten.* blv sportwissen, 401. München: BLV, 1993(6).

Grosser, M., Zintl, F.: *Training der konditionellen Fähigkeiten.* Studienbrief der Trainerakademie Köln, Bd. 20. Schorndorf: Hofmann, 1994(2).

Grosser, M.: *Schnelligkeitstraining.* blv sportwissen. München: BLV, 1991.

Hagedorn, G., Niedlich, D., Schmidt, G. (Hg.): *Basketball-Handbuch. Theorie, Methoden, Praxis.* Reinbek: Rowohlt, 1985.

Hagedorn, G.: *Basketballtechnik.* rororo sport, 8685. Reinbek: Rowohlt, 1991.

Hagedorn, G.: *Das Spiel.* rororo sport. Reinbek: Rowohlt, 1987.

Hollmann, W., Hettinger, Th.: *Sportmedizin – Arbeits- und Trainingsgrundlagen.* Stuttgart: Schattauer, 1982(2).

Jütting, D. H. (Hrsg.): *Die Ausbildung der Übungsleiter als qualifizierte LaiInnen.* Frankfurt / Main 1992.

Knebel, K. P.: *Funktionsgymnastik. Training, Technik, Taktik.* rororo sport, 7628. Reinbek: Rowohlt, 1987.

Konzag, I., Konzag, G.: *Basketball. Spielend trainieren. Das komplette Übungssystem.* Berlin: Sportverlag, 1991.

Kühl, J.: Inhaltliche, organisatorische und steuerrechtliche Fragen bei der Planung und Durchführung von Basketballkursen für Erwachsene. In: Deutscher Basketball Bund e. V. (Hrsg.): *Breiten- und Freizeitsport Basketball.* Göttingen 1986.

Kurz, D., Brinkhoff, K.-P.: Entwicklung jugendlicher Identität im Sport. In: Brettschneider, W.-D., Baur, J., Bräutigam, M. (Hrsg.): *Sport im Alltag von Jugendlichen.* Schorndorf 1989.

Kurz, D.: Zur Bindung Jugendlicher an den Sportverein. In: Kultusministerium des Landes Nordrhein-Westfalen (Hrsg.): *Jugendgemäßer Breitensport.* S. 46 – 51. Düsseldorf 1993.

Kusch, R., Weingärtner, C.: *Konzeption zur Qualifizierung von Übungsleiter / innen.* Duisburg 1991.

Landau, G.: Wettkämpfe – eine Einführung. In: Brodtmann, D. / Landau, G. (Hg.): *Wettkämpfe, Sportfeste, Spielfeste.* rororo Schulsportpraxis 7610. Reinbek: Rowohlt, 1983.

Lehane, J.: *Basketball Fundamentals. Teaching Techniques for Winning.* Boston – London – Sidney – Toronto: Allyn and Bacon, 1981.

Letzelter, M.: *Trainingsgrundlagen. Training, Technik, Taktik.* rororo sport, 7024. Reinbek: Rowohlt, 1978.

Mrazek, J., Rittner, V.: *Übungsleiter und Trainer im Sportverein*. Band 1: Die Personen und die Gruppen. Schorndorf 1991.

Preising, W.: *Sport und Gesellschaft. Zur Theorie des Leistungssports*. Studienbrief der Trainerakademie Köln des DSB. Bd. 2. Schorndorf: Hofmann, 1989.

Sack, H.-G.: *Die Fluktuation Jugendlicher in Sportvereinen*. Abschlußbericht II. Frankfurt / Main 1980.

Schmidtbleicher, D.: Strukturanalyse der motorischen Eigenschaft Kraft. In: *Lehre der Leichtathletik*. 35. Jg. Heft 30 (1984).

Schröder, J.: *Jugendarbeit im Sportverein 2000*. Aachen: Meyer & Meyer, 1991.

Tarkanian, J., Warren, W. E.: *Winning Basketball Systems*. Boston–London–Sidney–Toronto: Allyn and Bacon, 1981.

Thiel, G., Rossmann, E. D.: Über die Bedeutung personenzentrierter Haltungen von Übungsleitern in Sportvereinen. In: *Psychologie in Erziehung und Unterricht*. 28 (1981), S. 154–160.

Vester, H.-G.: *Zeitalter der Freizeit – Eine soziologische Bestandsaufnahme*. Darmstadt 1988.

Wehner, S., Kämpf, G.: *Leistungssportkonzept Jugend*. Hagen: DBB, 1995.

Wooden, J. R.: *Practical Modern Basketball*. Second edition. New York: Macmillan, 1985.

Zintl, F.: *Ausdauertraining. Grundlagen, Methoden, Trainingssteuerung*. blv sportwissen, 416. München: BLV, 1988.

12.3 Die Autoren

Christian Bauer, geb. 1961 in München, ist Gymnasiallehrer für Sport und Latein. 1971 begann er als aktiver Basketballspieler. Von 1975 bis 1978 war er Auswahlspieler, 1980 bis 1991 spielte er in der zweiten Bundesliga und Regionalliga in München. Er besitzt die A-Schiedsrichterlizenz des DBB und ist seit 1976 als Trainer tätig, seit 1983 als A-Trainer des DBB.

1984 begann er als Trainerausbilder des Bayerischen Basketball Verbandes, seit 1991 ist er Vorsitzender der Lehr- und Trainerkommission des DBB. Seine Arbeitsschwerpunkte liegen in der Trainingslehre und Spielmethodik.

Christian Bauer bedankt sich bei den Trainern Dirk Dunbar, Werner Koch, Pete Miller und Wolfgang Walch, von und bei denen er das Basketballspiel gelernt hat.

Dr. Jürgen Schröder, Jahrgang 1943, ist seit 1980 Professor für Sportpädagogik am Institut für Sportwissenschaften der Universität Göttingen. Nach dem Studium der Fächer Französisch, Pädagogik und Sport war er einige Jahre als Gymnasiallehrer tätig und wechselte dann an das Sportinstitut der TU Braunschweig. Seine Lehr- und Forschungsschwerpunkte sind u. a. Jugendsport, Freizeit- und Breitensport, Sport in Vereinen und Verbänden. Von 1985–1988 war er im DBB für den Breiten- und Freizeitsport verantwortlich. Seit 1988 ist er Mitglied der Kommission für den Breiten- und Freizeitsport. Er entwickelte das Spielabzeichen Basketball. Über viele Jahre ist er als Referent in der Trainer-Aus- und -Fortbildung des DBB tätig gewesen. Seit 1990 ist er Mitglied im Ausschuß Ausbildung und Weiterbildung des Deutschen Sportbundes.

Die Autoren bedanken sich bei den Demonstratoren der Fotoreihen Tom Baurmann, Matthias Ritzer, Robert Rzesacs und Bernhard Sojer.

12.4 Schlagwortverzeichnis

Günter Hagedorn/Dieter Niedlich
Gerhard J. Schmidt (Hg.)

Das Basketball-Handbuch

(Band Nr. 9427/Frühjahr 1996)
Dieses *Offizielle Lehrbuch des Deutschen Basketball Bundes*,
das Grundlage der Trainerausbildung ist, gibt einen repräsen-
tativen Überblick über alle Bereiche des Basketballsports.
Mit seinem übersichtlichen Aufbau bietet dieses Standardwerk
eine unentbehrliche Hilfe und optimale Grundlage für die
praktische Arbeit des Trainers, Übungsleiters und Sportlehrers
in Verein, Schule und Freizeitsport.

Rowohlt

Christian Faigle

Athletiktraining Basketball (mit Trainings-CD-ROM)

(Band Nr. 19499)
Erfolgreiche Basketballmannschaften zeichnen sich durch
besondere Athletik aus, denn auch bei diesem «körperlosen» Spiel
entscheidet inzwischen die konditionelle Ausstattung maßgeblich
über Sieg oder Niederlage. Dieses Buch versammelt die besten
Übungen zur Optimierung von Koordination und Schnelligkeit,
Körperstabilisation, Kraft, Sprungkraft sowie Ausdauer. Ein Buch
für engagierte Basketballer, die ihre Fähigkeiten ausbauen und sich
selbst verbessern wollen, und natürlich für Trainerinnen und
Trainer aller Leistungsklassen,

Christian Faigle ist Athletiktrainer der deutschen
Herren-Nationalmannschaften.

Rowohlt

Ewald Schauer

Wurftrainer Basketball
Die besten Übungen und Programme

(Band Nr. 61011)
Für Trainer und leistungsorientierte, dem Anfängerbereich
entwachsene Spieler bietet dieses Buch eine nennenswerte
Erweiterung des Technikrepertoires und die Optimierung der
Einzelfertigkeiten und Bewegungkombinationen für die Angriffs-
situation 1 gegen 1. Es geht um die besten Übungen und
Programme für die Vervollkommnung der Techniken, Schulung
erfolgsorientierter Lockerheit, Situations- und Entscheidungstraining, optimale Lauf- und Sprungschulung. Ein
außergewöhnliches Konzept mit hoher Erfolgsquote.

Rowohlt

Badminton
von Hans Werner Niesner,
Jürgen H. Ranzmayer
(sport 17042)

Das Basketball-Handbuch
Hg. von Günter Hagedorn,
Dieter Niedlich und Gerhard
J. Schmidt
(sport 19427)

Bodybuilding *Die besten Übungen*
von Berend Breitenstein
(sport 19483)

Einradfahren
von Sebastian Höher
(sport 18654)

Golf-Handbuch *Vom Anfänger zum Könner*
von Alex Hay
(sport 18616)

Handball
von Hans-Dieter Trosse
(sport 17004)

In-Line-Skating Rollerblading
von Joel Rappelfeld
(sport 19433)

Jonglieren
von Adrian Voßkühler
(sport 19434)

Krafttraining mit dem Thera-Band *Die besten Übungen*
von Hans-Dieter Kempf und
Andreas Strack
(sport 19484)

Tanzen *Die wichtigsten Schritte für Anfänger und Wiedereinsteiger*
von Kurt Braunmüller
(sport 19451)

Die besten Übungen

KRAFTTRAINING MIT DEM
THERA-BAND

Tennis-Funktionsgymnastik *Tischtennis, Badminton, Squash*
von K.-Peter Knebel, Bernd
Herbeck, Susanne Schaffner
(sport 18621)

Volleyball
von Günter Blume
(sport 17011)

Volleyball-Handbuch *Theorie, Methoden, Praxis; Offizielles Lehrbuch des Deutschen Volleyballverbands*
Hg. von Erich Christmann,
Klaus Fago und dem DVV
(sport 17640)

Weitere Informationen in der
Rowohlt Revue, kostenlos im
Buchhandel, und im **Internet:
www.rororo.de**

Ausdauertrainer Laufen
Training mit System
von Kuno Hottenrott und
Martin Zülch
(sport 19454)

Besser laufen *Das 30-Tage-Programm*
von Jack Heggie
(sport 18664)

Laufen *Handbuch für Sport und Fitness*
von Herbert Jost
(sport 18655)

Marathon *Ein Laufbuch in 42,195 Kapiteln*
von Harald Krämer und
Klaus Zobel
(sport 19437)
Das «Laufbuch in 42,195
Kapiteln» fängt in Reporta-
gen, Porträts und Glossen
den Reiz des Massen-
phänomens Marathon ein.

Marathon – Das 4-Stunden-Programm *Vom Anfang bis zum Finish*
von Ole Petersen
(sport 19486)

So einfach ist laufen *Das Programm für den leichten Einstieg*
von Winni Mühlbauer
(sport 19457)

Runner's World. Das Laufbuch
von Thomas Steffens und
Martin Grüning
(sport 19465)

Ironman *Vom Anfang bis zum Finish*
von Ole Petersen
(sport 19471)

Leichtathletik
*Die offiziellen Lehrbücher
des Weltleichtathletik-
Verbandes IAAF*
von Ulrich Jonath, Rolf
Krempel, Eduard Haag und
Harald Müller
Band 1 Laufen
(sport 18660)
Band 2 Springen
(sport 18661)
Band 3 Werfen und Mehrkampf
(sport 18662)

Ausdauertrainer Triathlon
Training mit System
von Kuno Hottenrott und
Martin Zülich
(sport 19466)
Der Band enthält Programme
und Wochenpläne zur leicht
nachvollziehbaren Umset-
zung für verschiedene
Leistungsstufen.

Weitere Informationen in der
Rowohlt Revue, kostenlos im
Buchhandel, **im Internet:**
www.rororo.de